域外乡愁的回音
——第六届海外汉语方言国际研讨会论文集

海内方言与海外方言关系丛书　甘于恩　主编

- 莫超　主编
- 张建军　任丽花　副主编
- 兰州城市学院西北方言研究中心／甘肃方言研究所　编

世界图书出版公司
广州·上海·西安·北京

图书在版编目（CIP）数据

域外乡愁的回音：第六届海外汉语方言国际研讨会论文集/莫超主编；兰州城市学院西北方言研究中心/甘肃方言研究所编．—广州：世界图书出版广东有限公司，2019.8
ISBN 978-7-5192-6697-4

Ⅰ．①域… Ⅱ．①莫… ②兰… Ⅲ．①汉语方言—方言研究—国际学术会议—文集 Ⅳ．①H17-53

中国版本图书馆CIP数据核字（2019）第174109号

书　　名	域外乡愁的回音——第六届海外汉语方言国际研讨会论文集 YUWAI XIANGCHOU DE HUIYIN——DILIUJIE HAIWAI HANYU FANGYAN GUOJI YANTAOHUI LUNWENJI
主　　编	莫　超
副 主 编	张建军　任丽花
编　　者	兰州城市学院西北方言研究中心/甘肃方言研究所
责任编辑	魏志华　李　婷
装帧设计	书窗设计
责任技编	刘上锦
出版发行	世界图书出版广东有限公司
地　　址	广州市海珠区新港西路大江冲25号
邮　　编	510300
电　　话	020-84451969　84453623　84184026　84459579
网　　址	http://www.gdst.com.cn/
邮　　箱	wpc_gdst@163.com
经　　销	各地新华书店
印　　刷	广州市迪桦彩印有限公司
开　　本	787mm×1092mm　1/16
印　　张	17
字　　数	317千
版　　次	2019年8月第1版　2019年8月第1次印刷
国际书号	ISBN 978-7-5192-6697-4
定　　价	55.00元

版权所有　侵权必究

（如有印装错误，请与出版社联系）

咨询、投稿：020-34201910　weilai21@126.com

目录 contents

海外汉语方言国际研讨会十年 ……………………………………… 陈晓锦 1

着力开拓海外汉语方言与文化研究的新领域
　　——兼谈海外吴语方言与文化研究的关注点、考察点和方法论… 汤志祥 17

中亚回民社区汉语方言的传承、衰变及发展走向 ………………… 林　涛 30

"东干语"与陕甘青方言 ……………………………………………… 莫　超 39

17世纪初语言接触下海外汉语方言（闽南语）音标的首度完成
　　——菲律宾马尼拉《漳州语语艺》及其声调符号的建立 ……… 董忠司 48

台湾闽南语普通腔的音变趋势
　　——台东市闽南语的调查分析 ………………………………… 陈淑娟 78

印度尼西亚廖内省峇眼市闽南方言的音系特点 ………… 侯兴泉　曾娣佳 87

海内外四地华人汉语外来词抽样调查及比较 ……………………… 游汝杰 95

香港老派上海话词汇特点剖析（一）……………………………… 汤志祥 129

印尼棉兰美达村客家话中的新增词 ………………………………… 吴忠伟 145

早期《葡汉辞典》中所见粤语词汇 ………………………………… 陶原珂 154

浅析东干语动态助词"哩" ………………………………… 宋　歌　马辉芬 161

多元文化背景下美国华人的语言方言取向 ……………… 陈晓锦　任士友 168

马来西亚泗里街省华人语言生活状况调查报告 ………… 许婉虹　尤慧君 182

印尼西加里曼丹省客家话语言生态调查报告
　　——以山口洋市及其近郊为例 ………………………… 王涤非　邵　宜 194

意大利普拉托温州籍华侨华人语言使用情况调查 ………………… 王　莉 232

海外汉语方言国际研讨会十年*

陈晓锦

暨南大学文学院汉语方言研究中心　广东广州　510635

【摘　要】从2008年在暨南大学召开的首届研讨会，到2018年在兰州城市学院召开的第六届研讨会，海外汉语方言国际研讨会已经走过了十年。本文回顾了十年间海外汉语方言研究几乎是从无到有的成长过程，梳理、总结了学界这十年来有关海外华人社区汉语方言与文化的研究成果，包括出版的论著、新开拓的调查点、申请到的各类项目。本文还对下一个十年的努力方向提出了建议，刚刚起步的海外华人社区汉语方言研究不能停止。放眼全世界华人社区，我们应该做到以下几点：1. 继续海外华人社区汉语方言的常规普查式调查研究；2. 开拓海外华人社区语言历史文化的专题式调查研究；3. 努力申报各类相关的研究项目，继续开好海外汉语方言学术研讨会，让海外汉语方言调查研究更上一层楼。

【关键词】海外汉语方言；国际研讨会；调查研究；十年

一、开创性的十年

从2008年在暨南大学召开的首届研讨会开始，海外汉语方言国际研讨会每两年举办一次，第二届在华侨大学，第三届在北方民族大学，第四届在深圳大学，第五届在美国旧金山市大学，2018年第六届会议我们齐聚兰州城市学院。这个小小的国际学术研讨会，迄今已经走过了艰难、开创性的十年。

十年，在人类的历史长河中只不过是短短的一瞬，相比其他几十年前就开始，召开过几十届，参加人数动辄过百，甚至数百的大语言学、方言学会议，这

---

*本文为国家社科基金重大项目"海外华人社区汉语方言与文化研究"（项目批准号：14ZDB107），国家社科基金重点项目"美国华人社区汉语方言与文化研究"（项目批准号：14AYY005）的阶段性成果之一。

个会议也只不过是位列末位的小字辈。然而,对我们来说,这是一件值得铭记、值得思索的大事。

十年间,海外汉语方言研究可以说一开始几乎不被学界看好、不被重视,在学术领域几乎没有什么声音,甚至还会被质疑海外是否有汉语方言。到今天,"海外汉语方言是汉语方言大板块中不可或缺的部分",是"华人社区文化的承载",是"维系海外华人与祖籍国最直接的桥梁","汉语方言研究若排除了海外汉语方言就是不完整的","海外汉语濒危方言亟待挽救",已渐成语言学界、方言学界的共识。小小的海外汉语方言国际研讨会在其中起到了非常重要的作用,所有义无反顾投身、参与此项事业的海内外学者,都是功臣。

因此,铭记这十年,是为了不忘创立的艰辛,而思索则是为了下一个、再下一个十年。

二、十年间海外汉语方言研究的成果

海外汉语方言国际研讨会走过的十年,也是海外汉语方言调查研究发展的十年。梳理这十年间的收获与遗憾,我们可以从中得到鼓励,获得前进的新动力。

我们曾统计过2008年以前发表的有关海外汉语方言研究的相关成果,总计有专著30部,其中最早的是1985年出版的;论文136篇,最早发表于1968年(参见陈晓锦《东南亚华人社区汉语方言概要》附录三,2014年)。也就是说,从1968年至2008年,论文和论著等成果相加共计166项。

而2008—2018年,有关海外汉语方言的一些相关研究成果,仅我们看到的就有论著(含论文集)18部、论文134篇,其中发表在北大核心期刊上的文章有16篇(参见文后附录)。

除了数量上的突破以外,这十年来也不乏质量较高的成果。这些论著,既有关于海外汉语方言研究理论性、综论性的文章,也有海外汉语方言单点调查与语音、词汇、语法各方面相关的论述,还有关于整片海外汉语方言的论著。可以看出,近十年来的成果不单在数量上,甚至在质量上,都已经比肩,甚至超过了1968—2008这四十年了。

这确实是一个振奋人心的成绩,努力是会有收获的。

三、下一个十年我们应该做什么

走过了有收获的十年，但是，我们也可以看到，成果主要是关于东南亚、中亚地区的研究。那么，下一个十年，我们应该做什么？应该怎样做？以下是我们的思考与建议：

1. 继续海外华人社区汉语方言文化的常规普查式调查研究

海外汉语方言流行于全世界五大洲各国，可谓"有海水的地方就有华人"，其中，粤方言流行的区域最广，我们也可以说"有海水的地方就有粤籍华人"，五大洲都可以找到粤人的足迹。在海外的其他方言如闽、客、吴、官话方言则各有一定的流行区域（指在海外存在超过百年的华人社区，不包括中国改革开放后新移民造就的新华人社区）：闽方言闽南话主要在东南亚，闽东话在东南亚和美洲都有一定的流行区域；客家方言主要在东南亚及非洲的一些国家，如毛里求斯、留尼旺等国家；吴方言主要在欧洲的一些国家，如西班牙、意大利等国家；官话方言西北官话主要在中亚的吉尔吉斯斯坦、哈萨克斯坦、乌兹别克斯坦等国家，西南官话主要在东南亚的泰国、老挝、缅甸等国家与中国接壤的边界地区，东北官话主要在俄罗斯、日本、韩国等国家。

这仅是目前初步了解到的大致情况，我们还无法详细掌握每个洲的每个国家的方言状况。世界很大，但进行过海外汉语方言调查的地方实在是太少了。

20世纪50年代，国内开展过大规模的汉语方言普查。那次普查不仅摸清了汉语方言国内板块的大致情况，也为之后几十年的汉语方言研究培养了一批人才，不少老一辈的学者在当时的普查中脱颖而出。普查促使了国内汉语方言调查研究的一次大腾飞。毋庸置疑，汉语方言海外板块也急需这样的普查，但现实是暂时还不可能做到，因为它分属于不同的国家，流行的地域广大松散，而目前我国有的相关政策还不能惠及海外汉语方言调查研究。比如，尽管海外汉语方言大多是濒危汉语方言，但濒危汉语方言保护工程还没有涵盖海外汉语方言板块。然而愚公能移山，我们要做的就是坚持，不仅在亚洲，而且要在全世界的华人社区，坚持一个国家、一个地区、一个地点慢慢地做。我们做了，坚持了，就一定比不做，比熟视无睹，放任濒危，让承载着海外华人社区文化的海外汉语方言慢慢消失要好。

当年，华人移民海外的路线由近及远。今天，我们调查研究海外汉语方言，也是追随着这条由近及远的路线，从走出国门到走出亚洲。这个头，我们已经开了。

自国家社会科学基金重大项目"海外华人社区汉语方言与文化研究"和国家社科基金重点项目"美国华人社区汉语方言与文化研究"于2014年立项以来，我们所做的就是这样的努力。几年来，我们完成的调查点已经涉及南极洲以外的各大洲：

粤方言

美国旧金山市广府话、台山话，洛杉矶广府话、台山话，佛雷斯诺市中山话，纽约广府话、台山话，芝加哥广府话、台山话，俄勒冈州波特兰广府话、台山话，德州休斯顿广府话、圣安东尼奥台山话

加拿大多伦多广府话，温哥华广府话，维多利亚台山话

阿根廷布宜诺斯艾利斯广府话、广州白云区人和话

古巴哈瓦那台山话

英国伦敦广府话，曼彻斯特广府话

法国巴黎广府话

澳大利亚悉尼广府话，墨尔本广府话、台山话

南非约翰内斯堡广府话

法属留尼旺圣丹尼顺德话

缅甸曼德勒台山话

马来西亚沙捞越泗里街省新会话

闽方言

美国纽约福州话

加拿大温哥华潮州话

法国巴黎潮州话

马来西亚沙捞越泗里街省闽南话，泗里街省福州话，诗巫潮州话

泰国曼谷潮州话

客家方言

美国纽约客家话

英国伦敦客家话

法属留尼旺圣皮埃尔客家话

毛里求斯路易港客家话

马来西亚沙捞越古晋河婆客家话、沙捞越诗巫梅县客家话、大埔客家话

官话方言

吉尔吉斯斯坦东干语（陕甘官话）

哈萨克斯坦东干语（陕甘官话）

乌兹别克斯坦东干语（陕甘官话）

泰国北部的龙陵话、腾冲话、麻栗坝话等西南官话

缅甸北部曼德勒、果敢、腊戌等地的腾冲话、麻栗坝话等西南官话

吴方言

法国巴黎吴语

意大利吴语

这是我们在继续调查的同时所整理收集到的资料。以上的统计肯定是不完全的，相信也还有业内的其他学者做了我们没做过的调查，台湾的陈淑娟教授就做了美国新泽西州闽南方言的调查。

2. 开拓海外华人社区语言历史文化的专题式调查研究

除了常规的调查研究之外，还要启动一些与海外华人语言历史文化有关的专题研究。这方面的研究是海外汉语方言文化研究一直欠缺的部分，可以做的事情非常多，需要大家集思广益。

例如，华人口述历史，既记录了在书籍里难以找到的华人经历、华人社区历史，还能为我们提供在常规方言调查中无法获得的可用来做进一步语言研究的大量自然有声语料。我们在南非做的粤籍中年人和老年人口述历史，暨南大学肖自辉老师做的缅北土生华人族系方言口述历史，就是这方面的尝试。口述历史早已有之，但海外汉语方言口述历史，既收集了一般方言调查不可能收集到的语言资料，又创造性地将海外华人社区及华人的历史与汉语方言研究结合起来，可以同时为一直不大清晰的华人历史文化研究和海外汉语方言研究做贡献。

再如，使用同一方言的同一社区内不同代际的华人方言新老差异的调查研究，在国内早就有，但要在海外做的话难度就大了很多。我们的重大项目闽方言

子项目正在做的泰国潮籍华人方言的代际调查研究就属于这种研究。

　　一些现在国内已经消失的语言文化现象在海外华人社区仍然有所保留，但也会逐渐消失。若不及时进行调查记录，这些珍贵的材料也会很快消失。抢救式地记录在中国大陆已经失传、在海外也面临失传的中华文化经典，也是我们应该努力的方向。马来西亚砂捞越的一位华人教师汤崏厢就收集了大量砂捞越泗里街省新会籍华人几乎失传的办白事时唱的丧葬挽歌和儿童歌谣等。

　　海外汉语方言调查，受到很多在国内田野作业时不会有的制约，例如，除了在东南亚之外，华人大都不识汉字，且注重个人隐私。我们的调查还会受到时间、地点等方面的限制。我们应该怎样跟上信息化时代的步伐解决这些问题呢？

　　目前有一种提法：语言保护要做到精准语保、兴趣语保、智能语保。

　　所谓精准语保，我们认为就是要用与时间赛跑的速度去调查、收录、保存现存的濒危汉语方言。我们所做的海外汉语方言调查就是这方面的实践。海外汉语方言无论在华人社区里有多强势，相对于其居住国的主流语言，相对于其祖籍国的母体方言，都是非常弱势的。

　　兴趣语保就是采用各种能激发民众兴趣的方式去维护现有的汉语方言。在海外，就是要令广大华人，甚至是外国朋友，理解我们的工作，帮助、支持我们。这些年来，我们在海外调查时对华人做的各种宣传解释，包括接受媒体的采访等，都是在进行兴趣语保。其实，我们维护海外华人社区的汉语方言，也是在维护、修补海外华人与祖籍国联系的最直接的桥梁，国家"一带一路"倡议的实施，也少不了那些在"一带一路"沿线国家的华人的支持。

　　而智能语保则是要运用智能技术资源去保护汉语方言，运用现代电子资源和技术调查研究海外汉语方言。但受到时间、地点、隐私心理等因素的限制，目前我们的工作往往无法达到国内语言资源保护工程的效果。如何借鉴目前国内田野调查比较先进的调查方法、调查手段，更好地开展海外汉语方言调查，并更好地利用调查掌握的材料，值得我们，特别是年轻的学者们进行探讨。毕竟语言资源数字化的保存，将在一定程度上遏制语言的消亡势头，且能更好地保存我们的调查资料。

　　另外，因为在东南亚以外基本不可能使用《方言调查字表》进行调查，故我们的资料整理难度就比国内大得多，怎样破解也是值得我们好好探讨的。

3. 努力申报各种相关的研究项目，继续开好海外汉语方言学术研讨会

长期以来，有关海外华人社区汉语方言与文化的研究都很少，获得资助的研究项目也不多。但我们的体会是，申请科研项目，使我们在得到一定的经费支持的同时，也获得了一个开展研究的平台，所以这方面的努力是值得的。

虽然我们未能一一获知2008年以来获批的与海外汉语方言相关的国家级、省部级项目，但是就我们所知，难能可贵的几个重大、重点项目如下：

陈晓锦，2014年国家社科基金重点项目"美国华人社区汉语方言与文化研究"（项目批准号：14AYY005）

陈晓锦，2014年国家社科基金重大项目"海外华人社区汉语方言与文化研究"（项目批准号：14ZDB107）

邵宜，2016年国家社科基金重大项目"环南海国家语言生态研究及语言资源库建设"（项目批准号：16ZDA211）

吴应辉，2014年国家社科基金重点项目"东南亚汉语传播的国别比较研究"（项目批准号：14AYY011）

庄初升，2014年国家社科基金重大项目"海内外客家方言的语料库建设和综合比较研究"（项目批准号：14ZDB103）

今后，我们还要继续努力开好两年一次的海外汉语方言国际研讨会，维护这个互相交流共同提高的平台，让海外汉语方言研究更上一层楼。

附录：

2008年至今我们所能搜录到的有关海外汉语方言的研究成果

一、专著（21部，含论文集）

1. 陈晓锦，张双庆.首届海外汉语方言国际研讨会论文集［C］.广州：暨南大学出版社，2009.
2. 陈晓锦.泰国的三个汉语方言［M］.广州：暨南大学出版社，2010.
3. 陈晓锦，肖自辉.东南亚华人社区汉语方言概要［M］.广州：世界图书出版广东有限公司，2014.
4. 陈晓锦.泰国华人社区的汉语方言［M］.广州：世界图书出版广东有限公司，2019.
5. 陈晓锦，甘于恩.汉语方言在海外的播迁与变异——第四届海外汉语方言国际研讨会论文集［C］.广州：世界图书出版广东有限公司，2016.
6. 陈晓锦.漂洋万里觅乡音——第五届海外汉语方言国际研讨会论文集［C］.广州：世界图书出版广东有限公司，2018.
7. 崔东红.新加坡的社会语言研究［M］.北京：北京出版社，2011.
8. 甘于恩，陈李茂，单珊.印尼"先达国语"调查报告［M］.广州：世界图书出版广东有限公司，2016.
9. 郭熙.华语研究录［M］.北京：商务印书馆，2012.
10. 贾莉.美国华人移民子女语言社会化研究［M］.开封：河南大学出版社，2008.
11. 李宇明.全球华语词典［K］.北京：商务印书馆，2010.
12. 林涛.中亚回族陕西话研究［M］.银川：宁夏人民出版社，2008.
13. 林涛.东干语调查研究［M］.北京：中国社会科学出版社，2012.
14. 林涛，陈晓锦，张轶群.中亚华人回民社区语言文化风俗研究［M］.广州：世界图书出版广东有限公司，2018.
15. 林涛.东干文—汉文转写翻译述要［M］.广州：世界图书出版广东有限公司，2019.
16. 王建设，孙汝建.第二届海外汉语方言研讨会论文集［C］.昆明：云南大学出版社，2012.
17. 王景荣.东干语、汉语乌鲁木齐方言体貌助词研究［M］.天津：南开大学出版社，2008.
18. 肖自辉.泰国的西南官话［M］.广州：广东人民出版社，2016.
19. 许茂春.东南亚华人与侨批［M］.曼谷：泰国国际邮票编辑部，2008.

20. 赵杰.北方语言论丛（第三辑）(第三届海外汉语方言国际研讨会论文集)[C].银川：阳光出版社，2013.

21. 邹嘉彦，游汝杰.全球华语新词语词典[K].北京：商务印书馆，2010.

二、论文（131篇）

1. Ling Chingrou, Chan Cheongjan, Loo Fungchiat.马来西亚泗里街当今四邑社区的儿童歌仔[A]//甘于恩.南方语言学（第五辑）[C].广州：暨南大学出版社，2013.

2. Liaw FuiIng（廖慧莹）.印度尼西亚华语与现代汉语普通话的语法差异及其成因[D].首都师范大学硕士学位论文，2008.

3. Valeria Denisova（瓦莱丽娅）.澳大利亚华人的语言使用考察[D].东北师范大学硕士学位论文，2011.

4. Valeria Denisova.澳大利亚华人社区的汉语方言分布[J].华章，2011（9）.

5. 毕新惠.中亚东干人语言特点与民族文化认同[J].中国穆斯林，2011（2）.

6. 曾宝芬.东干语和普通话有关名词的正词法比较[J].湖南涉外经济学院学报，2008（4）.

7. 陈晓锦.老挝万象市的潮州话[J].湛江师范学院学报，2008（2）.

8. 陈晓锦.马、泰两国粤语中的"咗"[A]//邵敬敏.21世纪汉语方言语法新探索——第三届汉语方言语法国际研讨会论文集[C].广州：暨南大学出版社，2008.

9. 陈晓锦.泰国曼谷半山客话中的潮州话借词[A]//张双庆，刘镇发.客语纵横——第七届国际客方言研讨会论文集[C].香港中文大学中国文化研究所吴多泰中国语文研究中心，2008.

10. 陈晓锦.越南、柬埔寨、老挝三国潮州话训读现象比较[J].广东技术师范学院学报，2009（4）.

11. 陈晓锦，郑蕾.海外汉语濒危方言[J].学术研究，2009（11）.

12. 陈晓锦.中南半岛五国华人社区及华人语言现状[A]//陈晓锦，张双庆.首届海外汉语方言国际研讨会论文集[C].广州：暨南大学出版社，2009.

13. 陈晓锦，高洵.百年前缅甸粤籍华人使用的一些词语——评介昂麾应的"缅甸粤人曾用过的俚语、俗语"[A]//陈晓锦，张双庆.首届海外汉语方言国际研讨会论文集[C].广州：暨南大学出版社，2009.

14. 陈晓锦.缅甸仰光台山话语音特点[A]//钱志安，郭必之，李宝伦，邹嘉应.粤语跨学科研究——第十三届国际粤方言研讨会论文集[C].香港城市大学语言资讯科学研究中心，2009.

15. 陈晓锦.缅甸仰光台山话百年间的若干变化［A］//甘于恩.南方语言学（第一辑）［C］.广州：暨南大学出版社，2009.

16. 陈晓锦，高洵.广东粤闽客方言歌谣在东南亚华人社区的流变［J］.暨南学报（哲学社会科学版），2010（3）.

17. 陈晓锦，肖自辉.广东潮汕方言在东南亚的流变［A］//甘于恩.南方语言学（第二辑）［C］.广州：暨南大学出版社，2010.

18. 陈晓锦，李建青.越南胡志明市华人社区的语言环境与华人的语码转换［A］//甘于恩.南方语言学（第三辑）［C］.广州：暨南大学出版社，2011.

19. 陈晓锦，李建青.泰国勿洞容县白话音系［J］.广西社会科学，2012（8）.

20. 陈晓锦，肖自辉.缅甸仰光客话"一"的特殊用法［J］.语言研究，2012（1）.

21. 陈晓锦，张淑敏.广东粤方言在东南亚的流变［A］//甘于恩.南方语言学（第四辑）［C］.广州：暨南大学出版社，2012.

22. 陈晓锦.东南亚华人社区闽南方言的唇齿清擦音f声母［J］.暨南学报（哲学社会科学版），2012（5）.

23. 陈晓锦.马来半岛、马来群岛五国华人社区及华人语言现状［A］//王建设，孙汝建.第二届海外汉语方言研讨会论文集［C］.昆明：云南大学出版社，2012.

24. 陈晓锦.悉尼粤方言广府话［J］//甘于恩.粤语研究，2012.

25. 陈晓锦.东南亚华人社区汉语方言创新词分析［A］.南方语言学（第五辑）［C］.广州：暨南大学出版社，2013.

26. 陈晓锦.试论词汇研究在海外汉语方言研究中的重要性［J］.暨南学报（哲学社会科学版），2013（6）.

27. 陈晓锦.东南亚华人社区兄弟汉语方言的互借词［J］.粤语研究，2013.

28. 陈晓锦，黄高飞.海洋方言：汉语方言研究新视觉［N］.中国社会科学报，2014-04-14（7）.

29. 陈晓锦，卓俊霖.马来西亚沙巴客家话借词浅析［A］//揣振宇.第九届客家方言学术研讨会论文集［C］.北京：中央民族大学出版社，2013.

30. 陈晓锦，罗凤莹.论进一步开展海外汉语方言研究的迫切性与必要性［A］//甘于恩.南方语言学（第六辑）［C］.广州：暨南大学出版社，2014.

31. 陈晓锦.试论词汇研究在海外汉语方言研究中的重要性［A］//赵杰.北方语言论丛（第三辑）(第三届海外汉语方言国际研讨会专辑)［C］.银川：阳光出版社，2013.

32. 陈晓锦，张淑敏.多语多方言环境下马来西亚华人的语言方言取向[A]//赵杰.北方语言论丛（第三辑）(第三届海外汉语方言国际研讨会专辑)[C].银川：阳光出版社，2013.

33. 陈晓锦，张敏怡.海外汉语方言研究刻不容缓[A]//甘于恩.南方语言学（第八辑）[C].广州：暨南大学出版社，2015.

34. 陈晓锦，徐雨娴.美国三藩市广府话音系[A]//甘于恩.南方语言学（第九辑）[C].广州：世界图书出版广东有限公司，2015.

35. 陈晓锦，黄高飞.海洋方言的扩散与回归[J].暨南学报（哲学社会科学版），2016（1）.

36. 陈晓锦，黄高飞.海洋与汉语方言[J].学术研究，2016（1）.

37. 陈晓锦，林伯松."美国华人社区汉语方言与文化研究"项目报告[A]//陈晓锦，甘于恩.汉语方言在海外的播迁与变异——第四届海外汉语方言国际研讨会论文集[C].广州：世界图书出版广东有限公司，2016.

38. 陈晓锦，黄裕君.美国芝加哥广府话音系[A]//甘于恩.南方语言学（第十辑）[C].广州：世界图书出版广东有限公司，2016.

39. 陈晓锦.海外汉语濒危方言[A]//庄初升，邹晓玲.濒危汉语方言研究[C].广州：中山大学出版社，2016.

40. 陈晓锦，林秀雯.美国三藩市台山话音系[A]//甘于恩.南方语言学（第十一辑）[C].广州：世界图书出版广东有限公司，2016.

41. 陈晓锦，张天怡.关注华侨农场的语言方言调查研究[J].粤语研究，2016（20）.

42. 陈晓锦，肖自辉.美国洛杉矶华人社区台山话语音[J].语言研究，2017（1）.

43. 陈晓锦.东南亚各国华人社区汉语方言发展趋势[A]//蒋斌，王晓.广东社会科学年鉴（2014年卷)[C].广州：广东人民出版社，2017.

44. 陈晓锦，谢静婵.纽约的客家话[A]//甘于恩.南方语言学（第十二辑)[C].广州：世界图书出版广东有限公司，2017.

45. 陈晓锦，张天怡.南非约翰内斯堡广府话音系[A]//甘于恩.南方语言学（第十三辑)[C].广州：世界图书出版广东有限公司，2018.

46. 陈琪.新加坡华语词语研究[D].复旦大学博士学位论文，2008.

47. 陈淑婷.马来西亚华语口语语气词变异试论[D].浙江大学硕士学位论文，2012.

48. 陈玉清，黄明.新加坡双语教育与华人语言习惯和态度的变迁[J].集美大学学报（教育科学版），2012（2）.

49. 陈思慧，郑一省.泰国的客家人与客属总会[J].八桂侨刊，2014（1）.

50. 戴庆厦，乔翔，邓凤民.论跨境语言研究的理论与方法[J].云南师范大学学报（哲学社会科学版），2009（3）.

51. 马诗帆，严艳群.语言接触与汉语[J].南开语言学刊，2013（1）.

52. 刁晏斌.从"华人社区"到"全球华语社区"——两岸四地语言差异与融合研究观念的演进[J].云南师范大学学报（哲学社会科学版），2012（2）.

53. 甘于恩，李明.印尼汉语方言的分布、使用、特点及影响[A]//甘于恩.南方语言学（第四辑）[C].广州：暨南大学出版社，2012.

54. 郭熙.新加坡中学生华语词语使用情况调查[J].华文教学与研究，2010（4）.

55. 海峰.中亚东干语多维研究——基于社会人文背景的语言多学科研究范式[J].江苏社会科学，2009（3）.

56. 海峰.东干语中一个特殊的ди"的"[J].语言与翻译，2013（1）.

57. 黄伟亮.广东四邑华侨"口供纸"方言的综合考察[J].广西民族师范学院学报，2015（2）.

58. 韩爱珍.马来西亚华语和中国现代汉语语法差异现象研究[D].山东大学硕士学位论文，2011.

59. 洪丽芬.华语与马来语的词汇交流——马来西亚文化融合的表现[J].东南亚研究，2009（1）.

60. 洪丽芬.马来西亚华人的语言态度[A]//刘泽彭.互动与创新：多维视野下的华侨华人研究[C].桂林：广西师范大学出版社，2011.

61. 洪丽芬.试析马来西亚华人母语的转移现象[J].华侨华人历史研究，2008（1）.

62. 洪丽芬.马来西亚华人家庭语言的转变[J].东南亚研究，2010（3）.

63. 黄惠珍.印度尼西亚山口洋与台湾客语词汇比较研究[A]//张双庆，刘镇发.客语纵横——第七届国际客方言研讨会论文集[C].香港中文大学文化研究所吴多泰中国语文研究中心，2008.

64. 黄妙芸.从汉语走向国际化看区域华语词汇变异——以马来西亚为例[J].八桂侨刊，2010（4）.

65. 黄明．英语运动及华语运动与新加坡华人的语言转移［J］．西南民族大学学报（人文社会科学版），2013（3）．

66. 黄婉桦．马来西亚华语和汉语标准语词语差异研究［D］．暨南大学硕士学位论文，2010．

67. 黄雪霞．新加坡华语词汇五十年发展变化研究［D］．华中师范大学博士学位论文，2011．

68. 柯永红．论马来西亚语言特点［J］．广西民族大学学报（哲学社会科学版），2009（S1）．

69. 李如龙．海外汉语方言研究的新视野——读《全球华语词典》［J］．辞书研究，2013（1）．

70. 李思旭．完成体助词量化功能差异的跨方言考察［A］．甘于恩．南方语言学（第五辑）［C］．广州：暨南大学出版社，2013．

71. 练春招．马来西亚士乃客家话的词汇特点［A］//李如龙，周日健．客家方言研究——第二届客家方言研讨会论文集［C］．广州：暨南大学出版社，1998．

72. 林采淇．马来西亚华裔语码混用现象探索［D］．北京大学硕士学位论文，2012．

73. 林冬梅．从马来西亚华裔家庭用语看华语方言的兴衰［D］．浙江大学硕士学位论文，2010．

74. 林涛．中亚东干语及其发展状况［A］//赵杰．北方语言论丛（第一辑)［C］．银川：阳光出版社，2011．

75. 林涵．明清以来"过番"文化在潮汕方言中的反映［J］．南方职业教育学刊，2014（1）．

76. 林亚茗，段燕．毛里求斯华人流行客家话［N］．人民日报海外版，2008-12-12（12）．

77. 刘华，郭熙．海外华语语言生活状况调查及华语多媒体语言资源库建设［J］．语言文字应用，2012（4）．

78. 刘慧博．新加坡华语与普通话的分歧研究［D］．黑龙江大学硕士学位论文，2010．

79. 刘俐李．论中亚东干语的去汉语化音变［A］//第八届中国语音学学术会议暨庆贺吴宗济先生百岁华诞语音科学前沿问题国际研讨会论文集［C］．中国知网会议论文库，2008．

80. 刘晓梅.《全球华语词典》处理区域异同的成功与不足[J].辞书研究,2013(1).
81. 刘镇发.过去130年间客家方言用字的演变[J].赣南师范学院学报,2011(4).
82. 刘雅贤.泰国华人方言定语结构考察[J].现代语文(语言研究),2015(4).
83. 罗凤莹.越南芒街市粤方言词汇研究[D].暨南大学硕士学位论文,2015.
84. 潘碧丝.多元方言下的渗透与包容——马来西亚华语中的方言词语[J].云南师范大学学报(对外汉语教学与研究版),2012(3).
85. 潘家福.新加坡华社的多语现象与语言接触研究[D].复旦大学博士学位论文,2008.
86. 庞文丽.泰国三个华人聚居区华人语言使用现状调查分析[D].广西大学硕士学位论文,2015.
87. 丘学强.新加坡"中英对应物名"中的汉语方言信息[J].武汉大学学报,2015(2).
88. 邱克威.马来西亚晋江话音系的构建——兼论马来西亚汉语方言研究中音系性质及其层级性问题[A]//甘于恩.南方语言学(第十三辑)[C].广州:世界图书出版广东有限公司,2018.
89. 尚国文.新加坡华语中的数词及其相关表达[J].华文教学与研究,2012(4).
90. 尚国文,赵守辉.华语规范化的标准与路向——以新加坡华语为例[J].语言教学与研究,2013(3).
91. 邵敬敏,刘宗保.华语社区词的典型性及其鉴定标准[J].语文研究,2011(3).
92. 孙艳,王景荣.东干语中的儿化现象[J].语言与翻译,2011(1).
93. 汤崛厢.泗里街广府丧葬仪式歌时闻之"字眼"探析[A]//甘于恩.南方语言学(第五辑)[C].广州:暨南大学出版社,2013.
94. 王景荣.东干语、汉语乌鲁木齐方言常用语气词及语气词的共现[J].南开语言学刊,2011(1).
95. 王茂林.普通话与马来西亚华语单元音比较[J].语言研究,2011(4).
96. 王世凯,方磊.《全球华语词典》中异名词语的调查分析[J].语言文字应用,2012(4).
97. 王晓梅,邹嘉彦.马来西亚柔佛州客家民系的语言转用[J].中国社会语言学,2006(2).
98. 王晓梅.马来西亚华语社会称谓语"安娣"探析[J].华文教学与研究,2010(4).

99. 王仲黎.老挝跨境"云南人"语言生活调查[J].西南边疆民族研究,2012(1).
100. 王邦晖.外语和方言在马来西亚华语的语用当中的感情色彩[D].浙江大学硕士学位论文,2015.
101. 吴丹,张秋生.大洋洲华侨华人研究综述[J].东南亚研究,2013(1).
102. 吴雨凤.印尼华人语言使用情况调查研究——以雅加达华人为例[D].暨南大学硕士学位论文,2012.
103. 吴文芯.马来西亚"槟城福建话"特征词研究[J].泉州师范学院学报,2014(1).
104. 鲜丽霞.曼德勒华人的语言生活[J].东南亚研究,2008(1).
105. 肖荷.泰国北柳府华人社区华人语言使用情况考察[D].湘潭大学硕士学位论文,2011.
106. 萧忆茹.马六甲华社语码转换之新老差异考察[D].清华大学硕士学位论文,2012.
107. 星雨.东干语陕西方言语音研究[D].北京语言大学硕士学位论文,2008.
108. 杨秀明.中国本土与海外闽南方言声调差异及其成因[J].漳州师范学院学报(哲学社会科学版),2011(2).
109. 徐大明,王晓梅.全球华语社区说略[J].吉林大学社会科学学报,2009(2).
110. 许丽珊.多语接触下马来西亚华人的语码转换研究[D].浙江大学硕士学位论文,2008.
111. 许丽珊,赵亮.马来西亚槟城州华人青少年语码转换之社会表现研究[J].南洋问题研究,2011(1).
112. 荣华.英国华人言语社区的结构模式研究[J].华文教学与研究,2011(3).
113. 矣琴.泰国南邦府华人语言使用情况调查研究[D].云南师范大学硕士学位论文,2008.
114. 游汝杰.《上海通俗语及洋泾浜》所见外来词研究[J].中国语文,2009(3).
115. 游汝杰.全球汉语融合趋势日渐明显[N].社会科学报,2012-04-05.
116. 游汝杰.泰国潮州籍华裔语言使用情况调查报告[J].海外华文教育,2015(1).
117. 张东波,李柳.社会心理因素与美国华人社团的语言维护和变迁[J].语言文字应用,2010(1).

118. 张攀.东干语词汇特点浅析[J].西安文理学院学报(社会科学版),2012(6).

119. 张淑均.俄汉语言接触中东干语的变异现象[A]//首届海峡两岸外语教学与研究学术研讨会暨福建省外国语文学会2011年会论文集[C].中国知网会议论文库,2011.

120. 张双庆,潘家铭.泰语中的潮汕方言词汇试析[A]//甘于恩.南方语言学(第一辑)[C].广州:暨南大学出版社,2009.

121. 张淑敏.马来西亚吉隆坡大埔客家话词汇研究[D].暨南大学硕士学位论文,2014.

122. 张黎,杜氏秋妲.中越边民互市语言生活调查研究——以浦寨和新清市场为例[J].语言文字应用,2014(1).

123. 赵敏.泰国北部清迈府华人村华语教育及语言使用[A]//云南孔子学术研究会.孔学研究(第十七辑)[C].昆明:云南人民出版社,2011.

124. 郑军.闽南话对印度尼西亚华裔汉语书面语表达的影响[J].湛江师范学院学报,2013(2).

125. 朱丽丽.美国华语与普通话的差异研究[D].黑龙江大学硕士学位论文,2012.

126. 朱湘燕,黄舒萍.印度尼西亚苏北华语口语词汇与现代汉语词汇差异调查[J].华文教学与研究,2013(1).

127. 祝晓宏.新加坡华语语法变异研究[D].暨南大学博士学位论文,2008.

128. 庄初升,陈晓丹.19世纪以来潮汕繁衍的罗马字拼音方案[A]//甘于恩.南方语言学(第一辑)[C].广州:暨南大学出版社,2009.

129. 庄初升,陈英纳.早期荷兰人编印的两种印度尼西亚客家方言文献[J].文化遗产,2013(2).

130. 庄初升.清末民初西洋人编写的客家方言文献[J].语言研究,2010(1).

131. 钟贵峰,宋少军.融合与坚守:全球化背景下缅甸客家人的文化调适[J].东南亚研究,2016(4).

着力开拓海外汉语方言与文化研究的新领域
——兼谈海外吴语方言与文化研究的关注点、考察点和方法论

汤志祥

香港中文大学 / 深圳大学

【摘　要】宋元以降的一千多年间，尤其是明清以来的三百多年，由于谋生的需要，越来越多的中国人背井离乡，远走他乡，或务工、务农，或经商、求学，甚至避祸、避乱。他们之中有些人、有些家族是拖家带口、成群结队地移民海外。俗话说：现在世界上凡是有海水的地方就有华人。不少来自不同地区的华人都已经在不同的国家和地区落地生根，开枝散叶，甚至成为当地国民。然而他们毕竟是黄皮肤、黑眼珠的华人、华裔，是汉族、汉人的成员。他们之中不少人今天还坚持在家庭和华人社区说着祖籍国的语言和方言，吃着由故土带去耕种的蔬菜、水果以及烹调的菜肴，庆祝众多华人的民俗节日……

由于历史和地域的原因，历来移民海外的中国人主要来自南方各省：江、浙、粤、闽、琼、桂、云、贵等地。还有陕甘地区向中亚的移民以及冀、鲁、东三省向日韩地区的劳工移民。这些东南方言地区的移民由于深厚的民间传统以及儒家的影响，多以"同姓家族""同地老乡"在所移民的地区和国家里聚居。在这种彼此"同姓同宗""同声同气"的环境和氛围中他们就可以做到互相扶持、互相帮助、互相提携。这对漂泊在外、生死难料的平民百姓来说是天经地义的。

因此，今天的汉语方言调查应该走出国门，深入到世界各国各地区，到凡是有华人、华裔生活、经商、求学的地方，去考察、研究那些世代移民海外的老华人及华人家庭，了解他们几代人还坚持说的汉语方言、所保留的汉族文化，以及各华人社区的诸多特点。基于以上认识，国家社科基金重大科研项目"海外华人汉语和汉语方言使用情况调查"于2015年初在暨南大学正式启动。

该项研究的关注点是：（1）海外华人、华裔现在所说的汉语方言和祖籍国的方言有何异同；（2）海外华人、华裔现在所说的汉语方言语音、词汇和语法里保留着祖籍国方言的哪些早期的特点；（3）海外华人、华裔现在所说的汉语方言词汇里存在着哪些和住在国文化相融合的特点；（4）海外华人、华裔三代人之间的语言变迁和语言选择、语言态度。"海外吴语方言及其文化调查"为该项目的子项目。

以吴语区为例，吴越地区和粤闽地区一样一直存在着移民海外的现象。其特点是：

（1）南部吴语（浙江南部为代表）以温州、丽水地区移民为多，其特点一是移民主要前往欧洲南部和西部地区，如西班牙、意大利、法国、奥地利、荷兰诸国。特点二是温州、丽水地区的移民多以同姓、同乡聚居，有明显的聚族、聚乡居住的特点。特点三是浙南移民时段前后长达几百年，势头一致未减。特点四是当地移民多完好保留了祖籍国方言与文化。

（2）北部吴语以江苏南部、上海市和浙北杭嘉湖地区移民为主。他们的移民方向主要是美加、英法、澳新。因为经济、文化和政治方面的原因，这些地区的移民多以散居为主，移民时段相对较短，同时大都居住在移居国经济相对发达的大城市，因此，相对而言保留汉语方言和文化的成分较少。

"海外华人汉语和汉语方言使用情况调查"的考察点是：（1）第一代移民（年龄在七八十岁）口中的汉语方言保留了祖籍国方言哪些较为古老的语音、语法特点和词汇；（2）第二代移民（年龄在四五十岁）口中的汉语方言还保留了多少祖籍国方言的语音特点和词汇；（3）第三代移民（二十岁左右）口中的汉语方言还保留了多少祖籍国方言成分；（4）第二代移民和第三代移民口中的汉语方言还增加了哪些住在国语言的词汇成分；（5）一家三代移民对汉语方言以及中华文化的坚持与认识程度。

有鉴于此，这项调查研究的理论是基于以下两方面的语言研究理论而建立的。

（1）汉语方言学研究，即精心挑选一位或数位能代表住在国汉语方言特点的发音人，并对某一国、某一点的方言语音、语法和词汇做精细的调查，最终形成详细的调查报告。

（2）社会语言学研究，即通过广泛的问卷调查或者面谈多位参与调查者，了解当地华人、华裔的语言演变情况和语言取态。从面上大体了解当代海外华人或者华人家庭汉语方言传承或保留的语言面貌以及他们的语言心理，最终形成调查的初步结论。

【关键词】移民；海外华人；汉语方言；祖籍国；吴语

一、国人移居海外的简史

中国人移居国外主要始于唐代。纵观1300多年来中国人移居海外的历史，大体可为四个时期：

第一个时期，从唐代到南宋（618—1276），有不少中国商人到东南亚各地从事贸易。其中有一部分人在当地定居，成为第一代华侨。这个时期华人大多居住在南洋地区（今印尼、新加坡、马来西亚、越南、泰国、菲律宾等国），人数为10多万。

第二个时期，从元代至清代中叶（1271—1840），海外贸易进一步发展，更多的中国商人和农民、渔民、手工艺人出国。这个时期东自日本、朝鲜，西至印度东海岸，北起缅甸，南迄印尼，到处可见华人移民，数量已达100万以上。

第三个时期，从鸦片战争到中华人民共和国成立（1841—1949），为华人大规模移民的高潮时期。这个时期华人出国的人数之多、规模之大、分布之广，前所未有。19世纪下半叶，一批批"契约华工"（俗称"猪仔"）被贩卖出洋，成为当时移民的主要方式，19世纪下半叶，约有700万华人被贩卖到世界各地，从而奠定了今天华侨遍布世界各地的格局。这个时期的华人移民人数已达1200多万[①]。

第四个时期，从中华人民共和国成立到21世纪初。由于国家实行改革开放政策，越来越多的中国人通过亲人团聚、留学等方式移居国外。这个时期，随着经济的发展和人口的自然增长，华侨华人的人数也急剧增加，估计已有6000万[②]。

---

① 参阅：[美]孔飞力（Philip A. Kuhn）：《他者中的华人：中国近现代移民史》，李明欢译，南京：江苏人民出版社，2016年。

② a. 援引自2014年3月5日国务院侨办主任裘援平（女）在第十二届全国人大二次会议新闻中心网络访谈室的讲话《海外华人华侨已超6000万 分布于198个国家和地区》(中国网)。

b. 据邹嘉彦、游汝杰《汉语与华人社会》一书，1994年的统计，"海外华人（不包括港澳）总数为2200万—3000万"。邹嘉彦、淳汝杰：《汉语与华人社会》，上海：复旦大学出版社，香港：香港城市大学出版社，2001年，第58页。

c. 据张振新《海外华侨华人分布》一文，2004年的统计，"海外到底有多少华人人口尚无确切的数字，目前比较普遍的说法是5000万人。及报道现在世界上150多个国家都出现华侨和华人节节上升的情况，每10年增加一倍"。"中国语言生活状况报告"课题组：《中国语言生活状况报告2005年》(上编)，北京：商务印书馆，2006年，第398页。

二、海外华人聚居的主要代表性地点：唐人街

华人一旦移居海外便成为各移居地的少数族群。面对新环境、新语境时，华人彼此之间需要同舟共济，故此便自然地聚居在某一个地方，形成一个个相对集中的华人聚居区。现在各国早期形成的唐人街（大唐街、中华街）和现今各国的"新唐人街""中国城"就是华人移居海外生活的显著标志和历史见证。

现在主要的著名的华人大聚居国家、城市以及地区为：

（1）美国东部纽约市：曼哈顿（Manhattan）下城唐人街、布鲁克林（Brooklyn）、法拉盛（Flushing）；西部旧金山市：唐人街；洛杉矶市：圣盖博谷（San Gabriel Valley）。

（2）加拿大东部：多伦多市唐人街、士嘉堡（Scarborough）、北约克（North York）、万锦（Markham）、列治文山（Richmon Hill）；西部温哥华市：市区东部唐人街、列治文（Richmon）。

（3）英国伦敦：威斯敏斯特（Westminster）的苏豪区（SoHo）、船坞区彭尼费（Penny fields）、莱姆豪斯考斯韦（Limehouse Causeway）。

（4）澳大利亚悉尼市：唐人街、赫斯特维尔（Hurstville）、艾士菲（Ashfield）、查茨伍德（Chatswood）、卡巴拉玛打（Cabramatta）；墨尔本市：唐人街、博士山（Boxhill）、威弗利谷（Glen Waverley）。

（5）法国巴黎：十三区的唐人街、十九区的美丽城（Belleville）、三区和四区的温州街。

（6）意大利：米兰市、普拉托市、伦巴第、托斯卡尼和拉齐奥地区。

（7）西班牙：巴塞罗那市的Eixample、Fondo地区、马德里市的Usera区。

（8）新西兰：奥克兰市中区、南区、东区、北岸，惠灵顿市，基督城，汉密尔顿市。

（9）日本：东京都、横滨中华街、神户中华街（南京町）、长崎唐人街（新地）。

（10）马来西亚：吉隆坡唐人街，槟城、诗巫、山打根、马六甲、怡保、安顺、古晋等城市。

（11）越南：胡志明市（西贡）堤岸区第五郡、第六郡（新堤岸）、第十郡和第十一郡。

（12）菲律宾：马尼拉市唐人街（中国城）、大马尼拉地区。

（13）泰国：曼谷市唐人街、宋卡府。

（14）缅甸：仰光市唐人街。

（15）印尼：雅加达市、爪哇市、泗水市、棉兰市、北干巴鲁市、三宝垄市、班芝兰唐街人、坤甸市（庞提纳克）、锡江市（马卡萨）、巨港市、万隆市及邦加槟港。

（16）毛里求斯：路易港唐人街。

（17）新加坡：牛车水唐人街。

（18）古巴：哈瓦那市唐人街。

（19）秘鲁：利马市唐人街。

（20）南非：约翰内斯堡市唐人街、比勒陀利亚市和开普敦市。

此外，不少国家和地区都有华人聚居，包括韩国首尔和仁川、俄罗斯莫斯科、荷兰阿姆斯特丹、巴西圣保罗、尼日利亚拉各斯、智利圣地亚哥等。

三、海外华人聚居的祖籍及方言划分

世界上华人人口100万以上的国家有6个，除美国外，其他5个都在亚洲。由于海外华人原籍地主要集中在中国南部、东南部地区，所以按华人祖籍划分，广东约占49%，福建占35%，海南占6%，其他省区占10%（以台湾、广西、山东、新疆、云南为主）。东南亚粤籍、闽籍和其他省市华人人数之比为5∶3∶2；而在亚洲以外，粤籍占绝大多数。

若以方言划分，使用广府（广州）、闽南（泉州）、潮州、客家、浙南（温州）五种方言的人，占海外华侨华人总数的80%左右。使用前三种方言的，每一种都超过500万人，后一种则约300万人。

四、海外华人聚居的类型和语言特点

海外华人聚居的主要类型：

1. 以国家而论

（1）聚居在首都或者大城市，如美国、英国、加拿大、法国、澳大利亚、日本、新加坡、新西兰。

（2）遍布各大中小城市，如意大利、西班牙、印尼、马来西亚、泰国、菲律宾。

2. 以城市而论

（1）大聚居，小分散，如所有建有唐人街的各国城市。

（2）无聚居，大分散，如韩国、俄罗斯、荷兰、巴西、尼日利亚等国的城市。

3. 以移民的地域与方言而论

（1）某个地域的华人聚居，方言相对单一。如美国旧金山（广府话）、加拿大温哥华（广府话）、英国伦敦苏豪区（广府话）、马来西亚怡保（广府话）、越南堤岸（广府话）、马来西亚马六甲（闽南话）、菲律宾马尼拉（闽南话）、英国伦敦布鲁克林八大道（福州话）、泰国唐人街（潮州话）、马来西亚槟城（潮州话）、法国巴黎三区和四区的温州街（温州话、青田话）、毛里求斯路易港（客家话）、澳大利亚悉尼艾士菲（上海话）、日本长崎（北方方言）、韩国仁川（北方方言）。

（2）各种地域相杂居，方言相对多样。如多伦多老唐人街（广府话、闽南话）、新加坡（闽南话、广府话、潮州话、客家话）、缅甸仰光（闽南语、广府话）、文莱斯里巴加湾市（闽南话）、印尼雅加达（闽南话、客家话）、马来西亚古晋（闽南话、客家话）、马来西亚吉隆坡（广府话、客家话）。

4. 以移民居住的代数与方言而论

（1）三代人/两代人同住，主要出现在一些早期（一二百年间）移居海外的国家和城市。当地老华人多以一个家族"三代同堂"或者"二代同堂"的形式居住在一起；而同姓同地的华人又以"同姓家族""同地老乡"的形式居住在一地。像这种居住方式的华人集中地一般都在老的移民城市或者地区。譬如：

美国：旧金山市、洛杉矶市、纽约市、波士顿市；

加拿大：温哥华市、多伦多市、蒙特利尔市；

英国：伦敦市；

法国：巴黎市；

西班牙：马德里市、巴塞罗那市；

意大利：米兰市、普拉托市；

澳大利亚：墨尔本市、悉尼市；

泰国：曼谷市、宋卡市；

马来西亚：吉隆坡市、槟城、马六甲市；

印尼：雅加达市、泗水市、爪哇巴城；

菲律宾：马尼拉市；

越南：胡志明市；

缅甸：仰光市；

日本：横滨市、长崎市；

韩国：仁川市；

古巴：哈瓦那市；

新加坡。

这种几代人居住在一起的城市或地区，其方言特点往往是：

①通行原籍地粤闽浙三地的方言，往往是广府话、四邑话、闽南话、福州话、潮州话、客家话、海南话、温州话（青田话）等。

②三代人中的第一代往往讲原籍地方言，第二代多讲广府话或者闽南话，第三代主要讲当地语言，如英语、法语、泰语、印尼语（马来语）、菲律宾语、越南语、日语、韩语、西班牙语等。

（2）一代人/两代人居住：主要居住在近三十年间较多华人移居海外的国家和城市（上述三代人/两代人同住的国家与城市里也普遍存在）。当地华人多为单个家庭或者以个人身份在海外投资、经商、留学、劳务输出、打工、跨国婚姻的人士。以这种方式居住的华人主要分布在新的、小的移民城市或地区。譬如：

美国：尔湾市、圣地亚哥市、西雅图市、波特兰市、圣荷西市、奥兰多市；

加拿大：蒙特利尔市、卡尔加里市、渥太华市、埃德蒙顿市；

英国：曼彻斯特市、伯明翰市、利物浦市；

法国：马赛市、里昂市、里尔市；

澳大利亚：阿德莱德市、布里斯班市、珀斯市；

新西兰：奥克兰市、惠灵顿市、基督城、汉密尔顿市；

日本：东京都、千叶市、川口市、玉五市、大阪市、名古屋市、神户市、京都市；

韩国：首尔、水原市；

俄罗斯：莫斯科市、哈巴洛夫斯克（伯力）、符拉迪沃斯托克（海参崴）、布拉戈维申斯克（海兰泡）等。

这种一两代人居住在一起的城市或地区，其方言特点往往是：

①通行华语（普通话）或者原籍地的汉语方言：往往是广府话、闽南话、潮州话、温州话、上海话、北方方言等。

②有些人为双语者，主要是英语/汉语、法语/汉语、日语/汉语、韩语/汉语、西班牙语/汉语、俄语/汉语等。

五、研究海外华人汉语方言与文化的意义和关注点

诚然，千百年来华人漂洋过海、移居外国的主要目的是谋生和发展，但是他们同时带去的是世界语言和文化的重要成员：古老的中国的语言（方言）文学与灿烂的东方文化，包括哲学、宗教、中医药、教育、养生、武术、生活习俗和思维方式等。这是我们中华语言文化大家庭的宝贵财富和珍贵资源。

为了挖掘和保存这部分中华语言文化的宝贵财富和珍贵资源，2015年初，国家社科基金重大科研项目"海外华人社区汉语方言与文化研究"[①]正式启动了。

该项研究的关注点是：

（1）海外华人、华裔现在所说的汉语方言和祖籍国的方言有何异同；

（2）海外华人、华裔现在所说的汉语方言语音、词汇和语法里保留着祖籍国的方言的哪些早期的特点；

（3）海外华人、华裔现在所说的汉语方言词汇里存在着哪些和住在国文化相融合的特点；

（4）海外华人、华裔三代人之间的语言变迁和语言选择、语言态度；

（5）海外华人、华裔还保存并发扬着哪些中华文化及其生存形态；

（6）海外华人、华裔的中西文化融合现状及其态度取舍。

[①]2014年度国家社科基金重大项目"海外华人社区汉语方言与文化研究"（项目批准号：14ZDB107）。

六、研究海外华人汉语方言与文化的考察点

鉴于以上阐述的华人移居海外后聚居的特点和生活状况，我们在研究海外华人的方言和文化状况及其特点时，主要角度和要素是：要考察海外华人、华裔现在所说的汉语方言和祖籍国的方言有何异同，第一个考察点是必须关注并着眼于以下几点：

（1）老移民国和老移民城市。因为只有在那些国家和城市里才保留着几百年来华人祖籍国方言较多的特征。

（2）只会讲祖籍国语言的老华侨、华人。因为他们的语言和文化保留着较纯正的汉语方言和文化的特征。

（3）只会讲祖籍国方言的七八十岁，甚至九十几岁的老华侨、华人。因为他们更了解两国、两地、两三代人的差异。

考察方言特点要关注以下几点：

（1）他们的方言的语音系统，包括音系、连读变调、小称变调等与祖籍国的异同。

（2）他们的方言的词汇系统里，基本词汇和一般词汇与祖籍国的异同；特别是哪些老词语已经消失，哪些新词语（外来词、其他方言词）在使用，有哪些新造的词语，哪些词语的词义、词用有变化。

（3）他们的方言的语法系统，尤其是词性和句式有何变化；有哪些语码混合的现象。

（4）他们的文化生活和特征的保留：华人祖籍地的宗族活动、宗教信仰、节庆活动和日常生活形态的参与和保留。

研究的第二个考察点是新一代华人、华裔的语言状况和语言态度。主要关注以下几点：

（1）第二代华人（主要是五六十岁的华人）的双语使用情况，以及对待汉语方言的态度（冷漠、放弃还是关心、保留），还有他们对于传统文化的态度（保留、参与还是放弃、被动）。

（2）他们对文化生活和特征的保留：参与的宗族活动、保留的宗教信仰和参加的华人节庆活动，以及对华人原日常生活形态的改变。

（3）第三代华人（四五十岁）和二三十岁的华人的语言使用情况（单语还是双语），以及对待汉语方言的态度（使用还是学习）。

七、研究海外华人汉语方言与文化的方式和方法

由于对三代华人的考察关注点不同，因此我们主要选择的方法和方式如下所列：

（1）对第一代老华侨、华人，主要了解他们的语言和文化情况，必须采用如下调查表格。

①调查方言语音情况，使用中国社会科学院语言研究所制定的3700字的《方言调查字表》[①]；

②调查方言词汇情况，使用汉语方言调查常用的2600多条的"方言调查分类词表"[②]；

③调查方言语法情况，使用汉语方言调查常用的300条"语法例句调查表"[③]；

④调查新老词语的使用，采用个人谈话的询问与录音、记录的方式；

⑤调查原有文化的存留，采用个人谈话的询问与录像、记录的方式。

（2）对第二代华人、华裔的调查，主要是了解他们的双语状况以及对待方言的态度。

①采用个人谈话的方式进行询问、交谈，并录音、记录；

②使用社会语言调查表格，以填表、归纳、统计的方式进行；

③采用个人谈话的方式，通过询问、交谈了解他们对中华传统文化的认识以及参与、保持的情况。

（3）对第三代华裔的调查，主要是了解他们的语言使用情况（单语还是双语），以及对待汉语方言的态度（使用还是学习），所以采用填写社会问卷调查表的方式获取第一手资料，然后再进行归纳、统计，得出相关结论。

[①] 中国社会科学院语言研究所：《方言调查字表》（修订本），北京：商务印书馆，2004年。
[②] 中国社会科学院语言研究所：《方言调查字表》，北京：商务印书馆，1981年。
[③] 詹伯慧：《汉语方言及方言调查》，武汉：湖北教育出版社，2001年，第413—470页。

简而言之，我们的研究方法主要有三种：

①采用传统的汉语方言学调查研究的方法、工具和材料，继而对所得语料进行分析、判断。即精心挑选一或数位能代表住在国汉语方言特点的发音人，并做某一国、某一点的方言语音、语法和词汇的精细调查，最终形成详细的调查报告。

②采用社会语言学的调查问卷和方法获得材料与数据，然后进行分析、统计、判断；附以采用常用的社会语言学的个人交谈法或者个案分析法 Case Study，获得研究素材。即通过广泛的问卷调查或者面谈多位参与调查者，了解当地华人、华裔的语言演变情况和语言取舍态度；从面上大体了解当代海外华人或者华人家庭汉语方言传承或保留的语言面貌，以及他们的语言心理，最终形成初步的调查结论。

③采用对比语言学方法，将获得的新语料和原籍地的语料进行对比，继而分析、判断并得出结论。即把海外华人的汉语方言材料与他们原籍地的方言材料进行对比分析和描述，然后得出相应的结论。

八、海外吴方言和吴文化研究的视点和着重点

海外吴方言和吴文化的研究是整个海外华人汉语方言和文化研究的一个有机组成部分。

与主要以粤、闽、琼、台等省份华人为主的移居海外的情况相似，吴地，尤其是浙江南部温州、青田、台州地区，江苏南部、宁波镇海等所谓杭嘉湖地区，以及上海市也曾是有大量海外移民的地区。

吴地人士移民海外的特点：

（1）南部吴语地区（浙江南部为代表）的特点：一是以温州、丽水地区移民海外为多，主要前往欧洲南部和西部地区，如西班牙、意大利、法国、奥地利、荷兰诸国。二是温州、丽水地区的移民多以同姓、同乡聚居，有明显的聚族、聚乡居住的特点。三是浙南移民时段前后长达几百年，势头一直未减。四是当地移民多完好保留祖籍国方言与文化。五是，该地区在欧洲的移民多以经商为主，主要从事餐饮业、零售、批发、生产服装、鞋袜等日常生活用品及进出口贸易。六是还有众多留学生。

（2）北部吴语（以江苏南部、上海市和浙北杭嘉湖地区为主）。他们的移民方向主要是美加、英法、澳新。因为经济（比较富有）、文化（层次较高）和政治（意识形态不同）方面的原因，这些地区的移民特点：一是多以散居为主，基本不存在聚居区，而大都居住在移居国经济相对发达的大城市。二是移民时段相对较短，多数是20世纪上半叶以后陆续移居海外的。三是相对而言受西方教育较多，外语能力强，且较为认同海外的文化，因而保留汉语方言和文化的成分较少。四是多数从事公司或者企业的经营，不少人在住在国的科学、技术、教育、医疗、法律、文化界工作。五是现在有大量的年轻留学生不断前往这些国家。

鉴于以上基本情况，海外吴方言与文化的调查的着重点就具有如下特点：

（1）南部吴语：①重点以调查海外移民第一代为主，记录他们的方言和文化与原籍地方言和文化的渊源、源流变化以及异同。②了解三代人之间的方言变化以及语言取舍态度变化。③了解第三代人的方言使用情况以及他们的语言取舍态度。④调查海外南部吴语的研究成果，尤其是对温州话的研究。⑤了解海外南部吴地文化的存留。

（2）北部吴语：①调查海外移民第一代的方言和文化与原籍地方言和文化的渊源、源流变化以及异同。②了解三代人之间的方言变化以及语言取舍态度变化。③重点了解年轻一代（第三代）的双语情况。④由于北部吴语中的上海话在海外颇有影响力和传播力，要了解上海话的海外传播和教育情况。⑤调查海外北部吴语的研究成果，尤其是对上海话、宁波话、杭州话、苏州话的研究。⑥了解海外北部吴地文化的存留。

九、结语

海外汉语方言与文化研究是汉语方言与文化研究的新领域。它使我们的视野从传统的中国国内汉语方言调查延伸到了全世界。

海外汉语方言与文化研究将改变以往固有的"汉语方言是中国语言规范的对象"的陈旧观点，视其为中华文化的有机组成部分和世界文化的组成部分。

海外汉语方言与文化研究将调查研究海外华人、华裔充当中外文化交流、交融的使者的伟大作用。这是整个中华民族对世界的贡献。

从研究中国到研究世界，要跨过这个鸿沟绝不是一件轻而易举的事。可以想象，其难度、深度及重要性和创造性都将是无与伦比的。

希望我们这一代学者努力去开创这个事业，践行这个创举，写下汉语方言与文化研究的新篇章。

【参考文献】

［1］"中国语言生活状况报告"课题组.中国语言生活状况报告（上编）[M].北京：商务印书馆，2006.

［2］教育部语言文字信息管理司.中国语言生活状况报告（2012）[M].北京：商务印书馆，2012.

［3］教育部语言文字信息管理司.中国语言生活状况报告（2016）[M].北京：商务印书馆，2016.

［4］陈晓锦.东南亚华人社会汉语方言概要（上、中、下）[M].广州：世界图书出版广东有限公司，2014.

［5］陈晓锦，张双庆.首届海外汉语方言国际研讨会论文集[C].广州：暨南大学出版社，2009.

［6］王建设，孙汝建.第二届海外汉语方言国际研讨会论文集[C].昆明：云南大学出版社，2012.

［7］陈晓锦.第三届海外汉语方言国际研讨会论文集[C].广州：暨南大学出版社，2014.

［8］马来西亚华社研究中心.马来西亚华人研究学刊（第十五期）[C].吉隆坡：马来西亚华社研究中心，2012.

［9］邹嘉彦，游汝杰.汉语与华人社会[M].上海：复旦大学出版社，香港：香港城市大学出版社，2001.

［10］詹伯慧.汉语方言及方言调查[M].武汉：湖北教育出版社，2001.

中亚回民社区汉语方言的传承、衰变及发展走向[*]

林 涛

北方民族大学　宁夏银川　750001

【摘　要】海外汉语方言是一种跨境方言，是汉语分布在不同国家和地域形成的变体。本文以东干语为切入点，从回民社区的建立、汉语西北方言的传承、双语多语发展进程、祖语异化衰变和丢失、发展走向等方面探讨中亚回民社区的祖语——汉语西北方言在海外的性质、特点、演变规律及其发展走向。

【关键词】中亚；汉语方言；发展走向

一、中亚回民社区

19世纪下半叶，我国西北地区的回民由于忍受不了清王朝统治者的政治压迫和民族歧视，于清同治元年（1862）发动了声势浩大的反清斗争。起义失败后，义军余部历尽艰难，翻越天山，进入中亚；1882—1884年，沙皇俄国将强占的新疆伊犁地区归还我国，部分回民又进入中亚。经过这两个阶段的移民，中亚大地上出现了一个新的华人移民群体。刚进入中亚的我国回民约为15000人。"十月革命"胜利后，政府鼓励生育，回民人口发展很快。1979年全苏联第四次人口普查，回民人口为52152。20世纪末，中亚回民在吉尔吉斯斯坦有5.3万人，哈萨克斯坦有5万人，乌兹别克斯坦有2万人，共约12万人。这些回民在中亚的营盘、新渠、骚葫芦、江尔帕克—提别、东火星、安集延、米粮川、奥什、卡尔·马克思集体农庄、二道沟、托克马克等地的30多个乡庄，建立起了自己的回民社

---

* 本文系国家社会科学基金重大项目"海外华人社区汉语方言与文化研究"（项目批准号：14ZDB107）阶段性成果之一。

区——东干诺夫卡。

这些回民社区以村镇的形式建设。社区里有街道、商店、巴扎（农贸市场）、中小学、幼儿园、医院、俱乐部、村史馆、文化体育活动场所等。每个社区都有清真寺。清真寺是回民诵经、祈祷、完成拜功的地方，也是穆斯林聚会、交流、开办经堂教育、进行文化活动的中心。社区的回民主要从事农业，在广袤、肥沃的楚河平原和伊塞克湖一带，种植小麦、水稻、棉花、蔬菜、栽培果园，兼营手工业和商业。他们在谋求生存、繁衍发展的同时，为当地社会的经济繁荣贡献着力量。

1924年，苏联在进行民族识别和民族划分的活动中，将中亚的回族定名为"东干族"。他们自己则称"中原人""中国西北老回回"。在长达140年的时间里，他们离乡万里情不改，去国百年魂尚存，坚守和传承着原汁原味的祖语——汉语西北方言，以及文化传统和风俗习惯。

二、汉语西北方言的传承

我国西北回民进入中亚，在长达半个多世纪的生活中坚持不懈地使用自己的祖语——汉语西北方言。这种语言在学术界名为"东干语"，而他们自己则称作"中原语言""大清国的话"。最初，他们的口语非常复杂。《东干语的托克马克方言》一书中说，有陕西关中话，甘肃河州话、狄道话、兰州话、莲花城话、张家川话，宁夏灵州话，青海西宁话，新疆伊犁话等。这些口语先行融合，归并成了陕西话和甘肃话两大方言。后来借入了中亚地区多种民族通用的一些语言成分，在东干语创制的基础上逐渐形成了中亚回族的民族共同语（即书面语）。

中亚回族民族共同语是以我国近代汉语西北方言基本词汇和语法结构为主体，以甘肃话语音为标准音，融合了中亚地区常用的俄语、突厥语族诸语言及阿拉伯语、波斯语等的某些成分，在语言要素上发生了一定变化的汉语跨境方言。中亚回族民族共同语的语音系统有25个声母（零声母在内）、32个韵母、3类单字声调。声调中平声不分阴阳，合为一个平声调，调值为24；上声调值为51；去声调值为44；入声字全部归入平声。这些语音特点和我国中原官话陇中片诸方言完全一致。

东干语在中亚主要通行于农村回民社区，被回民们称作"亲娘语言"。社区里的妇女是东干语忠实的使用者和传播者。她们的社会活动比较少，每个人都能说一口流利、纯正的东干语。儿童在母亲的口耳相授下，从小就能学会这种语言。老人们在家里和社区中只说东干语而不使用俄语。他们坚持使用自己的民族语言，认为东干语是中亚回族的根。农民诗人黑牙·兰阿洪诺夫在一首诗歌里嘱咐青年人"亲娘语言叵忘哩，回族的根"。从这种认识出发，老人们千方百计地为东干语的传承和发展不懈地努力。

除了家庭，学校教育是传承东干语的重要阵地。回民社区的学校从一年级到十一年级都开设了东干语文课。教学计划每周安排两次课，每次两学时。教学内容分为东干语言和东干文学两部分。语言课程讲授东干语语音、文字、正字法和基本语法等，目的是教会学生正确地阅读和书写东干文；文学课程介绍东干族口传文学、作家文学和翻译为东干文的外国经典文学作品。21世纪以来，东干语文教育面临着很多困难，但中亚回族教育工作者和知识分子从来不言放弃。在他们的共同努力下，一批批新的语言文学书籍不断出版，不仅满足了学校教学的需要，也丰富了中亚回族的文化生活。

三、双语和多语发展进程

回族社区口传心授的家庭教育和正规习得的学校教育，形成了中亚富有特色的东干语言文化圈。然而，随着回民生活范围的扩展和多民族文化的交流，中亚回民不得不冲破社区封闭的藩篱，将自己融入到多民族聚合的大家庭中。这就迫使他们尽可能多地去学习其他民族的语言，尤其是所居国主体民族的语言和中亚通用的语言，否则自己或整个民族都将会被边缘化。

俄语是中亚各民族通用的"族际语"。特别是在第二次世界大战结束后，苏联政府有关部门把俄语作为全苏联各民族的共同语进行推广普及。中小学开设的课程都用俄语讲授。用斯拉夫字母拼写的东干文的创制又为学习俄语提供了有利条件，因此掌握俄语的人越来越多。据统计，1970年吉尔吉斯斯坦近2万回民中，能够使用俄语的人约占52.9%；1979年2.6万多回民中，掌握了俄语的人约为66.2%。在2000年新疆大学海峰博士对300名12岁以上的东干人所进行的抽样调查中，能使用东干语又能熟练掌握俄语的人数为281，占总调查人数的93.7%。

这表明中亚回族已经成为了双语民族。

中亚是多民族地区，仅吉尔吉斯共和国就有90多个民族。这里除了俄语和吉尔吉斯语外，还流行哈萨克语、乌兹别克语、塔塔尔语、维吾尔语、塔吉克语、土库曼语、德语、乌克兰语……回民在和这些民族相处中往往也学会了他们的语言，不过在习得其他民族语言时会带有地域性。如在二道沟居住的回民，使用东干语和俄语的同时也会掌握吉尔吉斯语；江尔帕克—提别的回民在使用东干语和俄语的同时，也会掌握哈萨克语；潘菲洛夫的回民在使用东干语和俄语的同时，也会掌握哈萨克语和维吾尔语。有关调查表明，1999年吉尔吉斯斯坦15岁以上的3万多回民中，能同时掌握东干语、俄语、吉尔吉斯语和乌兹别克语的有4000多人，占总人数的13.8%。这说明，有一部分中亚回民已经成为掌握多种民族语言的人。

中亚回民语言生活中双语和多语的发展，强化了他们的语言社交功能，但也加速了自身语言的外化，特别是俄语化。城市中居住的回民主要使用俄语，不少家庭中的小孩听不懂东干语。有些回族青年会说一点东干语，但说不好，能拼写一些东干文，可不多用，有的甚至既不会说也不会写。知识阶层或涉外婚姻家庭不管在工作中还是生活中都使用俄语。笔者所接触的东干族专家、教授在学术研究会上都不能一贯到底地用东干语表述自己的学术观点，中途不得不转换成俄语。

四、祖语的异化、衰变与丢失

21世纪以来，有人把海外汉语定义为一种"祖语"。祖语与家族、家庭、归属密切相关。家庭祖语的缺失，双语和多语的影响，再加上强势语言的冲击，必然导致祖语的异化、衰变和消亡。中亚回民社区的祖语正在沿着这个轨迹发展。

中亚回族祖语的异化现象主要有外来词的借用、语音和语法层面上的变化、语码的混合和转换等。中亚回民话里的外来语借词不仅数量多，而且来源也比较复杂。我们在阅读和转写东干文报刊杂志、诗歌、小说时，经常会遇到来自俄语、英语、吉尔吉斯语、哈萨克语、乌兹别克语、阿拉伯语、波斯语、维吾尔语、蒙古语等多种语言中的借词。借词以俄语借入的为最多，据东干族学者哈娃子统计，多达几千条。吉尔吉斯、哈萨克、乌兹别克、维吾尔等突厥语族诸语言的借词是通过人口地域分布情况借入的。居住在吉尔吉斯斯坦的回民会借入比较多的吉尔吉斯语词语，居住在哈萨克斯坦的回民会借入比较多的哈萨克语词语。与中亚其他伊斯兰教信仰者相比，回民更恪守宗教的信条和教规，因此他们的语言中来自阿拉伯语、波斯语中的词语更多。

中亚回民接触比较多的民族语言有印欧语系的斯拉夫语族、印度—伊朗语族、阿尔泰语系的突厥语族、蒙古语族、闪—含语系中的闪语族等语言。这些语言的语音中，都有舌尖中、浊、颤音［r］音位。随着这些外来词的借入，东干语语音里也增加了这个音位。东干语语法中给词分类时，采用了俄语的分类方式，有前置词、后置词、副动词、形动词等类别和名称。词类中的名词有"数"的语法范畴，量词"个"有泛化和丢失倾向。语法手段中有比较多的语序倒置现象，如：句中受事成分经常放在谓语动词之前，状语多放在主语之前；年、月、日的表达按照"先小后大"的顺序；时间数量的表达常把数词放在量词之后；单句里没有兼语句和连动句；主从复句在主句和从句之间经常借助于"что"这样的词语连接。这些现象在祖语里是绝对没有的。

语码混合和转换是指中亚回民后来在语言交际中经常会将东干语语码和其他语言的语码混杂在一起使用。如下面两段话："唉哟，萨丽玛！她是乌鲁斯娘娘，你给她要说斯特拉夫斯杜乌依呢，不说色两目……""丫头儿转过来把我望哩下，失笑哩：'娘娘，她是回族名字叫的萨丽玛。她是苟俩乌兹别克，阿纳是吉尔吉斯……'"以上的东干语中混入了俄罗斯、阿拉伯、乌兹别克、吉尔吉斯等民族的语码。笔者在比什凯克东干族朋友家中经常会碰到语码转换的情景。一次晚上在诗人伊斯哈儿·十四家中聊天，开始用东干语，小女儿回来后插入了俄语，妻子改用了吉尔吉斯语，儿媳妇又说了几句塔塔尔语。语码的自然转换营造出了这个民族大家庭欢乐、幽默的和谐气氛。这种情况在涉外婚姻家庭中是常见的。

祖语的衰变主要表现为东干语使用范围的急剧缩小、母语认同态度的变化和部分人群母语的消亡。目前，在中亚回民社区，并不是所有的回民都使用东干语。农村的回民家庭还坚持使用，但在城市、外界社会生活的交际中，回民都使用俄语或所在国家主体民族的语言。一位回族青年说："俄语在学堂呢一满儿习学呢，官方文件都用俄文，不会俄语就没有办法生活。"在比什凯克我们看到的汽车执把（驾驶证），一面是俄文，一面是吉尔吉斯文。南京师范大学刘俐李教授2006年在营盘、新渠回民社区调查后测算，东干语在这里的回族中综合使用频度为30.8%，而俄语为69.2%。这个数据表明，东干语的使用范围在急剧缩小。更值得关注的是中亚回族对母语的认可态度。1999年吉尔吉斯斯坦东干族总人口为51800，15岁以上的有30993人。调查显示这些人中认为自己的母语是东干语的占96.1%，认为母语不是东干语而是俄语或其他语言的占3.9%。这说明一些中亚回民对母语的认可态度已经在发生变化。

伴随着祖语的异化和衰变，在部分地区和部分人群中，东干语已经在丢失或消亡。这种情况最典型的是在吉尔吉斯斯坦南方的奥什。奥什附近的卡拉松回民社区有3000多回民，由于远离了回民群体，又处在乌兹别克族的包围之中，加上通婚，现在除了"辣子""筷子"几个简单的词语外，已经不会说东干语了。他们的祖语完全被乌兹别克语所代替。为了恢复祖语，20年前吉尔吉斯斯坦教育部门曾专门派遣东干语老师为孩子们讲授东干语，但最终也没有取得什么效果。应该说，这是语言传承中祖语中断的典型个案。在1977年的"全苏联东干人进入中亚100周年纪念大会"上，奥什回民嚎啕大哭，痛惜他们第二次丢失了自己的母语。除奥什回民外，回民中不会使用母语的情况在中亚城市里居住的青年中也能常看到。

五、中亚五国独立后东干语的发展走向

1991年中亚五国相继独立。随着独立自主国家意识的强化，各国都颁布了语言法，确立了主体民族语言的国语地位。俄语的社会地位有所下降，各国国语的地位逐步上升。哈萨克斯坦总统纳扎尔巴耶夫指出："我们必须采取一切措施做好重新启用哈萨克语作为主体民族语言的工作，使哈萨克语在国家事务、生产、科研、教育等各个领域都像俄罗斯语那样得到广泛应用。国家和政府必须为此创造一切便利条件。"政府把能否使用主体民族语言作为干部任用的必备条件。中小学都将本国主体民族语言列为必修课。东干语教育曾濒临被取缔，在吉尔吉斯斯坦科学院东干学—汉学研究中心知名教授学者联名上书力争的情况下，中小学的东干语课程才得以保留。

这种形势下，中亚回民除了掌握所在国主体民族语言之外，不少人都在思考着东干语今后的发展方向：是继续向俄语靠拢，还是向汉语靠拢。21世纪初，中

亚的知识阶层已经萌发了汉字复归的愿景并付诸了行动。吉尔吉斯斯坦以勒编辑科出版了一份《回族语言报》，其中一篇文章《回到回文的根基》开头的一段话是这样的："天地要废去，我的话不能废去。回文的根基是中文，回到回文的根基上一定要把中文字学会，再按照回文的发音，就是用俄文、东干文的字母拼音写出来的单词。这样，回族的语言才能慢慢恢复且发展起来。"这个号召得到了读者们的热烈回应。报纸上还登有一篇读者的文章，标题是《我看语言报》。全文附录如下：

新近"以勒"编辑科放出来哩个，按我的意见，有大情由的《回族语言报》。喜欢的是，把这个不大的出版拿三样子话拓出来哩：这是回族语言、汉语带乌鲁斯语言。报的顶大好处是，照住它习学咱们亲娘语言；再么是有连汉字认识的能够呢。不少的回族人肯说把咱们的语言照住乌鲁斯字难念的话。因为这个年轻人们、学生们把习学父母语言的事情甚不当事，给这个问题甚不留神。他们还说的，往前去咱们要往汉字上过呢，因此是咱们的话连汉话的根是一个。连这个意见，我科谋的能答应。可是把它要匀匀儿的办呢。咱们不能几个把乌鲁斯字母撂下，过渡到汉字上。

拓出来的《回族语言报》望想的把这个问题往世面上干呢。它是巴意儿给学生们出下的。因为这个教回族语言的一切教员把报要在教科上使用呢，连娃们一同习学汉字呢。就打这么，咱们，单怕，慢慢儿把自己的话能转到汉字上。这个话，言定的，不是容易的，可是能闯一下儿。

这篇文章和前面编辑的话，都是用三种文字符号对照编排的。最上面一行是汉字，中间一行是汉语拼音，底下一行是东干文。这样对照编排的同时，还附录了俄文全文。从文中我们可以清楚地看到这份报纸是专门为学校的学生们创办的，让东干语老师在课堂上使用，和学生一起学习汉字。报纸的宗旨是提倡东干文回归汉字以此强化东干语的根基，使回族语言得到恢复和发展。同时，也有读者指出这不是一件容易的事，不能把俄文字母抛开，直接过渡到汉字上，要循序渐进。他们认为把东干语转移到汉字上虽然不容易，但是可以试一下。2017年秋天，哈萨克斯坦东干协会主席安胡塞到银川，在饭桌上和笔者谈到能不能编写一本"东干文—汉文字典"让学生使用。这件事虽然还没有付诸行动，但他表达了和《回族语言报》同样的心声和憧憬。

其实，从21世纪开始，中亚回民的东干语已经在向我国的现代汉语悄然靠拢。吉尔吉斯斯坦科学院东干学—汉学研究中心的研究员和《回民报》的编辑们联手，将东干族著名语言学家杨善新1968年出版的权威性词典《捷要的回族——乌鲁斯话典》，由杜娃子、玛沁哈耶娃、哈娃子等人修订、编辑，于2009年在莫斯科重新出版。这两年，笔者在整理东干语词条时，将这两个相隔50年的版本加以对照，发现最大的差别就是修订版中将不少外来词由音译改为意译；将近代汉语词语和部分东干语的特征词改为现代汉语词语；一部分逆序的同素颠倒词改为现在大家常用的。下面略举几例："根诺、木杰依、普兰、考曼底勒、英然涅勒、可拉斯、若勒拿欧、执把、巴扎"等分别改为"电影、博物馆、计划、指挥员、工程师、教室、杂志、证件、农贸市场"；"衙门、大人、衙役、养廉、钱庄子、铺子、头子、好在的"等分别改为"政府、官员、民警、退休金、银行、商店、领导、再见"；"民人、地土、路道、习学、病疾、皮脸、避躲"等分别改为"人民、土地、道路、学习、疾病、脸皮、躲避"。除此之外，还有小学新旧版本的识字课本中词语的变化等。这些变化预示了东干语的发展走向。

六、结语

我国西北部分回民迁居中亚，在那里建立了自己的社区，传承着祖语——汉语西北方言，坚守着自己的文化传统和风俗习惯。为了自身的繁衍和发展，他们在多民族语言的影响下学会了中亚地区普遍通用的俄语、所居国主体民族的语言和其他语言，发展成为了多语民族。多语为回民尽快融入中亚社会，取得更多话语权，为参与中亚社会政治生活创造了条件，提供了方便。与此同时，却加速了自己祖语的异化、衰变、断裂和在部分人群中的消亡。

从交际功能上看，东干语在异国他乡是一种跨境语言，是一种被边缘化了的语言。它的使用范围和场合十分有限，通常只能在家庭和社区内部使用。只要涉及到中亚广阔的社会领域，便无法发挥它的交际功能，更不能解决政治、经济、科技、文化方面的"高层次"问题。中亚的东干语和其他海外华人的汉语方言一样，从本质上说属于遗产语言。其习得和传承的目的是提高汉语的沟通能力、保持祖籍身份的认同、维系与祖籍国的联系，从而传承中华文化。虽然被边缘化，但东干语仍然具有历史性、资源性、象征性和社区交际的实用价值。尤其在维系华人群体、巩固族群认同和归属、密切家族家庭感情等方面能够发挥巨大的纽带作用。

东干语传承的途径主要是口传心授的家庭教育和强化习得的学校教育。此外，它的生存与发展和祖籍国兴衰的关系极为密切。中华民族的伟大复兴和中国国力的不断强盛，特别是我国"一带一路"倡议的深入发展和正在全球范围内兴起的"汉语热"，将会为东干语注入新的活力。它与中亚回民"回到回文的根基"的愿望与行动相结合，一定会开拓出东干语新的发展前景。

【参考文献】

[1] 优·杨善新.东干语的托克马克方言[M].伏龙芝，1968.
[2] 回族简史编写组.回族简史[M].银川：宁夏人民出版社，1978.
[3] 胡振华.苏联的回族及其语言文字[J].语言与翻译，1990（3）.
[4] 戴庆厦.跨境语言研究[M].北京：中央民族学院出版社，1993.
[5] 以勒编辑科.回到回文的根基[N].回族语言报，2002（2）.
[6] 海峰.中亚东干语言研究[M].乌鲁木齐：新疆大学出版社，2003.
[7] 林涛.吉尔吉斯共和国东干语使用状况[A]//"中国语言生活状况报告"课题组.中国语言生活状况报告[C].北京：商务印书馆，2009.
[8] 优·杨善新.捷要的回族——乌鲁斯话典[K].莫斯科，2009.
[9] 林涛.东干语调查研究[M].北京：中国社会科学出版社，2012.
[10] 林涛.中亚东干语的特点、现状和发展趋势[A]//中国社会科学院语言研究所.当代语言学[C].北京：社会科学文献出版社，2016.
[11] 郭熙.论祖语与祖语传承[J].语言战略研究，2017（3）.
[12] 林涛.中亚华人回民社区语言文化风俗研究[M].广州：世界图书出版广东有限公司，2018.

"东干语"与陕甘青方言

莫 超

兰州城市学院　甘肃兰州　730070

【摘　要】东干语的"根"在陕甘青方言中。立足于这个"根"才能准确记录词汇和解释词义。东干语中似有阿尔泰语系突厥语族的"从格"标记"搭（搭上）"。探究其来源，我们认为与撒拉语有着密切的关系。

【关键词】东干语；陕甘青方言；从格；撒拉语

一、东干族与东干语

东干族是生活在今哈萨克斯坦、吉尔吉斯斯坦和乌兹别克斯坦等中亚国家或地区的一个特殊移民群体。他们可溯源于我国晚清时期的西北地区的回民，是域外华人穆斯林。对"东干"得名之由，学界也做过较多的探讨，如张成材认为"东干"就是"东岸"；莫超以方言文献为据，进一步肯定"东干"就是"东岸"的提法，并指出"东岸"就是"东边"，"东干人"就是"东边人"。甘肃东乡族自治县有个叫"东干村"的地方，位居洮河的东岸，有2000余名村民，住户全为汉族。笔者就其"东干"的含义咨询过多位该村村民，他们都说是"东面个"，即"洮河的东边"的意思，可见沿用至今的地名依然能够印证这一点。"东干人"与自陕西、甘肃两地西迁的回民后裔之历史事实相符。可见，东干族名本身便打上了深深的源头烙印。

迄今为止，散居在中亚地区的东干族人口总数有十多万。一百多年来，无论是风俗习惯上，还是在语言文化方面，他们至今依然保留着祖上的传统。比如婚丧嫁娶，就存留着中国晚清西北回族的文化特征。再如，作为族内共同语的东干语，与我国陕甘汉语方言有着极为深厚的渊源，是我国陕甘汉语方言的鲜活变体。当然，由于历史地理原因，东干族的共同语在保留汉语方言基本特点的同时，也会产生一定的变异。变异既有语言自身演变规律的制约，也受周边其他语言和所在国语言政策的影响。确切地说，东干语可以定义为"以我国近代汉语西北方言基本词汇和语法结构为主体，吸收和融合了中亚地区多种民族所常用的俄语、突厥语以及波斯、阿拉伯语的某些成分，在语言要素上发生了一定变异的新的汉语跨境方言"。

东干语的书面语言很晚才产生。从19世纪70年代出境，一直到20世纪初，东干族都处于"不认识汉字，只会用俄文书写"的状况，东干语处在一种有语言无文字的状态。转折点在俄国"十月革命"胜利之后，各民族平等发展的原则被提上日程，国家民族事务委员会发布通告，宣布政府、机关、法院、学校和文化部门可以使用本民族的语言文字，并要求少数民族学校用民族语言教学。政府要为没有文字的民族创制文字。在此政策下，苏联、东干族学者及部分相关人士先后以阿拉伯文字母和拉丁字母为基础，帮助东干族进行了不同的尝试，最后在俄文字母基础之上成功地完成了现在常用的38个字母的创制。正是在苏联政府的大力支持和诸多学者的共同努力下，东干语书面语言文字系统趋于完善。再加上学校、研究中心的成立以及书籍报纸的出版发行等一系列措施，东干文的普及率得到了前所未有的提高。为了维系民族内部认同和保持传统文化，东干族内部也做出了积极的回应，比如在家庭交流中有意识地加强东干语的使用，在子女的教育中也重视本民族语言的教授，使得东干语能够传承至今。

近年，国内外东干语学者及普通民众之间的交流有所加强，来我国学习的东干族留学生也越来越多。在国家落实"一带一路"经济与文化交流合作的倡议背景下，东干语俨然成为我国与东干族所在国家经济文化交流的纽带，其研究价值及影响力正日益扩大，作用日益彰显。

二、东干语的"根"在陕甘青方言中

东干语既有语言学的价值，也有文化人类学的价值。东干语远离故土一百多年，在域外语言的包围下能够有一席之地，体现出顽强的生命力，这既有国家层面的政策支持，也取决于东干族传承民族文化的强烈意愿。东干语是东干族最初的记忆，也是沟通民族内部感情的重要桥梁和纽带。胡振华先生在《生活在中亚的东干人》一书中说道："东干族虽然已经移居中亚一百多年了，但他们对祖先的故土仍有深厚的感情。其中90%的东干人仍居住在一些乡庄中，所以迄今仍然保留着自己的语言——汉语陕西话和甘肃话。"东干语作为陕甘汉语方言的境外变体，一百多年来一直努力保持着汉语方言的语音、词汇及语法特征。有些在汉语北方方言中消失的语词在东干语中依然鲜活地被使用着，诸如将学校称"学堂"，将政府叫"衙门"，将理发师叫"待招"，称"领导人"为"头子"，"副手"说成"帮办"，"商店"说成"铺子"，"路费"称作"盘缠"，"相片"称作"图样"，病伤松缓称作"轻生"，抚养孩子叫"抓娃"，"好几天、好几回"叫"很几天、很几回"，等等。东干语词义的文化内涵，国外的汉学家或语言学家不一定能揭示出来，但以陕西、甘肃方言为参照，就可以迎刃而解。例如有学者在编写的东干语汉语词典中将"帮肩"（正确字面应为"傍肩"）一词解释为副词"几乎"，这是不对的，正确的解释是"差不多"（比肩）。这个词在今天的陕西、甘肃方言中使用频率很高。因有些翻译家不太熟悉陕甘方言，在作品中也存在翻译或用字不准确的现象，仅举数例：

（1）他思谋的，赶头锅儿漏吃他，要跑哩。（《锅儿漏》）

句中的"赶头"，解释为"先头、头里"，实际应为"赶投"，意思是"投到、等到"。

（2）把我的命趸横儿没要掉哩嘛，我系系儿跑不掉哩。把我趸横儿挣死，你还笑的哩。（《锅儿漏》）

句中的"趸横儿"，解释为"好在"，实际应为"险乎儿"，意思是"差一点儿"，"险乎儿"与"趸横儿"音近。如果是"好在"，前句勉强能通，但后一句就不通了。写成"险乎儿"，两句都通。

（3）狠心老大啪家子婆也想把自己的富贵给穷媳妇子带他的六个娃们夸一下哩。老大把婆也的话听哩，去请兄弟去哩。（《谁富足》）

句中的"婆也"指老婆，字应作"婆姨"。陕西关中和甘肃陇中、陇南都把"阿姨"发成"阿也"，"婆姨"发成"婆也"，其中的"也"即"姨"。

（4）带给回答的，穆萨把头拧过去给帮个儿哩坐的儿子说的。（《你不是耶提目》）

其中的"帮个儿"应作"傍个儿"或"半个儿"，是旁边、一侧的意思。甘肃不少地方方言中说"半个儿"（如文县）或"傍个儿"（如临潭县），意思相同，声调为去声，所以字当为"半"或"傍"而非"帮"。林涛先生《中亚回族陕西话研究》（2008）之第五章"分类词汇"中记录了"左旁个、右旁个"两个词

（也可说"左岸子、右岸子"，即"左面"和"右面"），"旁个"也宜作"傍个"。

上述词语是陕甘妇孺皆知的方言俗语，在东干语中音义尚能对应，令人有一种在方言的"活化石"中徜徉的愉悦感。语言学者进行东干语与陕甘方言相互印证研究，是一件很有意义也很有乐趣的事。但如果脱离了陕甘方言的"根"去解释或记录东干词语，就难免出现失误。

东干语与陕甘方言除了在词汇上有很大的一致性，在语法上也有明显的对应关系，这是毋庸置疑的。然而，笔者发现了一个奇特的现象，东干话中竟然有表示时间起始的格助词——"搭上"，这里列举几个特征明显的例子（序号承接上文）：

（5）打今儿搭上你把人养活去。（《为啥牛的上壳子没有牙》）

（6）就打那候儿搭上燕唧儿的尾巴儿成哩双的哩。（《为啥燕唧儿的尾巴双的呢》）

（7）就打那会儿搭上燕唧儿连长虫有气呢。（《为啥燕唧儿的尾巴双的呢》）

（8）就打这塌儿搭上，牛再不害怕活哩，驴再不出好主意哩。（《驴带犍牛》）

以上例句都选自玛沁哈耶娃·法蒂玛的《奶奶的古今儿》（林涛、崔凤英编译，世界图书出版广东有限公司2019年版）。

（9）打那一天搭媳妇们的把老汉孝顺开呢。（选自林涛《中亚回族陕西话研究》所选古今《儿和儿媳妇们的》）（2008）

东干语中有少量的"格助词"成分！这是笔者首次发现、语言学界尚未有人指出的重要语法现象。我们知道，陕西方言中尚未见到过表示时间起始的格助词"搭"或"搭上"，甘肃方言中，临夏回族自治州的一些地方说"搭"或"搭上"，青海方言中也有类似说法。为了找出东干语的"搭"或"搭上"与甘肃临夏州、甘南州以及青海海东等市（州）方言中的对应关系，笔者以"从明天开始就放假了"为调查例句，调查了甘肃省临夏州所辖的东乡族自治县锁南坝镇、唐汪镇；临夏县韩集镇、土桥镇、尹集镇；积石山保安东乡撒拉族自治县吹麻滩镇、乩藏镇、大河家镇、和政县达浪乡、三十里铺镇、吊滩乡；广河县城关镇、三甲集镇、阿力麻土乡；康乐县附城镇、苏集镇、八松乡；永靖县太极镇、西河镇、新寺乡、盐锅峡镇；甘南藏族自治州所辖的合作市；夏河县拉卜楞镇、王格尔塘镇；临潭县城关镇、新城镇；青海省海东市所辖的乐都区芦花乡、达拉土族乡；平安区平安镇、巴藏沟回族乡；民和回族土族自治县川口镇、古鄯镇、甘沟乡、官亭镇；互助土族自治县威远镇；化隆回族自治县巴燕镇、甘都镇；循化撒拉族自治县草滩坝镇、白庄乡、清水乡；黄南州同仁县保安镇；海南藏族自治州贵德县河东乡；海北藏族自治州：门源县浩门镇、泉口镇；西宁市所辖的城东区、大通回族土族自治县桥头镇、湟源县和平乡。调查点总计接近50个，结果如下：

1. 时间从格格助词为"搭"（或"搭啦"）的地方

明个搭放假撩。（甘肃临夏市、临夏县土桥镇、韩集镇、尹集镇）

明早搭儿放假撩。（甘肃广河县三甲集镇、阿力麻土乡）

明早搭放假撩。（甘肃和政县三十里铺镇、吊滩乡）

明个搭放假撩。（甘肃积石山县柳沟、乩藏、铺川、银川四乡）

明个搭啦放假底撩说。（积石山县大河家镇）

明天搭些你甭来。（东乡县锁南坝镇县大河家镇）

明天搭放假撩。（青海循化县草滩坝镇、清水乡）

明早塔放假了。（青海贵德县河东乡）

计甘青两省8个县市的17个乡镇。

2. 时间从格格助词为"啦"（或"俩"）的地方

明个啦放假撩。（甘肃积石山县关家川乡）

明早啦放假佬。（甘肃永靖县太极镇、西河镇）

明个子啦假放撩。（青海化隆县甘都镇）

明早啦放假撩。（民和县官亭镇）

明早儿俩放假了。（互助县威远镇、大通县桥头镇）

计甘青两省5个县市的7个乡镇。

3. 时间从格格助词为"儿"（或写作"价"）的地方

明早儿放假了。（青海西宁市城东区）

明早儿放假了。（青海门源县泉口镇、湟源县和平乡）

都在青海省，计2个县（区）3个乡镇。

4. 时间从格格助词为"些"的地方

明个些放假了。（甘肃东乡县锁南坝镇）

明些儿个些假放掉撩。（青海民和县干沟乡）

明早儿些放假了。（青海乐都县达拉土族乡）

计甘青两省3个县的3个乡镇。

从数量上来说,时间从格格助词为"搭"(或"搭啦")的分布于甘青两省8个县市的17个乡镇,处于优势地位。这给我们一种启示:东干话与河州方言不无关系。河州是今甘肃临夏的旧称,而河州话则是除甘肃临夏市外,还包括了东乡族自治县、积石山保安族东乡族撒拉族自治县,以及甘肃甘南藏族自治州、青海循化撒拉族自治县和青海黄南藏族自治州的一部分地区(甚至范围更广)所说的汉语方言。这是本文命题为"东干语与陕甘青方言"的缘由。

三、甘肃、青海汉语方言和东干语中时间从格"搭"或"搭上"的可能来源

如前所述,陕西的汉语方言中没有格助词成分,甘肃的临夏、甘南,青海的汉语方言中有明显的格助词。这些格助词都源于民族语言的沉淀。历史上至现在,这些地方有藏语、蒙古语、东乡语、土族语、撒拉语的存在,东乡语和土族语实为蒙古语的变体,撒拉语属于突厥语的一种。我们从现今的这几种语言中的时间从格入手,通过比照和分析,望能从中找到一些"蛛丝马迹"。

先看藏语。藏语中,表示时间起始、处所起始格助词一般用ne,如"从去年始没来过""你从哪里来的",藏语[①]说:

na naŋ ne joŋ ma ȵaŋ
去 年（从）来 没 曾

tɕho kaŋ ne joŋ nə?
你哪里（从）来 的？

表示时间起始,藏语有时也可使用另一格助词ngə ne,如"从去年始没来过"也可以说:

na naŋ ngə ne joŋ ma ȵaŋ
去 年 （从） 来 没 曾

虽然从格的位置与临夏、青海、东干话相同,但从语音的相似性上说,无论是ne还是ngə ne,都与"搭"(或"搭上")相去较远,应该不是"搭"(或"搭

---

① 藏语例句选自仁增旺姆:《汉语河州话与藏语的句子结构比较》,《民族语文》1991年第1期,第14页。

上")的来源。这可能与前述调查结果之(二)中,时间从格"啦"(或"俩")的来源有关。

再看蒙古语和属于蒙古语族的东乡语的从格助词。蒙古语①表示时间、处所起始语法意义的格助词是-ača,例如"从下周开始""我的老师从呼和浩特回来了"分别说:

door -a ɣaraɣ -ača ekilen -e
　下　星　期　(从)　开　始。

baɣši mini kökeqota -ača ireǰei
我的　老师　呼和浩特(从)来了。

东乡语表示时间、处所来源语法意义的格助词是-sə。"明天开始放假了""我从北京来"分别说:

magvashi -sə tagva wo②
　明天　(从)放假　了

bi bəidʐin -sə irəwo③
我　北京　(从)　来

可见,无论是-ača还是-sə,同样与"搭"(或"搭上")相去较远,也不应是"搭"(或"搭啦")的来源。这很可能与前述调查结果之(四)中,时间从格"些"的来源有关。

现在我们将目光投射到突厥语族的语言中。先以青海省循化县境内的撒拉语为例。撒拉语④表示时间、处所来源的格助词是-dan/-den,如"从去年以来,我一次都没回家",撒拉语说:

puldir -dan bele me(n)ŏy -im -e　bir gez va(r) -ma -ji
去年(从)往这　我家 人格 向格 一次 去 否定 过去时

再如"他从屋里走出来了",撒拉语说:

vu oj -den tʃχə -a gel -dʒi
他 屋里(从)走 (副动)来　了

---

① 蒙古语例句选自贾晞儒:《关于蒙古语状语的几个问题的讨论》,《青海民族研究》2004年第1期,第122页。
② 东乡语第一个例句由西北民族大学研究生马韫菲提供。
③ 选自马国良、刘照雄:《东乡语研究》,《西北民族研究》1986年第3期,第173页。
④ 撒拉语例句选自马伟:《撒拉语形态研究》,中央民族大学博士学位论文,2013年。

再看属于突厥语族的维吾尔语①的例子。如"明天开始放假了""我从兰州来的"维吾尔语分别说：

　Eti　-din　baʃlap　tɛtil　-gɛ　qojup　ber-idu.
　明天（从）　开始　假期（宾）　　放　助动词（第三人称，将来时）

　mɛn　lɛndʒo-din　kɛl-d-im.
　我　兰州（从）来-了-我（人称，过去时）

看来这个问题就有望解决了。我们探究的从格标记"搭"（或"搭啦"），东干话中的"搭（-ta）上"与撒拉语、维吾尔语等有明显的对应关系。有学者专门研究过突厥语从格的形态标志，其中，维吾尔语有-din/-tin两种形式，撒拉语有-dən/-den/-ndən/-nden等四种形式。除此以外，西部裕固是-dɑn/-den/-ndɑn/-nden等四种形式；哈萨克语有-dɑn/-den/-tɑn/-ten/-nɑn/-nen等六种形式；柯尔克孜语有-dɑn/-don/-tɑn/-ton/-den/-ten/-døn/-tøn等八种形式；塔塔尔语有-dɑn/-dɛn/-tɑn/-tɛn/-ndɑn/-nnɑn/-ndɛn/-nnɛn等八种形式；乌孜别克语是-dæ，图瓦语有-nʌn/-nin/-dʌn/-din/-tʌn/tin等六种形式。

在这些语言中，大多数从格标记都是以辅音d开头的-din、-dɑn、-den、-don等，也有以鼻冠音开头的-ndɑn、-nden、-ndɛn和以鼻音开头的-nnɑn、-nnɛn等形式，但以-din、-dɑn、-den等最为常用。可以说，东干语中的从格标记"搭（-ta）上"带有明显的突厥语印迹，与上述突厥语族的语言中的撒拉语关系最为密切。这无论从东干族迁徙的地理路径，还是东干族的组成成分都可以得出解释：东干族从陕西、甘肃东部往西迁徙的过程中，加入了一批河州和青海的伊斯兰教民，其中有较多的撒拉族人。

撒拉族先民初来循化之时（元代）有数百人，到明嘉靖年间人数已达"男妇一万名口"，约两千户。（[明]张雨：《边政考》卷九）清乾隆四十六年，达"六千余户"，三万余人。（《循化志》卷一·建制沿革）现今撒拉族主要分布在青海省循化撒拉族自治县、化隆回族自治县甘都乡，甘肃省积石山保安族东乡族撒拉族自治县和新疆维吾尔自治区的伊宁县等地。新疆的撒拉族是从青海迁徙过去的，最早成批迁到新疆的时间是在乾隆四十六年（1781）。是年，撒拉族又发生了新老教派斗争，清政府处理不当，引发了苏四十三领导的反清起义。清政府的"善后"中有撒拉族妇女被发配到了新疆伊犁地区，阿桂在当年7月22

---

①维吾尔语例句由新疆大学维语系研究生马晓慧提供，2016年。

日和8月19日的两道奏折中有详尽的记述：共有妇女259名发遣伊犁，给兵丁为奴。马明心的亲属26人发遣伊犁。清同治年间撒拉族再次大规模地迁往新疆。后来陕西回民领袖白彦虎率领起义军退至西宁，继而北越祁连山之扁都口，经河西走廊退到了新疆，其中的撒拉族也就到达了新疆。

东干族在回民起义失败后，先后分三次撤出新疆，迁居今哈萨克斯坦、吉尔吉斯斯坦和乌兹别克斯坦等国相邻的部分地区。当时的移民中就有不少源自青海循化一带的撒拉族人。他们成为"东干族"，但在东干语中留下撒拉语的痕迹是可以理解的。这应该就是东干语时间从格"搭"（或"搭上"）的最早来源。

东干语中的时间从格"搭"（或"搭上"）是从甘青回民口语中带过去的。走出"国门"之前，他们中的多数人已在新疆生活了数年，与维吾尔语、吉尔吉斯语、哈萨克语等突厥语族的语言多有接触，甚至将这些语言作为双语或多语使用过。这些语言中的从格 -dan/-din 等语音形式几乎完全相同，从而加固了东干语之时间从格"搭"（或"搭上"）的使用。这是笔者的初步研究，以此抛砖引玉，期待方家指正。

【参考文献】

[1] 张成材. "东干"音义考释[J]. 中国语文, 2005（4）.

[2] 莫超. 从西北方言文献角度考察文化变迁[N]. 中国社会科学报, 2016-03-01.

[3] 林涛. 中亚东干语的特点现状和发展趋势[J]. 当代语言学, 2016（2）.

[4] 林涛. 中亚回族陕西话研究[M]. 银川：宁夏人民出版社, 2008.

[5] 胡振华. 生活在中亚的东干人[J]. 中国穆斯林, 1999（1）.

[6] 张亮. 中国突厥语名词格的比较[J]. 民族语文, 1992（2）.

[7] 芈一之. 黄河上游地区历史与文物[M]. 重庆：重庆出版社, 1995.

[8] 贾伟, 李臣玲. 新疆撒拉族历史迁徙与文化变迁研究[J]. 新疆师范大学学报（哲学社会科学版）, 2010（4）.

17世纪初语言接触下海外汉语方言（闽南语）音标的首度完成

——菲律宾马尼拉《漳州语语艺》及其声调符号的建立

董忠司

台湾新竹教育大学　台湾新竹

一、前言

珍贵的《漳州语语艺》收藏在西班牙巴塞罗那大学，这和16—17世纪西班牙人统治菲律宾以及马尼拉的闽南人有关。

图1　收藏《漳州语语艺》的巴塞罗那大学

16世纪末到17世纪初，当西班牙人来到菲律宾接触到闽南人，语言的接触给西班牙人带来了新的体验和反应。基于传教和经济利益，西班牙传教士需要学习闽南语、记录闽南语、传授闽南语，以便传播天主教，于是推动了闽南语的拉丁化。这是世界语言史的一件公案，值得我们关注。

在中国的传统文献中，我们所看到的最早的拉丁字标音系统，是17世纪初记录官话的《西字奇迹》和《西儒耳目资》，后来相隔两百多年，才有清末以来的拉丁字注音运动。而在本土闽南语的传统文献中，向来以为1840年以后才有拉丁（罗马）式音标，此前看到的最早注音系统，是19世纪初以汉字为标音符号的《汇音妙悟》和《汇集雅俗通十五音》等文献。这些"十五音"[①]系统的韵书，都是溯源于18世纪福州韵书《戚林八音》。闽东、闽南韵书的撰著和流通，尤其是闽南语流传于南洋、中国台湾地区，都和16世纪以来的闽海、南洋海上活动和语言接触的需求有关。也就是说，过去我们都认为闽南语的音标系统史是从汉字式开始，到19世纪中叶开始推动罗马字，然后进一步演变为日本假名式、卢戆章式、注音符号式、中国拼音方案式，再经中国台湾地区的闽南语音标百家争鸣，其中特别是经过教会罗马字的推广使用、国际音标系统的参照调整和TLPA系统的试用，终于完成"中国台湾地区闽南语罗马字拼音方案"系统（"台罗式"）的制定。这套"中国台湾地区闽南语罗马字拼音方案"适用于闽南语圈的漳、泉、厦、潮、温、雷、琼[②]与海外各地。不过，这个历史观，由于海外《漳州语语艺》（收藏于西班牙）和《西中词典》（收藏于菲律宾）两种材料的发现，也就是17世纪初马尼拉使用的闽南语文献的公开，让我们发现，闽南语的最早罗马字化的音标[③]、语音、词汇记录，至少应该往前推到公元1620年以前，比官话的《西儒耳目资》早，而比《西字奇迹》晚，却比《西字奇迹》更有语言学和符号史的价值。《漳州语语艺》是西方语言（主要是西班牙语）和汉语方言（闽南语）首度接触的结果。在这个意义上，这本书弥足珍贵。

受世界开放之潮流影响，目前《漳州语语艺》和《西中词典》这两种资料都已经公开。《漳州语语艺》（又翻译为《漳州语法》）的内容与音读，已有若干学者论及；而《西中词典》则尚未见汉语圈有人论述[④]。对于这两种资料，我们可以从语音、对音、音标系统、词汇系统、语法探究、语文教学、社会文化功能、

[①] 比1818年出版的《汇集雅俗通十五音》还早的闽南韵书是《十五音》，见于《增补汇音》的序言所述，其书为漳州系韵书之源头，可惜后代的学者都没有提到这本书，可能已经失传，不过其原书的大致面貌，还可以从《汇集雅俗通十五音》和《增补汇音》两部书中见到。
[②] 台罗系统只要小增补也可以适用于海南（琼州）闽南语。
[③] 如果从15世纪末算起，可能也是汉语方言最早的罗马字音标。
[④] 2017年台湾历史研究所曾经发布一些信息。

历史定位等方面进行研究。在语音符号方面，可以比较两种文献，分别厘清其音标符号设计、传承关系及其架构系统，并略及于标音功能，重建这两种文献的音标规划和音标系统，进行古今、方言音系及词汇的综合分析，以供学者们进一步研究和参考。

本文针对《漳州语语艺》(延及《西中词典》)及其声调符号规划的时代背景、编写的时空、渊源流变，尝试进行一种广域的相关论述，从语言差异、接触和时空因缘说起，兼及《西中词典》，期待获得一个重视内外脉络的、系统性观照的、有效的诠释①。《漳州语语艺》和《西中词典》语料丰富，应该有长时间大量的系列研究和诠释。本文只是现阶段初步的三篇之一，将来还会结合其他学者的进一步研究与诠释。

二、《漳州语语艺》的著作背景

菲律宾马尼拉地区《漳州语语艺》和《西中词典》资料的出现，关系着人类文化演进的重大事件，以及印欧语和汉藏语的语言接触，因此需要了解这两份闽南语最早文献的时空背景。

接续着1492年哥伦布发现美洲大陆，也受到1498年瓦斯科·达·伽马(Vasco da Gama)绕过好望角前来印度的刺激，500年前，也就是1519年8月，麦哲伦(Fernando de Magallanes)横渡大西洋，绕过麦哲伦海峡穿越太平洋，到达却命丧菲律宾宿雾(Cebu)岛的马克坦(Mactán)小岛②。麦哲伦悲剧性的结局，却让后人因此打开了菲律宾的国家发展史，也看到菲律宾关于海上商贸、海贼和移民的500年血泪史。

---

① 有关诠释之有效和追求正确，本文认为在人类当前的知识体系内，有相当的理论和方法可以获得有效诠释和正确认知，至于"永远的正确"则非当前的人类所知，也非当前的人类所应知。有关一般诠释学和语言诠释学梗概，请参见Josef Bleicher的《当代诠释学》、Paul Ricoeur的《诠释的冲突》、Richard E. Palmer (李查德·伊·帕勒莫)的《诠释学》、潘德荣的《西方诠释学史》等书。关于"有效诠释"，我们还需要认识被诠释的历史性，区分"意义"和"含意"(是"意"非"义")，认清"解释"和"批评"，在"类型"概念的严格管控下去进行客观的诠释。关于这些，请参见Eric Donald Hirsch的Validity in Interpretation (《解释的有效性》)，有王才勇的中译本(该书未分清"含义""含意"之外，可得作者意指，值得一读)，由北京三联书店于1991年出版。

② 参见José María Alvares, Formosa, Geográfica e Históricamente Considerata, tomo II, Barcelona: Libreria Catorica Internacional, 1930, 李毓中、吴孟真节译(2006). 译本题为"西班牙人在台湾"。

首任菲律宾总督勒加斯比（Miguel Lopez Legaspi）[①]于1571年宣布马尼拉市成立之日，正式成为西班牙的殖民地。而在此前，当西班牙进入马尼拉湾就已经和四艘华船接触与合作，关系甚好。不久以后的马尼拉市约有150位华人男女因避乱而来，从事"生理"（买卖）[②]。从此以后，西班牙在马尼拉甚至是菲律宾的生活物资和贸易都要仰赖华人，而这些华人大多数是闽南语系的漳州人，操着混杂泉州腔的漳州腔（详见下文），或合称"漳泉人"。因此，马尼拉地区的语言接触，其角色以西班牙语为主导，除了当地的南岛语和一小部分日语，最重要的语言接触是闽南语。

从1571年西班牙正式殖民统治马尼拉开始，华人顺应情势，改变"大多来此经商、当年便回乡"的状态，长期居住的人数逐渐增加。然而，从1570年到18世纪中叶，西班牙政府对华侨的态度变化很大，仰赖其运送物资，并极力传教，时而欢迎、时而排拒。政府对于华人的语言有了解和掌控的需要，势必会进行语言接触，互相学习，尤其是传教士，更需要运用华语（此处指闽南语）来传教。不过，由于文化和语言的隔阂，西班牙政府对华人爱憎由心，多有变易，对语言接触的顺逆，影响非细。

中国古籍所记录的菲律宾华侨活动，资料不多，今亦略加陈述。

语言接触和文化沟通，是互为函数关系、互为影响变化的。除了沟通的需要，西班牙的殖民统治有两大目标——香料和传教[③]，也就是为了经济利益和宗教扩张，因此需要了解传教对象的语言，快速学会，然后用以传教。赵汝适《诸蕃志》于"爪哇国"条谓："其国……唐人皆广漳泉窜居者，服食俱美洁。"提到印尼爪哇的华人居民，而对于今属菲律宾的麻逸、三屿、蒲（宜为"满"）哩鲁等地，未述及当地有华人居民，只是说其居民均为南岛语系民族。元代汪大渊的《岛夷志略》，也未提到有华人居住于当地。马欢的《瀛涯胜览》和费信的《星槎胜览》也没有提到麻逸、三屿、蒲（司按：宜为"满"）哩鲁等地。到明末张燮的《东西洋考》卷五"吕宋"条，才有"其地去漳为近，故贾舶多往。……华人既多诣吕宋，往往久住不归，名为'压冬'，聚居涧内为生活，渐至数万。渐有

[①]此人即1565年由墨西哥出发的西班牙远征队司令官。
[②]见陈荆和：《十六世纪之菲律宾华侨》，香港：新亚研究所，1963年，第17—27页。
[③]参见纳撒尼尔·哈里斯（Nnthaniel Harris）等：《图说世界探险史》，济南：山东画报出版社，2006年，第72页。

削发长子孙者"的记载。这些记载也载诸《明实录》。《明实录》卷四百五十八载"日本夷商往贩异域,误入闽洋小埕、为中国擒获事",论及"其中有朝鲜人,先年为倭所掳而转卖者,以为吕宋、为西番,或鬻身为使令,或覆舟回国"。

图2　马尼拉湾古地图

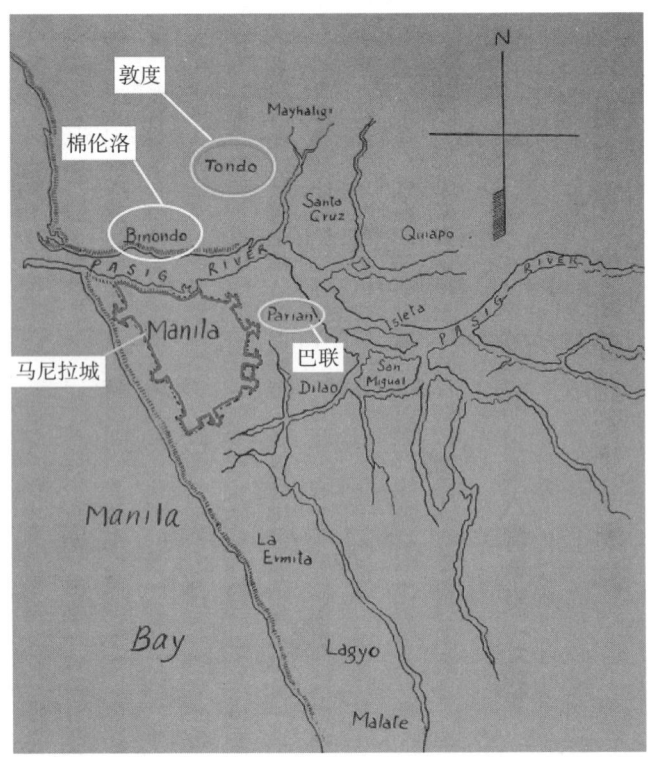

图3　16世纪马尼拉附近地图（董忠司修改自陈荆和《十六世纪之菲律宾华侨》）

据《明实录类纂·福建台湾卷》所载涉外事件七十八则中可见：

（1）当时马尼拉华侨约有25000人；

（2）华侨旅居该地三十年而居然有此人口数量，甚为可观；

（3）马尼拉的西班牙人既依赖华侨又猜疑之。

传教为西班牙东来目的之一，传教成功便可以收揽华人，减少统治的疑虑[①]。因此，如何打破语言的隔阂来传教，自然是非常重要的。

以目前观之，西班牙传教士在菲律宾的传教工作（包含菲律宾人和华人）是成功的。目前菲律宾天主教徒有80%，穆斯林4%，基督教徒4%，其余传统民间信仰者约11%。回溯16世纪中叶，西班牙人到达马尼拉设置第一任总督时，虽然有圣奥古斯丁会传教士，但是没有对华侨传教。后来又有圣方济会、耶稣会等教士，向土人传教，却没有向华人传教。直到1587年4名多明我会教士专事负责华人的教堂，才有一人通晓华语还会写汉字（此即高毋羡神父），并且会以华语（实指闽南语）讲道，引领不少人入教。接着圣方济修会和耶稣会陆续莅临菲律宾。到1585年时已经有40万的人改宗信主了[②]。不过，这是对菲律宾马尼拉的传教，不仅是对华侨。如果专就在华侨间的传教，成果如何呢？可参见下表：

表1　1571—1662年马尼拉华侨居民及信教发展简表　　　　（董忠司制表）

时间（年）	华侨居民	信教者	百分比
1571	150人	1580年时一部分为天主教徒，多数非教徒	不详
1603	24000—25000人	住在教区者500人（非指所有信教者）	2%—2.1%
1634	20000人	4752人	23.76%
1662	15000人	4000人	26.67%

这四处资料，大抵相隔30年，我们大致看到马尼拉华人的天主教信徒由零到约为四分之一，发展是在60年间的事。从这个人口资料，我们可以推测当时的西班牙传教士的努力工作，其中最值得注意的是多明我会传教士。他们甚至继

[①] 西班牙人防备华人（唐人），除了把他们的活动范围限制在马尼拉城外巴石（Pasig）河畔的巴联（Pariàn）社区以外，在政策上设置了多项优惠措施，以鼓励华人信奉天主教，包括：（1）凡信奉天主教的华人只需缴纳与土著同样的税款，10年内免除所有额外税。（2）不受居留菲岛华人员额之限制。（3）华人天主教徒居住在巴联西南边的比农多区（即棉伦洛，Binondo）。（4）可自由选择居住地。（5）可自由与土著通婚。

[②] 有关菲律宾的近代宗教传播，参见渡边信夫著，苏庆辉译：《亚洲宣教史》(History of Asia Mission)，台北：永望文化事业部，2002年。

耶稣会之后，也在1611年创立圣母念珠学院，后于1645年升格为圣托马斯大学，比美国的哈佛大学还早25年。

当时西班牙多明我会传教士，主要的目的是到中国去传教，因此从1587年开始在马尼拉传教于当地的闽南人，同时学习中国的官话。后来一度来到中国台湾地区，最后到公元1633年便把主力移往中国了[①]。

西班牙多明我会传教士在16—19世纪至少留下87本语言类著作（魏思齐，2009），其中16世纪末到17世纪初的著作都可能是西方世界最早期的中国语言记录，弥足珍贵。其中有中国官话的著作，例如：高母羡（Juan Cobo，1546—1592）的 *Arte de la lengua china*（also cited as *Lingua sinica ad certam revocata methodum*）[②]；Domingo de Nieva[③] 的 *Arte de la lengua china* y；Juan Bautista de Morales（1597—1664）的 *Gramática española-mandarinay*；*Gramática española-china*；by Francisco Diez[④] 等中国官话学习书和词汇集，可见他们最终的传教目的区域是"中国"，因此向马尼拉会说中国官话的华人学习，留下来的文献可以证明他们的努力。其中留存至今最有名的是中国通俗思想经典：高母羡《明心宝鉴》[⑤]的西班牙文译本，其封面的书名"Beng sim po cam"是汉字的闽南语译音。传教士毕竟先在马尼拉华人居住区长期传教，因此他们也有不少闽南语的学习记录。像 Henning Klöter 从曾经提及的那个时代16种福建方言书目中，找到有关闽南语的 *Arte de la lengua chio chiu*（编者可能是 Melchior de Mançano）、*Dictionarium*

---

① 1631年菲律宾总督派遣曾经前往台湾基隆学习闽南语的教士安赫洛·科齐（Angelo Cocci）出使中国。在福建立稳传教基础之后，菲律宾总督陆续派人前往中国。参见张铠：《台湾与中西近代关系概述》，吕理政主编：《帝国相接之界》，台北：南天书局，2006年。

② Juan Cobo（高母羡，1546—1592）是多明我会（西班牙文：Orden de Predicadores）的重要人物，1587年到菲律宾后，在 Parian 开始传教给当地的华人（主要是漳州人）。他也在 Parian 学闽南语和官话：用中文书写，用闽南话沟通。当时的传教士由于不婚，又剃发而仅在头顶留一圈头发，服饰也像中国和尚，因此他和其他传教士对华人时自称"僧师"，称马尼拉主教为"僧王"。

③ Domingo de Nieva（罗明敖黎尼妈，1563—1606）出生于西班牙萨拉曼卡附近的 Vittoria de Campos。1587年来菲律宾马尼拉，首先传教于 Bataan 地区，精通他加禄语（Tagalog），之后在马尼拉传教给讲闽南话的华侨。他的闽南语也学得很好，可惜后来欲经由墨西哥回欧洲时死于太平洋上。

④ 可能指 Francisco Díaz（1602—1669），他也和 Juan Bautista Morales 一起从菲律宾前往福建。

⑤《明心宝鉴》为中国明代初年范立本的辑录，分类搜集摘抄中国古代贤哲言语，共20篇，分为两卷。成书于洪武二十六年。由于综集古今思想家、教育家的名言，因此此书在为西班牙传教士所获以后成为西欧人士了解中国思想与文化的重要书籍。同时，此书也是朝鲜李朝儒者学习汉文的基本书籍。今天所知的《明心宝鉴》西欧流传史，最早的是1592年前天主教教士高母羡在菲律宾译成西班牙文，而《明心宝鉴》手抄本于1595年被带回西班牙献给王子斐利三世。此抄本现藏于马德里西班牙国立图书馆。

Sino-Hispanicum（编者：P. Petrus Chirino）、B*ocabulario de lengua sangleya por las letraz de el A.B.C.*（编者不详）等四五种资料①，还有闽南语汉字版和罗马字版的 *Doctrina Christiana en letra y lengua china*（《汉语基督教教义书》，1605）②、含小部分闽南语成分的古汉语书《新刊僚氏正教便览》（1606，另一封面写着 *Memorial de la vida christiana en lengua china*，作者 Fr. Domingo de Nieba（多明我·德涅瓦，1563—1606）等。这些，部分略述于后文。

三、语言接触和闽南话罗马字的起始

欧洲中世纪末期到大航海时代③，西方商人和航海家向往的是东方的经济利益④，西方传教士向往的是到中国传教⑤。然而，西方的商人和传教来到东方首先接触到的"中国"，都是南中国海、从马来亚到台湾海峡的闽南人和广府人。其中，闽南人多于广府人。

西班牙人1521来到菲律宾，1571年开发马尼拉，和闽南人有了频繁的接触。当时菲律宾萨拉查主教的报告说⑥：（马尼拉）对岸敦度有一小部分华人为教徒，但是，没有西班牙人或教士通晓华语，因为没有人想学华语，偶有以马尼拉土语向华人传教的情形。奥古斯丁修会后来虽然开始有教士学习华语，但未有所成。因此计划设置一专门布道之所，任命一专门教士，要求他学习华语⑦并以华

---

① 此处转引自魏思齐：《西方早期（1552—1814）汉语学习和研究：若干思考》，《汉学研究集刊》2009年第8期。魏思齐注明所用的原资料为 Henning Klöter, "'Ay sinco lenguas algo diferentes': China's local vernaculars in early missionary sources"（《传教士中国方言早期资料》），载于 Otto Zwartjes, Emilio Ridruejo and Gregory James（eds.）. *Missionary linguistics III: Morphology and syntax. Selected papers from the Third and Fourth International Conferences on Missionary Linguistics*, Hong Kong/Macau, 2006.（Amsterdam: John Benjamins, 2007），及其 "The earliest Hokkien dictionaries"（《闽南语最早辞典》），载于 Otto Zwartjes, Ramón Arzápalo Marín and Thomas Smith-Stark（eds.）. *Missionary linguistics IV: Lexicography. Selected papers from the Fifth International Conference on Missionary Linguistics*. Amsterdam:（John Benjamins, 2008）。
② Doctrina Christiana en letra y lengua china, compuesta por los padres ministros de los Sangleyes. De la Orden de Sancto Domingo，1605年左右在马尼拉出版，中文本。中文名《汉语基督教教义书》，又叫《基督要理》，是一位马尼拉的中国基督徒以闽南语编写、木刻，共33页，封面为西班牙文，内文第1页空白，原书收藏于梵蒂冈图书馆，大英博物馆藏有本书的罗马字转写，两份。
③ 参见全国历史教育研究协议会《世界史用语集》（2014）第148页"近世""大航海时代"两条。
④ 参见刘迎胜《丝路文化·海上卷》（1995）第六章。
⑤ 成濑治等合编《世界史综合图录——附录世界年表·史料》（2014）认为16世纪欧洲世界的扩大，有对东方的关心、宗教的热情、（因奥斯曼帝国）阻断了东西方贸易、知识和技术的进步四方面的因素。
⑥ 此处主要参考陈荆和：《十六世纪之菲律宾华侨》，香港：新亚研究所，1963年，第70—77页。
⑦ 此报告中似乎未分清"华语"和"闽南语"的对立和差别。

语（指闽南语）传教。萨拉查主教报告之后，直到多明我会的教士来到马尼拉，情况才有所转变①。

  1587年，天主教多明我会教士高母羡（Juan Cobo 1546—1592）从墨西哥来到马尼拉，次年就在闽南人居住地区建立教堂和医院，并且在菲律宾把《明心宝鉴》译成西班牙文（1592），亦即 *Beng Sim Po Cam*（Rico espejo dal buen corazón, 1592，153页，文末注明"多明我会士 Juan Cobo 译"）。藉着翻译，学习了汉语（主要是闽南语）和中国文化思想。此外，还用闽南语和汉字编写 *Doctrina Christiana en letra y lengua china*（汉语基督教教义书），也有闽南语罗马字本②。这些作为汉语代言者的闽南语，其实都是"漳州腔"（这种漳州腔并不纯粹）。可见高母羡接触到的、学习的当地人，多数是海外的漳州人。我们看"高母羡"三字的汉字就是闽南语的读音所译。以"羡"的闽南语读书音"suan^7"来音译"Juan"，以"高"的闽南语音"ko^1"音译"co"，以"母"的闽南语音"bo^2"音译"bo"。这些译名都贴近闽南语，尤其是漳州腔，可见其时必有闽南的高级知识分子协助翻译。同时，当时明朝闽南地区最重要的海港是漳州府通行着一种龙海腔的月港③。但是，这群漳州腔人和部分泉州腔人④运用的漳州腔，如果从1818年《汇集雅俗通十五音》所载的"海上腔"来说，具有"汝lu^2、去khu^3、煮tsu^2、鱼hu^5……"等语音，同于"海上腔"。可见他们必然不只说漳州某一地的小方言，而是综合漳泉、融合而成的一种偏漳州的闽南语海上腔。如果分析《漳州语语艺》一书，除了正文记录着所谓"海上腔"成分之外，还偶有偏泉腔，例如："佳已"一词，记了漳州腔的"ca^1 ti^7"（声调已经改为台罗式的数字上标法），又记了泉州腔的"ca^1 ki^7"。还有特别旁注的泉州腔记录，例如："chi^3 peng^5 只硼"的框外旁着"chio^3 peng^5"。这更加可以证明，《漳州语语艺》当时听到的在海外马尼拉的闽南语，是一种兼有海上腔、又兼用泉州腔的不纯粹的漳

---

① 此段的史事，参见陈荆和《十六世纪之菲律宾华侨》，香港：新亚研究所，1963年。
② *Doctrina Christiana en letra y lengua china*（《汉语基督教教义书》）这一本书，除了闽南语的汉字版（梵蒂冈教廷图书馆，编号 Riversa, V. 73, ff. 33），还有两种罗马字版（大英博物馆British Museum，编号 Add. 25 317），参见龙彼得的The Manila incunabula and early Hokkien studies（van der Loon，1967）。
③ 月港即今之龙海市的海澄。
④ 《漳州语语艺》一书，除了正文记录外，特别旁注有泉州腔记录，可见当时马尼拉的闽南人中包括泉州腔人。

州腔[①]，也可以说是偏漳州腔的海上通行腔[②]。

这些16世纪末至17世纪初在马尼拉的西班牙神父传教士们使用的闽南语罗马字，是最早的一种闽南语罗马字，但是初时的闽南语罗马字，声母和韵母的符号还缺乏内部的系统化，尤其没有声调符号系统，因此只是起步，算不得完成。高母羡之外，还有时代略晚的耶稣会（拉丁语：Societas Iesu，简写为S.J.或S.I.，Iesu 就是Jesuit）神父Chirino所撰 *Dictionarium Sino-Hispanicum*（汉语—西班牙语词典，1604），羊皮纸封面8开，写本，83页，收藏在罗马的Angelica图书馆。汉字右注西班牙文，汉字下标注闽南语漳州腔。序言以外，1—5页为5个部首的汉字音读，6—43页是16类词汇，44页以下是短语和句子。所收闽南语汉字读音1920个，词汇639个。该书名为词典，实际上是一本学习手册，其使用的音标，也算是最早的闽南语罗马字之一。

Chirino的辞典所记的闽南语，绝大多数都没有声调的标记，只有10多个字的字母具有上加的辅助符号4种（不是很明晰，充其量有4个符号）。可见这些辅助符号如果是声调符号，也不够完整，因为闽南语的声调大多数都为7—8个；何况这些辅助记号和声调系统其实并没有清晰的搭配关系，声调的使用，多有残缺或疏漏。研究者不必强作解人。

例如：该书第2页的下列例子（业经放大，笔画略逊）：

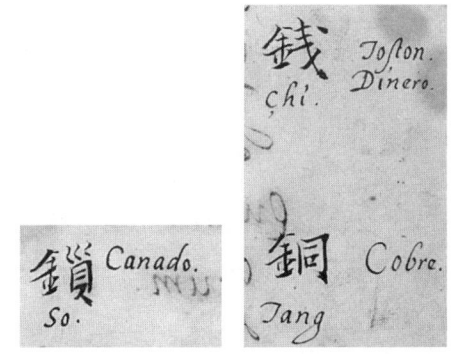

图4　1604年汉语—西班牙语词典上的音标举隅（董忠司　摘摄）

[①]我们如果眼光聚焦于泉州移民，可以看到晋江最早的移民资料是1470年，而1523年便有南安人移民菲律宾的记录，文献纪录中晋江的移民地以菲律宾和马六甲最多。还有陈斗岩自安平（晋江安海）到吕宋转贩致富之事。参见陈东有：《走向海洋贸易带》，南昌：江西高校出版社，1998年。可见泉州人的移民历史长而人数也不少。当时马尼拉的闽南人固然以漳州人尤其海澄人为多数，也有泉州移民，故当地使用的闽南人应当不是纯粹的漳州腔，而可能是兼顾漳泉的一种通行腔。此事笔者另文论及，今不详论。
[②]关于16—17世纪马尼拉的海上腔，笔者有另文论述，此不详述。

从这三个字中，我们看到无论阳平调或者上声调，都没有标注声调；"钱"字的鼻化成分没有标示，除此之外，记音是相当正确的。可以看出，该文件的闽南语音标系统不完备。这种情形在高母羡的著作中也很多。因此我们可以说，至少，Dominican Order（简称为O.P.）①中文称为多明我会②，在1604年以前早已开始了闽南语的罗马字标音。然而，音标的系统性还不足，只能算是处于闽南语罗马化的过程，还不能说是完整的闽南语罗马字音标系统。

既然声韵的系统尚未完善，鼻化韵母全数不确定，也没有声调，那就是音标系统还未完成，完整而成熟的闽南语罗马字音标系统还要等到《漳州语语艺》和《西中词典》的时候才能得到体现。

四、关于《漳州语语艺》

未曾出版过的《漳州语语艺》和《西中词典》这两份都是手稿，其中《漳州语语艺》的编写比较精致，有明确的写作时间记录，内容为学习闽南话的一些说明，有简单的语句和一些基本词汇。《漳州语语艺》较早被注意到，被现代西方学者重视，《中西字典》则由于较晚被发现，同时表面上只有词汇，没有语音、语法等论述，因此很少被注意到。

题为 Arte de la lengua chio chiu 的这份文件，旧译为《漳州语法》。这个译法有点问题。因为，在西班牙语里，所谓"arte"和"gramatica"不同。"gramatica"翻译为"语法"，词义贴切。而"arte"的本义是"技术、手艺"，引申有"艺术"之义。"arte"虽然也有人用来指"语法"而言，但是这时的语法偏指"字母拼写"，因此译为"语法"一词，不贴切，不像"gramatica"那么顺当。"gramatica"不算是现代新词语。早在15世纪末，就有 Antonio Nebrija（安东尼奥·内布里哈）写了 La primeta gramatica de la lengua Castellan（第一部卡斯蒂莉亚语语法）。可见"arte"和"gramatica"不同，"arte"最好翻译为"语艺"，Arte de la lengua chio chiu 最好翻译为《漳州语语艺》。不过，旧译都把"arte"翻译为

---

① 该会本身有多种称呼方式，传入中国后也有多种译名。参见卓新平：《基督教小辞典》，上海：上海辞书出版社，2008年。
② "多明我会"，此会在中国大陆使用的名称。该会又称为"布道兄弟会"，或译为"道明会""多米尼克会"。是西班牙贵族Domingo de Guzman（1170—1221）所创立，经教皇批准。该教会身穿黑色会服，注重布道活动，传布经院哲学，提倡学术研究。该会会士在许多大学任教。1587年到菲律宾马尼拉的华人区布道，1631年传入中国。

"语法",不佳。本文在行文中也偶或维持旧译。就旧译而言,"*Arte de la lengua chio chiu*"的"*lengua chio chiu*",应该翻译为"漳州语";如果维持"*Arte*"的旧译"语法",合起来也应该是《漳州语语法》,最好不要只称为"漳州语语法"。因此,本文都称为《漳州语语艺》,偶或用《漳州语语法》之名。

《漳州语语艺》这份文件有两个本子,一本收藏在 British Library in London(大英博物馆),一本收藏在西班牙的 PROVINCIAL UNIVERSITRIA DE BARCELONA BIBLIOTECA(省属巴塞罗那大学图书馆)。后者是接近原本、比较完整的手稿本,值得重视,因此本文以之为凭藉来撰述。收藏在西班牙的 PROVINCIAL UNIVERSITRIA DE BARCELONA BIBLIOTECA 的《漳州语语艺》,除了首页在重新装帧前已经有略显严重的残损、22页的阳阴两面遗漏所有汉字(原稿如此)、书中偶有无关紧要的小破损[①]、遗漏(原稿如此)[②]、少部分字迹不明之外,由于重新装帧,装帧后穿线订合,因此保管得很好。其书背题名和内部实际书名不合,大概是出于大类属的分类,不是误判书的内容。重新装帧整理者所题的书名是"GRAMATICA CHINA"[③],编号是 M.S.1027 B.U.B。这份文件实际是一本簿记式的手稿,装帧后的封面、封底为厚纸板,含封面、封底共111页,书中有字或表格的本体是第25页到第96页,余为衬页。本体中第90—96页有格无字,因此实际内容是从第25页到第89页,共65页。实际内容的65页中间,还有第53页大半无字,第54页、55页也是有格无字,真正有字的页面是63页。也就是说,第2—24页、97—111页前后两部分分别是无字无格的衬页。封面里,首页阳面上书:"Gramatica Chino"(汉语语法)、"20—J—26"、"hombre nacido de mujer"(男子为女子所生)三横行,数字行为朱笔,其余为墨书。第三行下盖有该大学馆藏章。整本书看起来是一份重新装帧的文件,衬页就是在重新装帧时加入的,已经时代久远了,纸页已经深黄、脆化。

这份手稿以14.5cm(宽)×19cm(高)的纸页上的红格子来书写,墨书。红框与墨书都已经逐渐模糊,但是大多还可以辨认七八分以上。天地位各为1.5—1.9cm,右/左位约2cm,但是有时整个页面会偏左或偏右。

每一页双框、同粗细,以红格线分为左右两栏,两栏再增加一中线。每一栏又有3直格,每直格由上而下各有15格。每一栏15组横格为15个单位,每一单

[①] 例如29A、29B等。
[②] 例如第9页阳面(9A)"chun⁷"因涂白准备修改,后又忘记补入。
[③] 该书首页阳面所书为"GRAMATICA CHINO",与书背略有不合。

位有3个横格,每页共30单位。一般,30单位可以写30个词汇,闽南语汉字居中格,闽南语音标在左格,西班牙对译或释义在右格。因此,一般每页可以容纳30个语词。但是,由于格子短小,通常只能写两个汉字,有时挤入3个字或4个缩小的字(例如"共同甲我",这种情况少);不够写的话,会写成两直格以上。例如"阮惜僚氏"4个字分写在上下两个中格,各两字;"是值一人"也分写在上下两个中格,各两字。这是4个字,不可视为两个词,而应该视为一个词组或一个短句。不是汉字的书写也有不够写入一格的现象,西班牙文和闽南语音标经常写到格子外面,和别的格子重叠。

《漳州语语艺》是缮写字迹工整的精善本,不论拉丁字母还是汉字,都相当用心地书写。不过,书中有漏写汉字的两页,词汇的书写,受到格子的限制,而又经常超出限制;如果是整个句子或整段文句的书写,那就完全不管左、中、右的格子限制,以三横格为一行,直接接续到下一个单位(三横格),一直写下去,直到语句告一段落。但是,这也会经常有写出栏外的情形,因为每一栏真的太窄了。

《漳州语语艺》全份文件(全书)除了声调和拼写释例说明、列举词汇以外,至少有90处有长段的语句和语段(西班牙文),具有概述闽南语初步面貌的功能。因为这不是一本词汇书,而是呈现漳州语语音和简单的语言用法的书,是一本教学用的教材,因此可能是最早论述闽南语语言结构的重要书籍。

该馆藏的书志指出《漳州语语艺》的重新装帧本相关作者有:传教士曼沙诺·梅耳积握(Mançano, Melchior, O.P., 1579?—1630?)和传教士费荷欧·雷孟度(Feyjoó, Raymundo, O.P., segle XVIII)两位。其实,费荷欧·雷孟度应该不是作者而是受赠者,或使用者。"费荷欧·雷孟度(Feyjoó, Raymundo, O.P.)"这个名字出现在该书首页的眉批位置,文字是这样的:

图5 《漳州语语艺》首页眉批位置的文字(董忠司 摘摄)

"Paxa el vso de Fr. Rayr Feyjoó de la orden de los pxed…",相当于现代西班牙文的"Para el uso de Fr. Ray mundo Feyjoó del orden de los predicadores",也就是

"赠与传教士费荷欧·雷孟度神父使用"的意思。因此，费荷欧·雷孟度应该不是作者，是受赠者。他可能是这本手钞本的第一拥有者，而作者应该另有其人。作者可能是致赠者，也可能是其他人。

我们审视上述这一行致赠词的字母写法，和《漳州语语艺》这个巴塞罗那大学本的正文字迹不同，应该是不同人的书写。所以，可能是非作者拿了别人著作的《漳州语语艺》送给要前往菲律宾闽南人教区传教的神父；也可能是这个本子的书写者为专门从事抄写的人，而作者拿了精抄本去赠予神父。这两种情况都有可能，不过由于手抄本的汉字相当纯熟而工整，因此汉字部分可能是出于闽南人之笔，不太可能是非汉人的笔迹。也就是说，这个手抄本应该完成于马尼拉，不是完成于西班牙本土。如果这个判断是对的，致赠者很可能不是作者。

至于该馆所志另外一位作者"传教士曼沙诺·梅耳积握，(Mançano, Melchior, O.P."，这个名字出现在巴塞罗那大学《漳州语语艺》手抄本的43页阳面上的右上残破角上，潇洒地写着"Fr. Melchior de Mançano"。这个字迹和全书正文的字迹大部分是一致的，应该是同一个人，只是不知道是抄手还是作者，或者抄手、作者是同一个人。由于曼沙诺神父是前往马尼拉的传教士，必须同时有一位熟练于毛笔字的汉人写上汉语的字词才能完成相关内容的书写，而这种状况，只能是书写于马尼拉，无法书写于西班牙，因为西班牙应该没有如此熟练于汉字的人。而此西班牙文的书写者，如果是抄者，那就不是作者；如果不是抄者，那就是作者。因此，Fr. Melchior de Mançano是最为接近作者的一人，只是无法论定。这就是巴塞罗那大学以为他是作者的缘故。

图6 《漳州语语艺》书末的签名（董忠司　摘摄）

图7 《漳州语语艺》的汉字书法（董忠司　摘摄）

本文更关心的是：缮写字迹工整的《漳州语语艺》手稿本，无论拉丁字母还是汉字，都相当用心地书写。请看上图6&7，文件上的汉字是用毛笔所书，笔画的起落游走、横直曲折，字体的间架安排、驾轻就熟，既体现了长期运用毛笔的书法，同时又能写出闽南语用字，因此这份文件应该是闽南知识分子所写（从这个文件的汉字书法也可知15—16世纪前往马尼拉的闽南移民中有讲闽南语的知识分子），不是长期书写拉丁字母的人所能写得出来的。29页阳阴两面只存闽南语音标，缺乏汉字并列，是一种练习的结果（其中有错误），却无法加写汉字，可见没有闽南人便无法完成这种西中两语的著作。因此我们可以说，《漳州语语艺》手稿本的呈现，至少包含有一位不知名的闽南籍"作者"。这位作者也许就是《漳州语语艺》里闽南语的语言提供者。这是应该指明的。

这份文件的价值体现在具有确实的年代记录。这份文件的年代记录不是西班牙或拉丁式的，而是汉字，载明为"万历四十八年（Bǎng leg̀ sỳ chap̍ pe̍ nī①）"，见图8：

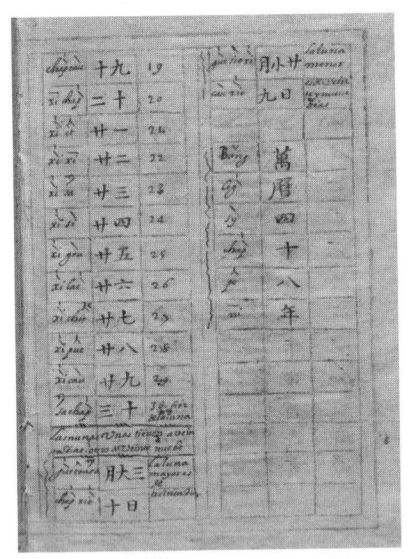

图8 《漳州语语艺》第86页（董忠司　摘录）

这一年是朱翊钧当皇帝（神宗）的最后七个月，所以万历四十八年只到七月，八月开始是朱常洛的"泰昌元年"。然而朱常洛当皇帝不久就死了，九月已经是朱由校的"天启元年"。

---

① 该书在第86页每月各日历称呼之后，有此六字，旁注音读，唯第一、三字以变调标注，与全书标注本调的通例不合。此处直接转录该书符号，未转写与改写。下文则皆将该书特殊的声调符号，改写为"台罗"的数字标调法。

我们可以注意到"万历四十八年"的出现，是在月日称呼的举例说明之后，因此不必然是写作后的时间，因为"万历四十八年"出现之后，这本论述并没有结束，后面还有三页的内容，包括时间单位、金钱、度量衡的说法，其时间单位的说法承接着前段的年月日说法，因此写"万历四十八年"并不表示作者宣示其著作时间。不过，"万历四十八年"的出现，显然不是自觉的表示著作时间，而是举例说明中国的年代称述法；由于年代时间的举例，往往就近取譬，运用当下的时间，因此，这个不自觉的举例，却很可能正好标记了编写此书的年代。因此，我们可以说，"万历四十八年"，也就是公元1620年，应该就是该书写作的年代。就算后来该著作有所修改，我们也可以说这个"万历四十八年"（1620）用来作为该书的著作年代应该没有问题（注意：我们没有说是出书或出版时间），不用模棱两可地说"《漳州语语艺》的著作，可能是公元1620年同时或其后一两年内完成的"。不仅如此，我们还可假设著作的月份是万历四十八年七月以前（因为八月以后就不是"万历"了）。说是"假设"，是因为上述万历之后那样的朝代年号的频繁变动，无法让我们认为《漳州语语艺》必然完成于万历四十八年七月以前，只能说可以假设万历四十八年七月或者之后，正处于著作当中，因为远在马尼拉的闽南人，不见得能理会到一个多月中有三个皇帝的更替。

简单地说，《漳州语语艺》是万历四十八年（1620）完成的珍贵文件。这个时间对于闽南语音标系统的历史来说非常重要。这份书写精美的闽南语漳州话文献，是非常重要的有关闽南语语音、语法和词汇结构的小书。它是闽南语第一个完全的罗马字音标系统，闽南语的第一个完整的语音记录，是闽南语第一本语法（词法和句法）书。它和《重刊五色潮泉插科增入诗词北曲勾栏荔镜记戏文全集》一书，同为最早的闽南语汉字文献（《漳州语语艺》以汉字记录了口语词汇）。

游汝杰曾经走访中国内外的图书馆，遍考外国传教士的汉语方言著作，写成《西洋传教士汉语方言著作书目考述》一书。计得圣经的各大类方言译本609种，汉语方言著作251种，却都是18世纪以后的作品，缺乏此前的著作。尤其是缺乏像《漳州语语艺》和《西中词典》这样的文献报告，可见《漳州语语艺》和《西中词典》的发掘，一定可以拾遗补缺，填补汉语方言研究的缺口。

不过，《漳州语语艺》的语音系统和词汇系统（包含词法）不够完整，需要用

《西中词典》来补足；《漳州语语艺》句法系统的不足，需要用《荔镜记》来补充①。本文后半部分先专论《漳州语语艺》的声调符号系统，其他部分的研究和论述，嗣诸异日。

五、关于《漳州语语法》的声调符号的规划与传承

汉语声调符号创始的公案里，一般以为汉语声调的罗马字和相关声调的最早记录，是金尼阁作于1626年并于次年刊行的《西儒耳目资》。公元1620年以后完成的《漳州语语艺》这份文件，比《西儒耳目资》早了五六年。和《漳州语语艺》差不多同时的，还有同为闽南语文献的《中西词典》。两书都有声调和送气符号，还有鼻化和特殊声母的标音符号。

不过，《漳州语语艺》的声调符号，在汉语音标的发展史上还不算最早。利玛窦在著作《西字奇迹》中已经接受郭居静的协助，两个人共同获得了汉语声调和送气的辨音能力和记录符号。《漳州语语艺》《西中词典》和《西字奇迹》《西儒耳目资》的语音符号是否互有传承，还是不相干的两套，这是值得研究的②。

《漳州语语艺》是一本语言教学书，正确地说，应该是一种教导西班牙语者学习闽南语的教材。教材面对的这些学习者，书中注明就是神父传教士们。也就是说，《漳州语语艺》是教导西班牙神父们学习汉语方言——闽南语的教材。该书说："接着，尽管神父传教士是处于教导地位的，他（学习者）也应该有一位Sangley（福建的生理人）来配合练习"（在声调练习的末了所叮咛的话）③。首页除了中国闽南语的概述以外，很快地进入声调的介绍，同时蕴含着字母的拼写，建议学习者跟随着母语发音人来学习。《漳州语语艺》一开头没有对声调进行文字描述，只在接下来的西班牙文说明中若干处提到一些声调的信息。该书首页的最下面先介绍舒声调的五个声调符号，先学这五个声调，然后在第3页才介绍两个入声调。关于这些声调符号的规划，是本文最重视的注目处。请看下图：

---

① 《荔镜记》是以泉州腔为主，兼有潮州方言语料，《漳州语语法》和《西中词典》是偏漳州腔的海上腔，二者不是简单的的互补。
② 详见董忠司：《17世纪初语言接触下〈漳州语语艺〉〈西字奇迹〉〈西儒耳目资〉声调符号系统之先后传承》，中国音韵学研究第二十届国际学术研讨会论文集，西安：陕西师范大学编印，2018年。
③ 见《漳州语语艺》第4页（2B）。

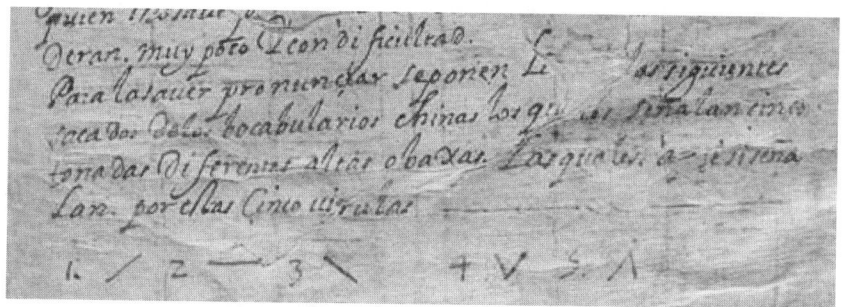

图9 《漳州语语艺》的五声调及其符号

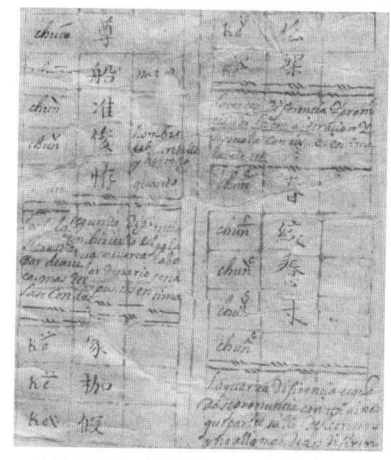

图10 《漳州语语艺》的五声调拼写例字

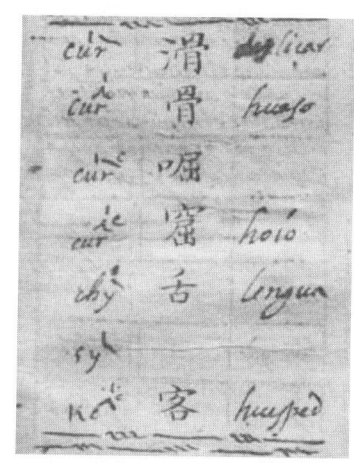

图11 《漳州语语艺》的入声调及其符号

该书以阿拉伯数字"1""2""3""4""5"为次序,来安排舒声的五个声调,分别给与"/""—""\""∨""∧"五个符号。接着,该书的这五个符号配合了七组例字,进行拼音练习。我们把这七组例字全部抄写在下面,五个声调的次序是固定的,以同韵母为一组,每个声调给予一个音节,每一个音节尽量给予一个汉字。找不到汉字的,就空白(下表改用空圈"○"号表示)。同韵母五个声调一组所形成的"口诀",字次虽有不同(入声另计),其原则和后世的"八音连呼"(例如《汇集雅俗通十五音》的"五十字母分八音")①是相同的。《漳州语语艺》的"五音连呼",每一个音节所配的汉字,发现有不少错误,下表一一进行考察,以"校记"附于脚注。现在将整理、校对好的"《漳州语语艺》五声七组例字对照表"陈列、说明如下:

---

① 在泉州话、潮州话中,"八音"就是"八个声调";在漳州话中,"八音连呼"是阳上阳去不分的"七个声调",称为"八音七调"。

表2 《漳州语语艺》五声七组例字对照表

调名		1	2	3	4	5
	调符1	/	—	\	v	∧
第一组	例字	尊	船	准	俊	恂①
	标音1	chuń	chuñ	chùn	chuň	chuên
第二组	例字2	家	枷	假	低②	架③
	标音2	kế	kẽ	kè	kě	kê
第三组	例字3	春	纹④	惷	寸	○
	标音3	chuń	chuñ	chùn	chuň	chuê
第四组	例字4	惊⑤	行	件⑥	子(>囝)⑦	镜⑧
	标音4	kiań	kiañ	kiàn	kiǎn	kiân
第五组	例字5	鲜	○	刺(→浅)⑨	○(刺)⑩	策⑪
	标音5	cchín	cchīn	cchìn	cchǐn	cchînn
第六组	例字6	扛⑫	○	○	锁(>钢)⑬	○
	标音6	kenǵnn	kenḡnn	kenǹnn	kenǧnn	kenĝnn
第七组	例字7	糠⑭	○	○	藏(>囥)⑮	○
	标音7	kᶜenǵnn	kᶜenḡnn	kᶜenǹnn	kᶜenǧnn	kᶜenĝnn

① "恂"字未见字书收录，右格以西班牙文注释，字迹不明，判读为"某个时间"之义，不知其本义本字，今人多写为"阵"，例如："这阵""彼阵"。
② 原书字不明，其字形似"低"，残损及腹部。又，此字误置，应属《漳州语语艺》的第五调。
③ 此字误置，应属《漳州语语艺》的第四调。
④ 原本文字破损移位，"绞或纹（右半字\断损难辨）"，可能是"纹"字。诸字书此 tshun⁵（阳平）音字少或无，文林堂本《汇集雅俗通十五音》有"傅"字，释"敬也"，与此处文字形义无涉。疑应是皮肤上细皱纹的"tshun⁵"，字或作"皴"或作"皱"，都算是训读字；《汇音宝鉴》有"皱"字，音"出五君"（chhûn），《漳州语语艺》作"纹"是另一个训读字。
⑤ "惊"等鼻化字音，原文的鼻化记号，标在调号上，本论文因电脑局限，以上标的 n，移到音节后，作"kiań"。后皆同此。
⑥ 此字误置，应在该书第五调。
⑦ 此字误置，应在该书第三调。
⑧ 此字误置，应在该书第四调。
⑨ 刺字本音为 tshi³（阴去调），又音 tshinn³（《汇集雅俗通十五音》卷七第52页），本不宜在此位，应在下一位（该书第四调）。《汇集雅俗通十五音》卷七第52页）栀二下有"浅，布不深青"，其字头为准本字。
⑩ 刺字误置"第三调"，应改置于此（该书第四调）。
⑪ 漳州语里，木匠用以画长短之木栻，音 thsi⁷，应该就是《漳州语语艺》里"策"字的音义。字或写为"栻"（见《汇集雅俗通十五音》卷七第52页、《汇音宝鉴》第256页）。其实，史记龟筴传："诸灵数策，莫如汝信"。《索隐》："或是策之别字"，知"策"字本来没有"木匠用以画长短之木栻"之义。《漳州语语艺》应是借用取此"策"字来表记的 thsi7 音义。"策"字或同"刺"，本非鼻化字，或以送气之故，又读鼻化。今因另有"木匠用以画长短之木栻"之词，不知本字，因此取鼻化的"策"字来表示。今分别音义而用之。
⑫ 受局限于电脑输入，此类舌根鼻辅化韵，其声调符号在后二字母上，本论文仅标示在最后一个字母上。而其鼻化符号"nn"原标在声调上面，则本论文则改为上标于音节末。
⑬ 此字不见于一般字典，《汇集雅俗通十五音》卷七钢韵钢三求（kng³）音有"杠（笼）、爤（坚刀也）、钢（硬铁也）。"《漳州语语艺》的"锁"字，应是"钢"字，由于"钢"文读为 kong¹，而其白读，另以此"金贡"字表记之。
⑭ 同⑫。
⑮ 此字今作"囥"。

七组的例字，分别陈列七种不同的音读和拼音符号的拼写，每组都列出五个声调原有的音读和音节成分的拼写符号。不过，送气符号"c"、辅化韵符号"nn"，原来都书写在字母上头，今为便于电脑呈现，改为上标符号，陈列在声母后和音节后面。所配汉字，尽量依原有书写体，拼合、转换成电脑中的汉字。少数汉字有西班牙语翻译的，今省略。

原书一组一组出现，并无表格，本文代为整理为对照表格；例字都是原书具有的，本文代为校注，为便于阅读，列入脚注。此表的例字、位置及其音读之误不少，关系到声调符号需要进一步说明的，略述于后。

数目字"1""2""3""4""5"是声调的名称，该书直接称为"第一""第二""第三""第四""第五"等。该五声调的"次序"是用心的安排，和闽南语传统的声调呼法（1、2、3、4、5、6、7、8分别为阴平、阴上、阴去、阴入、阳平、阳上、阳去、阳入，或为上平、上上、上去、上入、下平、下上、下去、下入）没有必然关系，而是由高而低的顺序。声调的安排是清楚的，但是，例字有不少错误。

各调的例字中，第三调有两个错误。一是第五组第三字"刺"字本音为tshi3（阴去调），又音tshinn³（《汇集雅俗通十五音》卷七第52页），此取又音，但本不宜在此位，应该在第五组的第四调下。至于此第五组的第三调，应该是《汇集雅俗通十五音》卷七第52页）"柜二出"下的"浅，布不深清"tshinn²。这是第三、四调的淆混。二是第四组第三调的"件"字，此字误置，应在该书第五调。这一组的"三、四、五"调，分别是"件、子、镜"，位置互相倒错，应该是"子、镜、件"，可见这三字的声调，容易淆混，尤其是对西洋人来说。配置汉字的汉人对于该书著作者的发音和用意，也有了解上的困难。因此，才造成此误。对于下文提到的其他例字之误置，应该也是这个缘故。

这个例字的误置错误，最严重的是第四调和第五调。第四调出现6个例字，其中有4个是正确的，两个错误中的一个，上一段已经提到；其余一个是读第五调的"低"（台罗：ke⁷），却在第四调出现。至于第五调出现的4个例字，却有两个是错误的，也就是有一半的错误率，"低"和"架"的误置是一种互换的错误，另一个错误也在上一段提及了，那是连带的错误。这些误置，说明这些声调的相似而不容易辨别。由于作者的声调辨别，和"利郭金系统（利玛窦—郭居静—金尼阁）"都以"高低"为判断尺度，高低判断的错误应该不会大量发生。同时，如果超出"高低"的辨识，便难以判断。因此，《漳州语语艺》中的第四调和第五调可能误置的原因是：其比较高一点（属于次低）的第四调，或许带一点降的成分，接近21：调，逼近第五调的11：调。而第四调的误置于第三调，或许是调形相近，第三调或许带着下降的成分——31：。

《漳州语语艺》中除了专门学习声调的七组例字有误，在后续的字词、短语练习中，也颇有第四、五调的注音相乱的例子。《漳州语语艺》第四、五调的注音相乱，用现代语来说就是"阴去阳去之淆乱"。这种"阴去阳去之淆乱"，除了上述声调表有所淆乱之外，正文不少字词短语中也有错误。指出错误之前，我们应该交代，《漳州语语艺》第四、五调的注音，大体是不乱的，像第四调的"众 chjǒng""胜过sěng čue"等除了音标有疑和声调标记位置不一以外，调号是正确的。第五调的"多cheî""可多（较济）ča cheî""师阜（师父）śay hû""卖鱼bêi hū"也都正确。像"佳己ća tì、佳己ća kì（泉腔）①、佳己ĉhu kì（泉腔）、独己ťag kì（文读）"除漳泉腔之异以外，当时"己"字还没有演变为今日的"阳去调"，因此注音也是正确的。"是"字有两种拼写法：ši/sў，不论单用，或前接他字和后接他字，该书大多（似乎无例外）标为"∨"调，这是第四调。又"是谁②"多见，两字都标为应该属于阳去调，也就是该书的第五调，但该书都标为第四调"∨"而不是"∧"，"是乜ši mï"的"是"也标记为第四调。难道当时"是"的本调都读为阴去调吗？当时应该不是读为"阴去调"，因为这个错误不是孤例。像"天下"的"下ě"也是应为第五调而误为第四调（应为ê），"后ǎu"（7—8见）应该改正为"âu"，"写字sià xǐ"（多见）应该改正为"写字sià xî"，"亚袄（犹勿会）a běi"应该改正为"亚袄（犹勿会）a bêi"，"好到尽hò caû chǐn"应该改正为"好到尽hò caû chîn"。诸如此类，都是第五调误为第四调的例子，可见第四、五调相乱不是孤例，误用例不少。这种混淆，还不只《漳州语语艺》，在《西中词典》也有类似之误。不过，《西中词典》成书后曾经有人把这本书中的错误再加以修正，因此今存错误少了很多。

这五声调之外，还有入声字，参见图11。该书把6个入声字以间叉的方式一直排列下去，眉目不清楚，本文加以整理、陈列如下：

---

① 括号和括号中的说明，是本文作者加上去的。下同。
② "谁"字，甘为霖的《厦门音新字典》，有第五、七调两音（sui⁵、chui⁷），而"是谁"取第七调（chi⁷ chui⁷/si⁷ chui⁷）。

表3 《漳州语艺》入声调调次及其例字表

《漳州语语艺》调次/名①		6	7
调符		| \	入
第一组	例字	滑	骨
	标音	cùr	cŭr
第二组	例字	喔	窟
	标音	cǔr̃	cŭr̃
第三组	例字	舌	
	标音	chỳ	
第四组	例字	□	
	标音	hỳ	
第五组	例字		客
	标音		kĕc

比起前述五个声调，对这两个声调，作者不熟悉，有些不知如何对应。因此在列举例字时，两入声调对举的，只有前四个字是成功的，后面三音两字，是失败的。

"舌"字没有相配的第七调，"hy"音没有汉字，也没有相配的第七调。"客"字相反，没有相配的第六调。其实，要找阴入、阳入相对的字，并非难事②，因此可能是还待修补。

《漳州语语艺》的作者说："对于这些汉字，我发现有八个不同的声调。"我怀疑这些话如果不是马尼拉的闽南人把韵书上的言语告诉他的，就是他综合漳州腔和泉州腔的结果，因为光是漳州腔并没有八个声调，他自己在书上呈现的是七个声调。上文我们看到了五声调，又看到特殊的两个入声调，如果我们把这两个入声调和上述五个声调并列，我们便可以得到下列七声调表（例字用该书所列，对于该书的例字误置，已经改正）：

---

① 《漳州语语艺》未正式给入声调定名，今依其编号顺推。
② 闽南语阳入、阴入相对的字，像"杰、结""及、急""极、格""局、菊"等。

表4 《漳州语语艺》的七个声调表

《漳州语语艺》调次/名	1	2	3	4	5	6	7
调符1	/	—	\	∨	∧	| \	人
通用调名	阴平	阳平	上声	阴去	阳去	阳入	阴入
例字1	尊	船	准	俊	惇	滑	骨
标音1	chuń	chuī	chuǹ	chuǔ	chûn	cur̀	cur̂
例字2	家	枷	假	架①	低②	啀	寉
标音2	ké	kē	kè	kě	kê	cur̀	cur
例字3	惊	行	子(>囝)③	镜④	件⑤	舌	客
标音3	kián	kiān	kiàn	kiǎn	kiân	chỳ	kê̌

这个表是《漳州语语艺》的声调系统。依照该书原意，这个声调系统分为两组，前面五个声调为一组，属于"舒声"类；第六、七调为另一组，属于"促声"类。

《漳州语语艺》这七个声调的符号规划和陈列方式，已经清楚地告诉我们，罗马字的闽南语拼音符号系统已经完成。这是闽南语声调符号系统的首度完成，应该是汉语方言符号史上最重要的事件之一。《漳州语语艺》虽然对声调的认识似乎还有一些模糊不明之处，但是正式地提出漳州声调系统分舒促两部分，共有七个调，能分出声调的高低。这些都是西班牙人从1570年初识闽南人以来50年所未曾达到的成就。虽然《漳州语语艺》所建立的声调系统经过时代稍后的《中西词典》略作修正，但是它作为闽南语第一套声调符号系统的地位没有动摇。

六、余论

海外汉语方言的研究，应该追述到16—17世纪的马尼拉，第一套海外汉语方言音标——闽南语的罗马字音标，以及有关的语音、词汇、语法的研究，就从

---

①此字《漳州语语艺》原误置于第五调，今改正置于此。
②原书字不明，其字形似"低"。又，此字《漳州语语艺》原误置于第四调，今改正置于此。
③此字《漳州语语艺》原误置于第四调，应在第三调。
④此字《漳州语语艺》原误置于第五调，应在第四调。
⑤此字《漳州语语艺》原误置于第三调，应在第五调。

此开始。

16—17世纪的西班牙海外传教士们，对世界的文明史做出了很多贡献。他们在远东地区的马尼拉首度接触到闽南人。没有武器的闽南人居住于马尼拉附近的数量，有时候甚至是西班牙人的数十倍。满足贸易的需求之余，基于安全的考虑，西班牙人有传教给闽南人的需要，因为，闽南人信教之后才比较可靠。

从1587年开始的传教，从懵懂到初识，由初步以拉丁字母记录闽南语声韵，到了1620年，发展到获得汉语官话声调符号的挹注，建立了《漳州语语艺》这第一套完备的、具有七声调的闽南语声调系统和符号，接着也有了使用这套符号的两万词语的词典——《西中词典》。虽然由于西班牙帝国的没落，《漳州语语艺》和《西中词典》的这套符号，被后来19—20世纪的传教士完全忽视，显得悲哀，但是，从符号规划的完整和当时的运用来说，应该是相当成功的。

对于15—16世纪马尼拉闽南语文献，龙彼得应该是第一位致力于整理、研究的学者，做了很重要的工作。关于语音符号，他主要是考察了他自己在这篇论文中所抄录的闽南语标音文献之 *Doctrina Christiana en letra y lengua china*（《汉语基督教教义书》）等语料，又参考《漳州语语法》的音标说明，总共综合分析了七种文献，于是呈现了丰富的资料和研究结果，整理出18个声母、63个韵母。

龙彼得这个混合的声韵母表，提出18个声母，今改为国际音标如下：

p	p^h	b	m
t	t^h	l	n
ts	ts^h	dz	s
k	k^h	g	ŋ
∅			h

龙彼得不分析q和qu，q^{c}和qu^c，g和gu的区别，也不分l和d。又送气声母，在多数字音没有表示的符号，例如"通"往往写作tang，没有表示送气。龙彼得据《漳州语语艺》把它调整、归为送气。也就是说，龙彼得没有把不同时间的不同语料从各自的声母系统分别出来。

与此相同，龙彼得没有把不同时间的不同语料从各自的韵母系统分别出来。其论文中前有列出60个韵母的"韵母例字表"（阴声韵26、鼻化韵8、辅音韵尾26），而后有列出63个韵母的"韵母系统表"（阴声韵27、鼻化韵8、辅音韵尾

26、辅化韵2），前后不十分一致（后者多了m、ng、uai三韵）①。其韵母表，今转为国际音标，改依韵核为次，分类陈列如下，有64个韵：

表5 龙彼得根据七种文献整理出的韵母表

1. 阴声韵（含入声）									
a	aʔ	ia	iaʔ	ua	uaʔ	ai	uai	au	iau
ɛ	ɛʔ								
e	eʔ	ei	ue	ueʔ					
i	iʔ	ui							
o	oʔ	io	ioʔ	ou					
u	iu								
2. 阳声韵（及入声）									
am	ap	iam	iap						
im	ip								
an	at	ian	at	uan	uat				
in	it								
un	ut								
aŋ	ak	iaŋ	iak						
iŋ	ik②								
oŋ	ioŋ	ok	iok						
3. 鼻化韵（及入声）									
ã	iã	uã	ãi						
ɛ̃									
ĩ	ĩʔ	uĩ							
iõ									
4. 辅化韵									
m̩	ŋ̍								

龙彼得的韵母陈述，包含采用略加调整之符号的说明，其符号大多是罗马字的一般用法，少部分借用西班牙音节尾的用法（例如 ŋ 写作 ng，鼻化符号少部分用~，入声尾用-p、-c、-g、-r、-t等）。除了转述《漳州语语艺》的声调符号和一

---

① 如果检查其论文其他地方，还应该增加innh一韵。
② 龙彼得写作iŋ（ing）、ik两韵，有些资料例如《漳州语语艺》写为eŋ、ek。

些说明，没有详尽的音读描述。

龙彼得自言这些声韵调来自一个混合的或整合的语料（combined edition），不是纯粹的一种语料。就是其最倚重的高母羡（Juan Cobo，1541—1592）所编写 Doctrina Christiana en letra y lengua china（《汉语基督教教义书》），原为汉字版，龙彼得也揉合了其闽南语罗马字版的前后两种不同时间的版本。第一种闽南语罗马字版大约是1605年出版的，另一种闽南语罗马字版年代不详，是1620年以后的版本，也有可能是18世纪的本子。前后期的本子，时代既然不同，在语料证据上不宜也不加以分别。如果整合为一音系，其可行性便值得怀疑。

此外，从闽南语的现代各方言和韵书来看，这个龙氏的声韵调系统有一些残缺，除了材料不纯粹以外，所录韵母是不够全面的，例如出版于1818年的《汇集雅俗通十五音》就有85个韵母，而现代的台湾台南市闽南语还有未见于《汇集雅俗通十五音》的7个韵。这就是说，龙氏的语料可能有20个以上的残缺。又如有关声调符号系统的规划和音读，也没有进行描述。除了残缺，如果从标音符号的演进来看，这种混整语料的方式会完全打乱符号系统和符号发展轨迹。因此，本文建议至少要以1620年《漳州语语艺》为分界线，把此前此后的闽南语语料，各种各地各人的语料，分别整理，再列出先后，进行比较研究，不可将异时异地异人的语料混合而论。

因此，本文除了论述时代背景、文献内容、性质、著作时地以外，着重论述其声调系统，最后为了让读者对于当时的闽南语语音有一个大略的了解，陈述出龙彼得所用语料和音系，以体现出1620年《漳州语语艺》和《西中词典》首度完成闽南语声调符号的突出价值；也藉以窥见当时闽南语音标系统的一斑。但这还不够，我们还需要进一步分析《漳州语语艺》和《西中词典》这两种资料的各自音系，分别呈现，写成另一篇论文。由于《西中词典》有两万余个语词，又有难以充分理解的中古西班牙语，因此这篇论文还未完成。谨此致歉。

从西班牙多明我会神父开始在马尼拉华人教区学习闽南语的1587年，到《漳州语语艺》完成的1620年，西班牙传教士经过了三十余年的努力，陆陆续续地尝试以罗马字标写闽南语，终于得到一套完整的闽南语音标。当以这套音标来编辑 Dictionario Hispanico Sinicum（《西班牙语—汉语词典》，简称《西中词典》，大约是17世纪初期的作品），完成两万余条闽南语语词的记录。《西中词典》对

《漳州语语艺》中的小疏误有所修正,把原有的第四、第五调的声调符号互换,又改变入声符号的书写方法。但那只是基于系统的小调整,不是另创一套声调系统,因此仍然没有撼动《漳州语语艺》首创汉语方言音标的地位。无论如何,当《西中词典》约两万条西班牙词汇的右边一一写上汉字、注上音读,那就等于已经全盘地把《漳州语语艺》具有完整声调符号系统使用过了。我们就可以说,这是走完了语言符号系统从规划到实施的道路。

我们不能苛责《漳州语语艺》这份文献没有记载闽南语的词汇变调、轻声和语法变调的符号,因为那时人类对语言的理解,还没有发展到那个地步。17世纪初西班牙传教士的辨音能力、声调的认知思维,运用了音乐高低音的记音和符号,建立声调的高低五度制,来转用于汉语声调的标记,而又进一步发掘声调的促舒。这些对于现代人仍然困难的发明,在当时已经算是很高的智慧了。

出于有效诠释的需要,本文考察了16世纪末至17世纪初马尼拉地区东西方语言接触的背景与发展,以及殖民者的商业和传教活动。在那个时期,这些西方殖民者的人为操弄,左右着东方的族群和语言的变化。马尼拉华侨协助传教士学习闽南语和用闽南语讲道,于是有了传到今天的文献和第一次出现的罗马字闽南语音标。透过时空和人文活动,想理解闽南人及其东方文化的西方传教士,在透过闽南知识分子的协助下,编写了《漳州语语艺》和《西中词典》。今天,我们在400年之后阅读原有文献,打破语言障碍,秉持客观诠释的原则,追求有效的诠释,分析其声调系统和渊源,比较清楚地看到声调符号系统的传承和创新之轨迹。这些纤细鸿爪,希望对于汉语史、汉语声韵学、汉语方言学、海外汉语方言学、音标符号学、语言接触学、语言研究发展史、世界文化史等学术研究领域,奉献绵薄之力。

论文末了,有感于东西方交汇时斯土斯民之悲苦,吟一小诗以志感。

悲咏漳泉生理人

江头月港西洋尾,

服贾行商万里骓。

浪底贸夷差赀用,

风涛万死一魂归。

董忠司　草吟

【参考文献】

[1] 王美秀，段琦，文庸，乐峰.基督教史[M].南京：江苏人民出版社，2006.

[2] 王胜邦.西语基本字辞典[K].台北：名山出版社，1991.

[3] 丹尼尔.J.布尔廷斯.发现者（第八编）[M].严撷芸，等译.上海：上海译文出版社，1995.

[4] 甘为霖.厦门音新字典[K].台南：台湾教会公报社，1913.

[5] 任继愈.宗教词典[K].上海：上海辞书出版社，2009.

[6] 全国历史教育研究协议会.世界史用语集[M].东京：山川出版社，2014.

[7] 成文出版社编辑部.实用二十七种语文字典[K].台北：成文出版社，1976.

[8] 成濑治等.世界史综合图录——附录世界年表·史料[M].东京：山川出版社，2014.

[9] 朱国宏.中国的海外移民[M].上海：复旦大学出版社，1994.

[10] 朱维铮.利玛窦中文著译集[M].上海：复旦大学出版社，2001.

[11] 西汉辞书编辑部.简明西汉辞典[K].雷孟笃校订，台北：文桥出版社，1996.

[12] 利玛窦.西字奇迹[A]//利玛窦.利玛窦中文著译集[C]，1606.

[13] 吕理政.帝国相接之界——西班牙时期台湾相关文献及图像论文集[C].台北：南天书局，2006.

[14] José María Alvares, Formosa.西班牙人在台湾[M].李毓中，吴孟真节译.台北：台湾文献馆，2006.

[15] 汪芝房.英文举隅（石印本）[M].蜚英书馆，1878.

[16] 贝多·艾柯.诠释与过度诠释[M].王宇根译.北京：三联书店，1997.

[17] 卓新平.基督教小辞典[K].上海：上海辞书出版社，2008.

[18] 林国平.福建移民史[M].北京：方志出版社，2005.

[19] 洪惟仁.16、17世纪之间吕宋的漳州方言[A]//《历史地理》编辑委员会.历史地理（第30辑）[C].上海：上海人民出版社，2014：215-238.

[20] 约·彼·马吉多维奇.世界探险史[M].海口：海南出版社，2006.

[21] 纳撒尼尔·哈里斯等.图说世界探险史[M].济南：山东画报出版社，2006.

[22] 马西尼.闽南话—西班牙语词典——中国与西方早期语言接触一例[A]//邹嘉彦，游汝杰.语言接触论集[C].上海：上海教育出版社，2003.

[23] 张大任等.拉丁语汉语小辞典[K].上海：上海外语教育出版社，1988.

[24] 张明.台湾与中西近代关系概述（16—19世纪）[A]//吕理政.帝国相接之界[C].台北：南天书局，2006.

[25] 陈东有.走向海洋贸易带[M].南昌：江西高校出版社，1998.

[26] 陈荆和.十六世纪之菲律宾华侨[M].香港：新亚研究所，1963.

[27] 陈瑛等修.海澄县志[M].1762.

[28] 渡边信夫.亚洲宣教史[M].苏庆辉译.台北：永望文化事业公司，2002.

[29] 游汝杰.西洋传教士汉语方言著作书目考述[M].哈尔滨：黑龙江教育出版社，2002.

[30] 菲利浦·D.柯丁.世界历史上的跨文化贸易[M].济南：山东画报出版社，2009.

[31] 费赖之.在华耶稣会士列传及书目[M].冯承钧译.北京：中华书局，1995.

[32] 贺圣达.东南亚文化发展史[M].昆明：云南人民出版社，1996.

[33] 叶宝奎.明清官话音系[D].厦门大学博士学位论文，1993.

[34] 叶宝奎.近代汉语语音研究——叶宝奎自选集[M].厦门：厦门大学出版社，2017.

[35] 董忠司.马来语中所见海外闽南语借词的对音类型[A]//赵杰.北方语言论丛（第三辑）[C].银川：阳光出版社，2012.

[36] 董忠司.跨国共通语的浮现——再论闽南语通行腔的过去与未来[A]//第十三届闽方言国际学术研讨会论文集[C].泉州师范学院，2013.

[37] 董忠司.马来西亚槟榔屿闽南语上声变异初探——兼论槟榔屿闽南语声调格局的存古和创新[A]//陈晓锦，甘于恩.汉语方言在海外的播迁与变异[C].广州：世界图书出版广东有限公司，2016.

[38] 邹嘉彦，游汝杰.语言接触论集[C].上海：上海教育出版社，2003.

[39] 雷孟笃，朱慧美.西语发音入门[M].台北：统一出版社，1996.

[40] 廖大珂.福建海外交通史[M].福州：福建人民出版社，2002.

[41] 荣振华.在华耶稣会士列传及书目补编[M].耿昇译.北京：中华书局，1995.

[42] 刘迎胜.丝路文化·海上卷[M].杭州：浙江人民出版社，1995.

[43] 蒋绍愚.近代汉语研究概要[M].北京：北京大学出版社，2005.

[44] 鲁国尧.明代官话及其基础方言问题——读利玛窦中国札记[J].南京大学学报，1985（4）.

[45] 黎哲野.七国语辞典[K].台北：文化图书公司，1986.

[46] 谢秀岚.汇集雅俗通十五音[M].高雄：庆芳书局，1818.

[47] 魏思齐.西方早期（1552—1814）汉语学习和研究：若干思考[J].汉学研究集刊,2009（8）.

[48] 罗常培.耶稣会士在音韵学上的贡献[J].中央研究院历史语言研究所集刊,1930（3）.

[49] 顾金梅.西班牙语发音基础学习[M].台北：万人出版社,1996.

[50] Autor Desconocido. *Dictionario Hispanico Sinicum*（Tomo215）[K]. Manila: University of Santo Tomas, 1620.

[51] 赫施.解释的有效性[M].王才勇译.北京：三联书店刊印,1991.

[52] Fr. Melchior de Mançano O. P. *Arte de la lengua chio chiu*（漳州语语艺）（手稿本）[M],1620.

[53] Jose Eugenio Borao Mateo. *Spaniards in Taiwan*[M].台北：南天书局,2001.

[54] Klöter Henning. *The Language of the Sangleys*：*A Chinese Vernacular in Missionary Sources of the Seventeenth Century*[M]. Leiden：Brill,2011.

[55] 方浩思.最新西班牙文文法[M].台北：万人出版社,2015.

[56] van der Loon, P. *The Manila incunabula and early Hokkien studies*（partⅠ）[J]. Asia Major,1966（12）：1-43.

[57] van der Loon, P. *The Manila incunabula and early Hokkien studies*（partⅡ）[J]. Asia Major,1967（13）：95-186.

台湾闽南语普通腔的音变趋势
——台东市闽南语的调查分析*

陈淑娟

台湾清华大学华文文学研究所　台湾新竹

一、前言

中国台湾闽南语是漳泉方言的混合，具备"不漳不泉、亦漳亦泉"的特点，而在长期的接触下，所谓的"台湾闽南语普通腔"隐然成形。①最通行的台湾闽南语普通腔是以漳音为主，混入少部分的泉音音类。洪惟仁认为台东闽南语完全没有"腔"，最能代表"台湾闽南语普通腔"。他在书中写道：

> 台东是中国台湾地区最新的汉人移民区，移民历史不过五六十年。……我曾以为高雄口音最不具特色，也就是说最没有"腔"，但实际上高雄还是有点特殊口音，而台东平原则可以说完全没有"腔"。台东的发音都是台湾的优势音，我想其原因大概因为台东是个新移民区。

洪惟仁认为："台东腔则是漳、泉融合再融合的结果，在闽南语的各种腔调中应该具有代表性，可以当作闽南语的标准音。"因此台东闽南语有其重要性及代表性。然而可能正是因为"没有腔"，过去关于台东闽南语调查研究甚少，②洪惟仁是少数注意到台东闽南语的人。他在《台湾方言之旅》一书中对台东闽南

---

*感谢国科会计划助理—台大中文博士陈彦君及陈雅玲协助调查台东市闽南语，也感谢接受调查的38位台东市民。本文是国科会计划的研究成果，计划编号：100-2628-H-134-001-MY3。
① 台湾各地最普遍通行的台湾闽南语，称之为台湾闽南语优势音、优势腔、通行腔、通用腔、普通腔、共同腔等。洪惟仁称为优势音，近年来改称普通腔，本文称之为台湾闽南语普通腔。不过在具体谈到某一个最通行的变体时，则称之为优势音或优势变体，例如〈杯稽〉类的优势变体是 [e]。
② 张屏生调查的是台东泉腔的绿岛闽南语，而非在台湾本岛被视为"没有腔"的台东闽南语。

有简要的描述，对台东市老辈闽南语也有详细完整的记录。过去仅有少数关于台东老年发音人语音系统之描述，但是未见关于台东市不同世代闽南语的调查分析，也未涉及语音变异与变化的讨论。Labov认为城市是语言创新的中心，因此本文选择调查台东市闽南语，透过老、中、青三个年龄层的比较分析，可以了解其语音变异、变化的趋势，从而窥见台湾闽南语普通腔的具体面貌及演变趋势。

关于台湾闽南语普通腔的讨论，洪惟仁跟李仲民对于部分音类哪一个变体是优势变体的看法不一。例如闽南语韵书《汇音妙悟》〈杯〉类、《十五音》〈稽〉类的音类（后续称为〈杯稽〉类），以及两书的〈箴〉类（后续称为〈箴箴〉类），两人对于该音类优势变体的看法不一，因此我们将讨论台东市闽南语这两个音类的变体分布。至于元音系统及阳入原调的变异与变化则是台湾闽南语新兴的音变。这两组变动中的音类究竟哪一个变体较具竞争力，至今仍无一致的看法。本文也将探讨台东市闽南语元音系统及阳入原调的变异与变化。而探讨元音系统，最关键的音类是《汇音妙悟》〈刀〉类、《十五音》〈高〉类（后续称为〈刀高〉类）。

综合言之，本文探讨台东市闽南语的四个问题：（1）〈杯稽〉类的变体分布；（2）〈箴箴〉类的变体分布；（3）〈刀高〉类的变体分布及元音系统的变异与变化；（4）阳入原调的变异与变化。为了回答上述问题，本文采用词汇表调查38位台东市闽南籍的市民，受访者分为老、中、青三个年龄层。

二、文献回顾——台东市闽南语及台湾闽南语普通腔的调查研究

本文尝试通过对台东市闽南语的调查，探究台湾闽南语普通腔的面貌，因此本节先说明台东闽南语及台湾闽南语普通腔的相关研究。

（一）台东闽南语的相关研究

洪惟仁将台东闽南语视为混合型台湾优势腔。他调查台东老辈发音人发现〈刀高〉类的变体是圆唇［o］，由此可知该发音人闽南语的元音系统为/i、e、a、u、o、ɔ/六元音。然而洪惟仁在东部闽南语的简介中却提到"花东移民闽南语能力普遍低落，/o/ /ɔ/有明显的混同趋势"。详细检视洪惟仁的调查语料，

台东市闽南语的〈刀高〉类有三种不同类型的表现：（1）读［o］，例如"桌"；（2）［o］［ɔ］两读，例如"糕""桃""蚵"；（3）读［ɔ］，例如"落"。其调查显示台东闽南语大多是［o］［ɔ］有别，仅有少部分词汇［o］［ɔ］不分。张屏生亦提到台东有一部分人［o］［ɔ］不分。究竟台东闽南语/o/ /ɔ/有没有分别？现今台东闽南语是/o/ /ɔ/有别的/i、e、a、u、o、ɔ/六元音系统，还是/o/ /ɔ/混同的/i、e、a、u、ɔ/五元音系统？老、中、青不同世代的元音系统是否不同？本文将进一步厘清这个问题。至于洪惟仁调查的台东市闽南语，不论［-p］［-t］［-k］或［-ʔ］尾的阳入原调都是高短调。①

（二）台湾闽南语普通腔的相关研究

洪惟仁、董忠司、张屏生、李仲民、陈淑娟和曹逢甫等对于台湾闽南语普通腔有所讨论。以下仅说明各学者对于台湾闽南语普通腔看法不一的音类。洪惟仁及李仲民列出台湾普通腔的具体变体，不过两人所列的普通腔有部分音类并不一致。洪惟仁所列〈杯稽〉类的优势变体是漳音变体［e］，例如"买卖［be⁴⁴ be⁴⁴］"，〈箴箴〉类的优势变体是新泉音［im］，例如"参仔［sim³³ a⁵¹］"；不过李仲民将漳音变体［e］与泉音变体［ue］都列为〈杯稽〉类的优势变体，其亦将新泉音［im］及老漳音［ɔm］也都列为〈箴箴〉类的优势变体。到底〈杯稽〉类及〈箴箴〉类的优势变体为何？本文将探讨台东市这两个音类的调查结果。

另外有些无关漳、泉变体竞争的新兴语音，也还不确定哪个变体占优势。例如〈刀高〉类的变体，洪惟仁提到台东的圆唇［o］比高雄的展唇［ə］更没有腔，不过张屏生认为［o］元音展唇化，变为［ə］，② 此央元音逐渐形成优势音。董忠司也提出类似的看法，认为台南的［ə］可能还在台湾各地继续扩大其势力范围。李仲民同时将［o］［ə］列为台湾闽南语优势音；陈淑娟关于台湾闽南语新兴音变的研究，认为［ə］在南部非常强势，的确正在扩大其版图，但是仅限于中、南部，北部主要是朝［o］［ɔ］混同为一的五元音系统发展，台湾

---

① 陈淑娟、陈彦君曾发表小琉球及绿岛闽南语音变比较的相关研究成果。由于绿岛闽南语为泉腔闽南语，与台东一般闽南语不同，本文讨论台湾闽南语普通腔，不涉及泉腔闽南语，因此绿岛闽南语不在讨论范围内。

② 〈刀高〉类展唇音的音值记录，有的学者记为央元音［ə］，例如洪惟仁；有的记为后展唇元音［ɤ］，例如李仲民。用哪一个符号表示比较恰当，需要进一步作声学分析的研究。本文暂时用央元音［ə］表示。

北部及南部闽南语元音系统的发展趋势不同,很难论定哪一个是优势音。关于阳入原调,洪惟仁的调查显示台东是高短调;而其关于台湾闽南语普通腔形成的探讨,认为北部的中长调［33］及南部的高短调［5］是阳入原调的优势变体,至于中短调［32］势力很小。不过该研究仅调查喉塞尾的阳入原调,未涉及［-p］［-t］［-k］尾阳入原调的讨论。然而陈淑娟的调查发现台南市居民随着年龄递减,阳入原调读高短调也越趋减少,可见阳入原调读高短调可能不是强势的语音。对于上述部分音类哪一个变体是优势音,学者有不一致的看法,后续将针对学者对优势音变体看法不一的音类,以台东市的调查结果进行讨论分析。

三、研究方法

本文关于台东市闽南语的分析资料是从2013年4—7月调查完成的。采用词汇表调查,运用方便抽样。每份问卷都请发音人看词汇表说词汇,每个词汇说二次,访问时间约半小时。发音人分为老、中、青三个年龄层,老年11人、中年16人、青年11人,总计调查38人,其中男性22人、女性16人。调查的音类包括〈杯稽〉类、〈箴箴〉类、〈刀高〉类及阳入原调等。

四、研究结果与讨论

以下将依据调查结果,针对本文要探究的音类分析老、中、青三代变体分布的差异。

(一)〈杯稽〉类的变体分布

〈杯稽〉类泉音变体是［ue］,漳音变体是［e］,例如"写批"泉腔说［sia^{44} phue^{44}］,漳腔说［sia^{44} phe^{44}］。关于〈杯稽〉类的优势变体,洪惟仁跟李仲民所列的优势变体不完全一致,而被视为台湾普通腔具体呈现的台东市闽南语,其〈杯稽〉类的变体分布如何?〈杯稽〉类我们调查的词汇有"八"~十、"袂"晓~不会、"买"~菜、"卖"~布、写~"批"等5个,表1是我们对于〈杯稽〉类的调查分析。

我们从表1看到〈杯稽〉类老、中、青的变体分布很接近,不管是漳音变体

［e］或泉音变体［ue］，世代间都没有显著差异。整体来看，漳音变体［e］的百分比平均数是80.53%（SD=10.89%），泉音变体［ue］的百分比平均数是19.47%（SD=10.89%）。

表1 〈杯稽〉类老、中、青的变体分布

方音(%)	老年		中年		青年		全部		F	P	Sheffe-test
	平均数	标准差	平均数	标准差	平均数	标准差	平均数	标准差			
ue	16.36	12.06	22.50	12.38	18.18	6.03	19.47	10.89	1.1528	.3274	—
e	83.64	12.06	77.50	12.38	81.82	6.03	80.53	10.89	1.1528	.3274	—

我们再仔细看5个词汇的变体分布，发现写"批"的变体分布与其他词汇非常不同，表2是〈杯稽〉类个别词汇的变体分布：

表2 〈杯稽〉类个别词汇的变体分布

词汇	八~十		袂~晓		买~菜		卖~布		写~批	
	次数	百分比	次数	百分比	次数	百分比	次数	百分比	次数	百分比
e	36	94.74	35	92.11	38	100	37	97.37	7	18.42
ue	2	5.26	3	7.89	0	0	1	2.63	31	81.58

从表2我们看出"八""袂""买""卖"这4个词汇的优势变体是漳音变体［e］，尤其"买菜"这个词汇，所有受访人都说漳音变体［be⁴⁴ tshai²¹］；然而写"批"的优势变体却是泉音变体［ue］，这个词汇81.58%的受访者都说泉音变体［sia⁴⁴ phue⁴⁴］，写"批"的变体分布与其他同音类的词汇极为不同。整体而言〈杯稽〉类的优势变体是漳音变体［e］，然而这个音类有少数词汇的优势变体却是泉音变体［ue］，例如"写~'批'"。可见有些个别词汇选择的变体可能与整个音类不同。

（二）〈箴箴〉类的变体分布

〈箴箴〉类［im］是新泉音变体，［ɔm］是漳音变体，［am］则是新型变体。①表3是台东市〈箴箴〉类老、中、青的变体分布。

---

① 洪惟仁对于〈箴箴〉类的［m］［am］这两个变体有不同的指称，有时将［m］称为老漳音变体，［am］为新漳音变体；有时将［m］称为漳音变体，［am］称为新型变体。本文称［m］为漳音变体，称［am］为新型变体。

表3 〈箴箴〉类老、中、青的变体分布

方音(%)	老年		中年		青年		全部		F	P	Sheffe-test
	平均数	标准差	平均数	标准差	平均数	标准差	平均数	标准差			
ɔm	45.45	52.22	31.25	47.87	36.36	50.45	36.84	48.89	0.2650	0.7688	-
im	9.09	30.15	18.75	40.31	27.27	46.71	18.42	39.29	0.5765	0.5671	-
am	45.45	52.22	50.00	51.64	18.18	40.45	39.47	49.54	1.4967	0.2378	-

台东市闽南语〈箴箴〉类的主要变体是漳音变体[ɔm]及新型变体[am]。漳音变体[ɔm]的整体百分比平均数是36.84%（SD=48.89%），新型变体[am]的整体百分比平均数最高，是39.47%（SD=49.54%）。至于新泉音变体[im]的整体百分比平均数则仅有18.42%（SD=39.29%）。3个变体老、中、青的百分比平均数都没有显著差异。

本文关于台东市的调查发现，〈箴箴〉类有一个百分比平均数最高的优势变体[am]是洪惟仁、李仲民在讨论〈箴箴〉类的优势音变体时没有提及的，同时我们的调查也显示新泉音变体[im]并非台东市的优势变体。

（三）〈刀高〉类的变体分布及台东市闽南语的元音系统

在探讨台东市闽南语元音系统的变异或变化时，最关键的音类是〈刀高〉类，〈刀高〉类若为[o]，则保持六元音系统；若为[ɔ]，则可能〈刀高〉类与〈高沽〉类混同，变成/i、e、a、u、ɔ/五元音系统；若为[ə]，则为与台湾南部闽南语相同的/i、e、a、u、ə、ɔ/六元音的系统。〈刀高〉类的变体主要有3种：台湾老辈发音人常见的圆唇[o]、南部盛行的展唇[ə]，或者北部年轻人常见的圆唇[ɔ]。台东市〈刀高〉类老、中、青的变体分布如表4。

表4 台东市〈刀高〉类老、中、青的变体分布

方音(%)	老年		中年		青年		全部		F	P	Sheffe-test
	平均数	标准差	平均数	标准差	平均数	标准差	平均数	标准差			
o	26.82	33.86	10.63	18.43	0	0	12.24	23.59	4.2568	0.0221	老>青
ɔ	41.82	48.75	74.69	26.18	75.00	25.20	65.26	36.35	3.6876	0.0352	—
ə	30.45	39.71	14.38	24.69	22.73	24.94	21.45	29.79	0.9616	0.3922	—

由表4我们看出老辈发音人常见的圆唇[o]逐渐没落。调查显示青年〈刀高〉类没有圆唇[o]这个变体，老年发音人〈刀高〉类说圆唇[o]的百分比平均数也仅有26.82%（SD=33.86%），中年为10.63%（SD=18.43%），3个年龄层有

显著差异（F=4.2568，p<.05）。Sheffe-test检定的结果是老年大于青年。从调查结果来看，我们发现圆唇［o］不是台东市闽南语的优势变体。3个变体中，仅有圆唇［o］有明显的世代差异，其他两个变体都没有世代差异。

〈刀高〉类各变体中，整体百分比平均数最高的是圆唇［ɔ］，占65.26%（SD=36.35%），其次是展唇［ə］，占21.45%（SD=29.79%），圆唇［o］则是最弱势的变体，仅占12.24%（SD=23.59）。这显示台东市闽南语的元音系统主要是五元音，〈刀高〉类与〈高沾〉类合并为一个音位；圆唇［o］最弱势，这显示/o/ /ɔ/有别的六元音系统正在没落。

（四）阳入原调的变体分布

洪惟仁调查台东的阳入原调读高短调［5］，并认为高短调是优势变体。陈淑娟的研究发现：［-p］［-t］［-k］尾的阳入原调，有读同［32］的变异，与阴入原调混同的趋势；至于喉塞尾［-ʔ］的阳入原调则有舒声化，变成中长调［33］、高降调［53］或高平调［44］的变异。台东市闽南语不同韵尾的阳入原调变异与变化有何不同？我们的调查发现台东市闽南语的阳入原调，［-p］［-t］［-k］尾跟喉塞尾［-ʔ］的变体分布不同，［-p］［-t］［-k］尾的阳入原调有［5］［33］［32］3种变体；喉塞尾［-ʔ］则有［5］［53］［33］［32］4种变体。因为［-p］［-t］［-k］尾阳入原调的变体分布非常类似，限于篇幅，表5仅呈现［-p］尾及喉塞尾［-ʔ］阳入原调的调查结果。

表5 ［-p］尾及喉塞尾阳入原调的变体分布

方音(%)	老年 平均数	标准差	中年 平均数	标准差	青年 平均数	标准差	全部 平均数	标准差	F	P	Sheffe-test
-p											
5	93.19	12.95	73.44	34.42	23.86	33.29	64.80	39.94	16.3301	0	老=中>青
3	0	0	0.78	3.13	0	0	0.33	2.03	0.6754	0.5154	—
32	6.82	12.95	25.78	32.75	72.73	33.46	33.88	38.44	15.5369	0	青>中=老
-ʔ											
5	57.27	38.23	46.88	33.61	10.91	29.82	39.47	38.13	5.7695	0.0068	老=中>青
53	30.00	37.68	11.25	14.08	10.91	16.40	16.58	24.74	2.4572	0.1003	—
33	0	0	10.00	17.51	23.64	27.67	11.05	20.37	4.4817	0.0192	青>中=老
32	12.73	16.79	31.88	26.89	54.55	32.97	32.89	30.39	6.8809	0.0030	青>中=老

由表5可以看出［-p］尾的阳入原调，高短调［5］随着世代递减而衰退，中短调［32］则随着世代递减而增加，表中未列的［-t］［-k］尾的阳入原调也有类似的趋势，可见台东市闽南语［-p］［-t］［-k］尾的阳入原调，有读同［32］而与阴入原调混同的趋势。至于喉塞尾的阳入原调，高短调［5］也是随着世代递减而衰退，高降调［53］无明显的世代差异，中短调［32］及中长调［33］则随着世代递减而增加，可见中短调［32］及中长调［33］是具有竞争力的变体。

五、结论

台东闽南语被认为是中国台湾地区闽南语普通腔的具体存在。本文调查台东市闽南语的〈杯稽〉类、〈箴箴〉类、〈刀高〉类及阳入原调，希望藉以厘清前人对台湾闽南语部分音类的优势变体看法不一的争议。我们在台东市的调查发现〈杯稽〉类的优势变体是漳音变体［e］，但是这个音类的少数词汇有异于整个音类的变体选择，例如"写'批'"的优势变体是泉音变体［ue］。〈箴箴〉类的优势变体是新型变体［am］及漳音变体［ɔm］，至于新泉音变体［im］的百分比平均数较低，并非台东市闽南语的优势变体。〈刀高〉类百分比平均数占多数的变体是［ɔ］，这显示多数台东市民的闽南语是［ɔ］［o］不分的五元音系统；〈刀高〉类百分比平均数居中的变体是展唇［ə］，这显示部分台东市民的闽南语是［ə］［ɔ］有别的六元音系统；至于百分比平均数最少的变体是圆唇［o］，老、中、青的比较显示老年使用圆唇［o］的百分比平均数大于青年，由此我们认为台东市闽南语的〈刀高〉类，圆唇［o］不是优势变体，老辈［ɔ］［o］有别的六元音系统正在衰退。至于台东市闽南语［-p］［-t］［-k］尾的阳入原调，高短调［5］随着世代递减而衰退，取而代之的是中短调［32］，可见［-p］［-t］［-k］尾的阳入原调有读同［32］而与阴入原调混同的趋势；喉塞尾的阳入原调，同样显示高短调［5］随着世代递减而衰退，中短调［32］及中长调［33］则随着世代递减而增加，这显示喉塞尾的阳入原调，中短调［32］及中长调［33］是具有竞争力的变体。本文关于台东市闽南语的调查，不仅弥补过去台湾闽南语调查研究重西部、轻东部之不足，还透过老、中、青不同年龄层的比较分析，可以看出台东市闽南语语音的演变趋势，使我们对台湾闽南语普通腔的分布与形成有更具体的了解。

【参考文献】

[1] Labov, William. *The Social Stratification of English in New York City* [M]. Washington D.C.: Center for Applied Linguistics, 1966.

[2] 李仲民. 从语言地理学论台湾闽南语语言地图的编制观念与方法——以台湾东北部闽南语为样本 [D]. 台湾"中国文化大学"中国文学研究所博士学位论文, 2009.

[3] 洪惟仁. 台湾方言之旅 [M]. 台北: 前卫出版社, 1992.

[4] 洪惟仁. 台湾东部闽南语方言调查研究报告: 东部及屏东、澎湖部分 [R], 1997.

[5] 洪惟仁. 高雄县闽南语方言 [M]. 高雄: 高雄县政府, 1997.

[6] 洪惟仁. 音变的动机与方向: 漳泉竞争与台湾普通腔的形成 [D]. 台湾清华大学语言学研究所博士学位论文, 2003.

[7] 陈淑娟. 台湾闽南语新兴的语音变异——台北市、彰化市及台南市元音系统与阳入原调的调查分析 [J]. 语言暨语言学, 2010 (2): 425-468.

[8] 曹逢甫. 台湾闽南语共同腔的浮现: 语言学与社会语言学的探讨 [J]. 语言暨语言学, 2013 (2): 454-484.

[9] 张屏生. 台湾闽南话部分次方言的语音和词汇差异 [M]. 屏东: 台湾屏东师范学院, 2002.

[10] 张屏生. 台湾地区汉语方言的语音和词汇: 论述篇 [M]. 台南: 开朗杂志事业有限公司, 2007.

[11] 董忠司. 台湾闽南语概要 [M]. 台北: 行政主管部门文化建设委员会, 2001.

印度尼西亚廖内省峇眼市闽南方言的音系特点

侯兴泉　曾娣佳

暨南大学文学院汉语方言研究中心　广东广州　510632

【摘　要】本文通过对印尼峇眼闽南方言的音系描写及比较，发现峇眼闽南方言在音系上具有闽南方言的混合特征：声母上更接近漳州方言，元音系统更像泉州方言，调类系统像潮州方言，调值表现更接近台北方言。

【关键词】海外方言；峇眼闽南方言；音系特点

峇眼亚比（Bagan Siapi-api）位于印尼苏门答腊岛中部廖内省的东部海岸，是马六甲海峡沿岸的一个渔港城市。峇眼亚比（简称峇眼）是由华人在19世纪末率先开埠并发展起来的渔港城市，因此城市居民几乎都是华人，印尼当地的马来人只分布在城市的周边和郊区。据当地2013年的人口数据，峇眼的人口有73360（来自百度百科），其中华人占了90%。峇眼人的职业原以渔业、造船业、织网业和贸易为主。近几十年来，由于渔业资源枯竭，捕鱼业和造船业开始衰落，很多峇眼华人开始外出到印尼的其他大城市谋生，留下来的华人多是开个普通生活用品的小店或者饭店来维持生计，不少家庭兼在楼顶养燕子和生产燕窝维持生活开销。

峇眼的主要语言是华人所讲的闽南方言与马来语。由于地方比较偏僻，峇眼很难收到印尼电台的信号，所以华人在日常生活中经常收看中国台湾地区的电视节目。峇眼市内的教育最高只到高中，当地的很多年轻华人喜欢到比较发达的城市（如比干巴鲁、雅加达、巴厘岛等）去念书或发展。到城外发展的华人，有些就和当地讲粤语或客家话的华人结婚生子，后代逐渐地就失去了像峇眼那样纯粹的语言环境。印尼国内的政治问题（印尼曾在20世纪60年代和1998年的时候发生排华事件），直接导致会说方言的华人感到恐惧，平时不敢在公众场合说方言，特别是在大城市里只能说印尼语。因此，现在绝大多数的峇眼年轻人都是双语者。

到目前为止，尚未看到专门研究峇眼闽南话的研究成果。关于印尼其他地区汉语方言及华语的研究倒有不少。这些成果主要集中在两方面：第一类是介绍印尼境内华人语言使用状况的论文，如迪得·吴托摩、杨启光的《印尼华人的多元语言和种族特性》；黄玉琬和许振伟的《印尼华人的语言状况》；甘于恩、李明的《印尼汉语方言的分布、使用、特点及影响》等。陈晓锦的《东南亚华人社区汉语方言概要》在概论部分也较为详细地介绍了印尼境内汉语方言的种类和分布情况。这些成果对于我们了解印尼及周边国家或地区的华人及华语的基本面貌是很有帮助的。第二类是关于印尼华人语言本体研究的成果，其中又以客家话和闽南话的研究成果最为丰富。印尼客家话方面的研究，如哈马宛的《印度尼西亚西爪哇岛的客家话》；黄惠珍的《印尼山口洋客家话研究》；李如龙的《印尼苏门答腊北部客家话记略》；李秀珍的《印尼客家方言研究》；黄素珍的《印尼坤甸客家话研究》；吴忠伟的《印尼棉兰美达村客家话词汇比较研究》等。闽南话方面的研究，如李如龙的《闽南方言和印尼语的相互借词》；高然的《印尼苏门答腊北部的闽南方言》；王建设的《传承与变异——印度尼西亚第二代晋江人的语音特点》等。印尼华语方面的研究成果，如刘文辉和宗世海的《印度尼西亚华语区域词初探》；单珊的《印尼"先达国语"词汇研究》；甘于恩、陈李茂和单珊的《印尼"先达国语"调查报告》等。综合性的研究，如陈佩英的《印尼丹格朗市土生华人语言研究》和陈晓锦的《东南亚华人社区汉语方言概要》，后者无疑是目前为止对东南亚地区海外汉语方言及研究状况最为全面的总结。

本文主要介绍峇眼闽南方言的音系情况，并跟印尼境内的棉兰和坤甸闽南方言以及国内福建省的厦泉漳等地的闽南方言进行对比，以解释其音系特点。本文的老派发音为峇眼市区的黄树兴（男，1956年生）；中年发音人蒋莉莉（女，1967年生）和蒋海洋（男，1984年生）；青年发音人为陈莉云（女，1990年生）、黄智铭（男，1990年生）、黄智洋（男，1992年生）和黄扬铭（男，1997年生）；少年发音人为黄俊运（男，2006年生）和蒋延谅（男，2006年生）。本文记录的主要是老派发音人的音系。

一、峇眼闽南方言音系

1. 声母

p 八病飞肥饭浮	pʰ 皮片鼻喷拍	ᵐb 明味肉麦雾	m 问毛名瞑	
t 肚茶猪唐毒	tʰ 体讨抽柱铁	ⁿd 热你绿字念奶	n 脑年南娘卵	l 利人连路南荔
ts 资坐事船十多	tsʰ 贼初床春手	s 丝谢顺心识雪		
k 家高九筋鸽	kʰ 开气轻空壳	ŋg 五月银牛玉	ŋ 眼	h 好风云鱼血
∅ 乌安油药王活				

声母说明：

（1）ᵐb、ⁿd 两个声母有浊内爆音变体，其中 ⁿd 跟高调搭配时读作浊内爆音尤为明显。ⁿd 在部分年轻人嘴里会读作 l，主要是受到台湾电台口音的影响而产生的。

（2）ts、tsʰ、s 跟齐齿呼韵母拼合时实际音值为舌面前塞音、塞擦音 tɕ、tɕʰ、ɕ。

（3）零声母 ∅ 有 ʔ、j、w 三个变体：ʔ 多出现在开口呼前，喉塞比较明显；j 多出现在齐齿呼前，摩擦不明显；w 多出现在合口呼前。

（4）ŋ 声母只出现在少量的借词中。

2. 韵母

	i 齿米试戏死伊	u 夫母舅浮推灰
a 加饱查骹	ia 写寄倚拆	ua 我歌大拖沙蛇
e 茶芽马虾璃体	ue 多鸡洗卖话杯衰	
ə 坐火过飞尾赔短		
ɯ 你鱼猪旅锯箸		
ɔ 垒湖乌鹅锁刀老哥嫂考		
o 雨露素五牡婆胡炉醋肚	io 笑桥腰尿庙烧少对	
ai 利知狮拜排海刣来菜		uai 高歪怪乖怀~疑
		ui 开水鬼喙为腿
au 狗豆头流草厚	iau 鸟爪猫皱饺跳	
	iu 树油幼手稻钓珠 目~	
am 南领暗澹柑针感含监	iam 盐尖砧咸店	
	im 深心饮音金	
an 腾难慢简单	ian 烟燕电变先	uan 权喘乱弯烦
	in 新奶因囝信	

（续表）

		un 根寸春云睏近
aŋ 东偆谁红翁江重虫	iaŋ 凉双正白春~影电~	uaŋ 风番方
	iŋ 冷清净顶争战~用升	
ɔŋ 王讲总戇风葬	iɔŋ 中伤强乡	
oŋ 公~司		
ɯŋ 长卵毛霜糖床光酸饭		
ã 三衫胆	iã 兄名惊饼赢行影正	uã 山半官肝看碗
ẽ 躺		
	ĩ 年病星滇圆天平边	
aĩ 闲跛间~日		
	iũ 唱想抢娘詠	
ap 十贴鸽虱合	iap 接蝶节劫业	
	ip 急吸入极北~	
at 结打~漆萨	iat 蝎节	uat 法发
	it 七一直色日擦翼熟息裂	
		ut 骨出掘
ak 北壳六角肉腹拍	iak	食屐 uak 热
ɔk 托国	iɔk 药局	
	ik 弋竹绿	
aʔ 盒鸭拍	iaʔ 石锡	uaʔ 辣热活刮阔
eʔ 白剥剥~客册		ueʔ 八
iʔ 舌滴铁		
əʔ 月雪袜		
ɔʔ 学薄	iɔʔ 尺箬着石	
		uʔ □刺、戳
		uiʔ 血
ŋ 黄远		

韵母说明：

（1）单元音 e、o 及复合韵母中 e、o 的实际发音为 ɛ、ɔ；

（2）ui、iu、ia、iɔ、ua、uɛ、uə 等韵母的高元音读音较长，有韵腹化趋势；

（3）ai、am、an、aŋ、ap、at、ak 等韵母都有相应的 ia、iam、ian、iaŋ、iap、

ɐt、ɐk 变体；

（4）ian/t 和 iaŋ/k 中的主要元音音值在 ɛ 和 æ 之间；

（5）i 充当韵腹的时候实际音质为 ɪ；

（6）ɛŋ、iɛŋ 主要出现在拟声词（如□锣和□鈑）中，故不列入音系表。

3. 声调（单字调）

阴平 55	花天烧东	阴上 53	火屎海顶	阴去 21	大睭细幼	阴入 21	铁节滴急
阳平 24	皮牛红盐	阳上 44	雨远近屋	阳去 33	雾面旧利	阳入 54	历月日叶

单字调说明：

（1）阳平调在长音节中读作 214；

（2）不成词语素的阴上调单读时调值为 31；

（3）阴去调在长音节中多读作 221；

（4）阳去调在单说时调值多为 334；

（5）阴入调 21 为明显的嘎裂声，阴入音节单说时有明显的舒化趋势，实际调值为 221；

（6）阳入调为高降调，有 53 和 43 等调值变体。

二、峇眼闽南方言的音系特点

本节主要将印尼峇眼的闽南方言跟其他地方的闽南方言（主要是印尼境内的闽南方言和中国大陆以及台湾的闽南方言）进行对比，以总结其音系特色。印尼境内两个闽南方言区（苏门答腊岛的棉兰和加里曼丹岛的坤甸）的材料由暨南大学陈晓锦教授提供；福建厦门、泉州和漳州的闽南方言材料来自周长楫著的《闽南话概说》；台北、潮州、雷州三个闽南方言区的材料来自詹伯慧和张振兴主编的《汉语方言学大词典·下卷》。

1. 辅音声母特点

峇眼闽南方言有 18 个声母，分别为 p、pʰ、ᵐb、m、t、tʰ、ⁿd、n、l、ts、tsʰ、s、k、kʰ、ᵑɡ、ŋ、h、ø。除了 ⁿd 声母外，峇眼闽南方言其余的 17 个声母跟其他地方的闽南方言基本上一一对应，详见表 1。峇眼闽南方言最有特色的声母是 ⁿd，该声母主要来自古泥母、日母、来母细音字，跟漳州的 dz 声母部分对应（主要来自中古来母的细音字，如"你绿润"）。从声母来看，峇眼闽南方言更接近于漳州的闽南方言。

表1　峇眼和厦门、泉州、漳州闽南方言的声母比较表

峇眼	p	pʰ	ᵐb	m	t	tʰ	n	l	ⁿd	ts	tsʰ	s	k	kʰ	ᵑg	ŋ	h	∅
厦门	p	pʰ	b	m	t	tʰ	n	l		ts	tsʰ	s	k	kʰ	g	ŋ	h	∅
泉州	p	pʰ	b	m	t	tʰ	n	l		ts	tsʰ	s	k	kʰ		ŋ	h	∅
漳州	p	pʰ	b	m	t	tʰ	n	l	ʥ	ts	tsʰ	s	k	kʰ	g	ŋ	h	∅
台北	p	pʰ	b	m	t	tʰ	n	l	ʥ	ts	tsʰ	s	k	kʰ		ŋ	h	∅
潮州	p	pʰ	b	m	t	tʰ	n	l	ʥ	ts	tsʰ	s	k	kʰ		ŋ	h	∅
雷州	p	pʰ	b	m	t	tʰ	n	l	z	ts	tsʰ	s	k	kʰ		ŋ		∅
坤甸	p	pʰ	b	m	t	tʰ	n	l		ts	tsʰ	s	k	kʰ		ŋ	h	∅
棉兰	p	pʰ	b	m	t	tʰ	n	l	ʥ	ts	tsʰ	s	k	kʰ	g	ŋ	h	∅

2. 元音音位特点

从元音音位来看，峇眼闽南方言共有8个元音音位，分别为：/a/ /e/ /i/ /ə/ /ɯ/ /o/ /ɔ/ /u/。峇眼闽南方言的元音音位基本上都可以在其他的闽南方言中找到对应的元音，只是整体上它是文中所列的闽南方言中元音音位最多的方言。峇眼闽南方言的单元音韵母ə跟泉州方言的ə是基本对应的，因此从元音系统来看，峇眼和泉州的闽南方言更为接近。

表2　峇眼华语和其他闽南方言的单元音韵母比较表

峇眼	a	e	i	ə	ɯ	ɔ	o	u
厦门	a	e	i			ɔ	o	u
泉州	a	e	i	ə	ɯ	ɔ	o	u
漳州	a	(ε)①	e	i		ɔ	o	u
台北	a	e	i			ɔ	o	u
潮州	a	ε	i		ɤ	ɔ		u
雷州	a	ε	i			ɔ		u
坤甸	a	e	i	(ə)	ɤ		o	u
棉兰	a	e	i	(ə)	ɤ	ɔ	o	u

①漳州话的单元音韵母ε只出现在少量的口语词中。

3. 声调特点

峇眼闽南方言有8个单字调，分别为阴平55、阳平24、阴上53、阳上44、阴去21、阳去33、阴入21、阳入54。从调类来看，峇眼跟潮州的闽南方言最为接近（印尼的坤甸通行的也是潮州腔的闽南方言），都是8个调类。从调值的情况来看，峇眼闽南方言的调值最接近台北的闽南方言。

表3　峇眼闽南话和厦门、泉州、漳州闽南话的单字调比较表

	阴平	阳平	阴上	阳上	阴去	阳去	阴入	阳入
峇眼	55	24	53	44	33	21	21	54
厦门	44	24	53		22	21	32	44
泉州	33	24	554	22	41		55	24
漳州	44	13	53		21	22	32	121
台北	55/44	24	53	33		21	32	55
潮州	33	55	53	35	11	213	21	44
雷州	24	11	31	33	55	21	55	11
坤甸	33	55	53	35	11	213	22	55
棉兰	44	24	53		11	21	22	55

三、结论

本文通过对印尼峇眼闽南方言的音系描写及比较，发现峇眼闽南方言在音系上具有闽南方言的混合特征：声母上更接近漳州方言，元音系统更像泉州方言，调类系统像潮州方言，调值表现更接近台北方言。综合其在声韵调三方面的表现，结合当地流传的峇眼先民主要来自福建同安的移民传说，加上台北闽南方言和潮州方言亦源自福建，我们将峇眼方言定性为混合性质的闽南方言应该是可信的。

【参考文献】

[1] 陈佩英.印尼丹格朗市土生华人语言研究[D].北京语言大学博士学位论文，2012.

[2] 陈晓锦.东南亚华人社区汉语方言概要[M].广州：世界图书出版广东有限公司，2014.

[3] 迪得·吴托摩.印尼华人的多元语言和种族特性[J].杨启光译.八桂侨史,1995（1）.

[4] 甘于恩,陈李茂,单珊.印尼"先达国语"调查报告[M].广州:世界图书出版广东有限公司,2016.

[5] 甘于恩,李明.印尼汉语方言的分布、使用、特点及影响[A]//甘于恩.南方语言学（第四辑）[C].广州:暨南大学出版社,2012.

[6] 高然.印尼苏门答腊北部的闽南方言[A]//李如龙.东南亚华人语言研究[C].北京:北京语言文化大学出版社,2000.

[7] 哈马宛.印度尼西亚西爪哇岛的客家话[M].北京:中国社会科学出版社,1994.

[8] 黄惠珍.印尼山口羊客家话研究[D].台湾"中央大学"客家语文研究所硕士学位论文,2008.

[9] 李秀珍.印尼客家方言研究[D].华侨大学硕士学位论文,2010.

[10] 黄素珍.印尼坤甸客家话研究[D].台湾"中央大学"硕士学位论文,2013.

[11] 黄玉琬,许振伟.印尼华人的语言状况[A]//陈晓锦,张双庆.首届海外汉语方言国际研讨会论文集[C].广州:暨南大学出版社,2009.

[12] 李如龙.闽南方言和印尼语的相互借词[J].中国语文研究,1992（5）.

[13] 李如龙.印尼苏门答腊北部客家话记略[A]//李如龙.东南亚华人语言研究[C].北京:北京语言文化大学出版社,2000.

[14] 刘文辉,宗世海.印度尼西亚华语区域词初探[J].暨南大学华文学院学报,2006（1）.

[15] 王建设.传承与变异——印度尼西亚第二代晋江人的语音特点[A]//王建设,孙汝建.第二届海外汉语方言论文集[C].昆明:云南大学出版社,2012.

[16] 吴忠伟.印尼棉兰美达村客家话词汇比较研究[D].暨南大学硕士学位论文,2014.

[17] 詹伯慧,张振兴.汉语方言学大词典[K].广州:广东教育出版社,2017.

[18] 周长楫.闽南话概说[M].福州:福建人民出版社,2010.

[19] 周长楫.闽南方言大词典（修订版）[K].福州:福建人民出版社,2015.

海内外四地华人汉语外来词抽样调查及比较*

游汝杰

复旦大学　上海　200433

【摘　要】本文为中国上海、台湾、香港以及美国华人的汉语外来词使用情况的调查报告，内容包括各地约30组外来词的抽样调查统计结果、各地特点分析、各地使用情况综合比较等。

【关键词】海外华人；海外汉语；汉语外来词

现代汉语不仅仅是中国大陆的普通话，还应该包括海内外所有华人社区的汉语及其方言。应从全球的眼光来看汉语的演变和发展，研究汉语外来词也应该有全球观点。因社会、经济、文化、历史等方面的不同，海内外不同的华人社区产生和使用的外来词，不甚相同。

2008—2016年我们曾在中国上海、台湾、香港以及美国实地抽样调查华人的汉语外来词使用情况。调查方法除采取问卷调查之外，也搜集各地华文报刊所见外来词。本文将分地报告调查结果，并比较研究各地外来词构成及使用情况。

一、美国华裔汉语外来词使用情况调查报告

我们曾于2014—2015年设计调查问卷，在美国东部调查在美国出生的华裔（ABC，即American born Chinese）汉语外来词使用情况。问卷调查由美国新泽西罗格斯大学的黄霞老师在基督教教友的帮助下实施。共调查212人，收回有效调查问卷195份。被调查者的性别女性占六成，见表1.1。年龄16—35岁的约占七成半，见表1.2。学生占八成，另有教师、护士、工程师、文员等，以"职员"总称，家庭主妇、失业和待业者以"无业"总称，见表1.3。母语以英语为大多

---

*本文为国家语委科研项目"海外汉语使用情况调查"（项目编号：WT 125）成果之一。

数，占60%以上，其次为普通话，占18%，再次为粤语，占14%。有少数是英语和普通话双语人，或者英语和粤语双语人。见表1.4。

表1.1　被调查者性别表

男	女	不明
69	118	8
35.38%	60.51%	4.10%

表1.2　被调查者年龄表

17岁以下	18—35岁	36—60岁	60岁以上
30人	150人	14人	1人
15.38%	76.92%	2.18%	0.51%

表1.3　被调查者职业表

学生	职员	无业
156	26	13
80.00%	13.33%	6.67%

表1.4　被调查者母语表

母语	人数	占比
英语	124	61.39%
粤语	30	14.85%
普通话	38	18.81%
英/汉	8	3.96%
英/粤	2	0.99%
共计	202	100.00%

我们选取同义异形的常用外来词31组，采用"自我评测方法"（self-evaluation test）调查使用情况。记分标准：常用得5分，次常用得3分，看得懂但不用得1分，看不懂也不用得0分。如有表上未列出的写法，可补写并打分。对各组词的调查结果见表1.5—1.36。

表1.5　salad

1	salad	色拉	99	21.66%
1.1			沙律	114	24.95%
1.2			色拉	229	50.11%
1.3			salad	15	3.28%
				457	100.00%

表1.6 chocolate

2	chocolate	巧克力	517	75.70%
2.1		朱古力	151	22.11%
2.2		chocolate	15	2.20%
			683	100.00%

表1.7 sandwich

3	sandwich	三明治	363	68.36%
3.1		三文治	148	22.87%
3.2		english（code switch）	5	0.94%
3.3		sandwich	15	2.82%
			531	100.00%

表1.8 brandy

4	brandy	白兰地	134	64.73%
4.1		拔兰地	73	35.27%
4.2			207	100.00%

表1.9 ice cream

5	ice cream	冰淇淋	554	83.06%
5.1		冰忌廉	65	9.75%
5.2		雪糕	28	4.20%
5.3		冰激凌	5	0.75%
5.4		ice cream	15	2.25%
			667	100.00%

表1.10 taxi

6	taxi	计程车	256	54.47%
6.1		的士	189	40.21%
6.2		出租汽车	0	0
6.3		自行车	5	1.06%
6.4		打的	5	1.06%
6.5		taxi	15	3.19%
			470	100.00%

表1.11 Benz

7	Benz	奔驰（车）	183	58.28%
7.1		宾士（车）	111	35.35%
7.2		平治（ben士）	15	4.78%
7.3		Benz	5	1.59%
			314	100.00%

表1.12 park

8	park	停车	187	60.32%
8.1		泊车	103	33.23%
8.2		park	15	4.84%
8.3		公园	5	1.61%
			310	100.00%

表1.13 disc 光盘

9	disc	光盘	190	49.22%
9.1		光盘	176	45.60%
9.2		disc	20	5.18%
			386	100.00%

表1.14 disco

10	disco	迪斯科	121	59.31%
10.1		的士高	73	35.78%
10.2		disco	10	4.90%
			204	100.00%

表1.15 Disney Land

11	Disneyland	迪斯尼（乐园）	342	55.25%
11.1		迪斯尼（乐园）	261	42.16%
11.2		迪斯耐	1	0.16%
11.3		Disneyland	15	2.42%
			619	100.00%

表1.16 motor cycle

12	motorcycle	机车	178	25.95%
12.1		摩托车	478	69.68%
12.2		motorcycle	30	4.37%
			686	100.00%

表1.17 film

13	film	胶卷	113	44.84%
13.1		菲林	91	36.11%
13.2		电影	28	11.11%
13.3		ninja	5	1.98%
13.4		film	15	5.95%
			252	100.00%

表1.18 computer

14	computer	计算机	222	25.69%
14.1		电脑	622	71.99%
14.2		calculator	5	0.58%
14.3		dinosaur	5	0.58%
14.4		computer	10	1.16%
			864	100.00%

表1.19 program

15	program	程序	120	41.67%
15.1		程序	153	53.13%
15.2		program	10	3.47%
15.3		节目	5	1.74%
			288	100.00%

表1.20 server

16	server	服务器	115	61.83%
16.1		服务器	51	22.2%
16.2		server	20	10.75%
			186	100.00%

表1.21　hacker

17	hacker	黑客	110	46.81%
17.1		骇客	100	42.55%
17.2		hacker	25	10.64%
			235	100.00%

表1.22　E-mail

18	E-mail	电邮	233	58.25%
18.1		伊妹儿	142	35.50%
18.2		E-mail	25	6.25%
			400	100.00%

表1.23　blog

19	blog	博客	125	46.64%
19.1		部落格	118	44.03%
19.2		blog	25	9.33%
			268	100.00%

表1.24　express mail

20	express mail	快递	190	66.67%
20.1		速递	90	31.58%
20.2		express mail	5	1.75%
			285	100.00%

表1.25　golf

21	golf	高尔夫球	345	74.51%
21.1		高球	82	12.71%
21.2		哥尔夫球	15	3.24%
21.3		gufcho	1	0.22%
21.4		tiger woods good sex	5	1.08%
21.5		golf	15	3.24%
			463	100.00%

表1.26 astronaut

22	astronaut	航天员	106	25.18%
22.1		航天员	305	72.45%
22.2		astronaut	10	2.38%
			421	100.00%

表1.27 Internet telephone

23	Internet telephone	网络电话	268	49.45%
23.1		网路电话	264	48.71%
23.2		Internet telephone	10	1.85%
			542	100.00%

表1.28 short message

24	short message	短信	320	68.52%
24.1		短讯	139	29.76%
24.2		简讯	3	0.64%
24.3		short message	5	1.07%
			467	100.00%

表1.29 USB

25	USB	优盘	104	38.10%
25.1		U盘	120	43.96%
25.2		行动碟	19	6.96%
25.3		USB	30	10.99%
			273	100.00%

表1.30 comsumer price index（CPI）

26	consumer Price Index	CPI	213	72.45%
26.1		消费指数	76	25.85%
26.2		consumer Price Index	5	1.70%
			294	100.00%

表1.31 mobile phone

27	mobile phone	手机	346	83.17%
27.1		移动电话	60	14.42%
27.2		mobile phone	10	2.40%
			416	100.00%

表1.32 Internet

28	Internet	互联网	128	22.98%
28.1		网路	394	70.74%
28.2		网络	5	0.90%
28.3		internet	20	3.59%
28.4		ang mong	5	0.90%
28.5		英特网	5	0.90%
			557	100.00%

表1.33 chief executive officer（CEO）

29	chief executive officer	CEO	250	79.11%
29.1		首席执行官	51	16.14%
29.2		chief executive officer	15	4.75%
			316	100.00%

表1.34 insurance

30	insurance	保险	358	82.30%
30.1		燕梳	62	14.25%
30.2		insurance	15	3.45%
			435	100.00%

表1.35 boycott

31	boycott	抵制	80	50.31%
31.1		杯葛	59	32.11%
31.2		ferguson	5	3.14%
31.3		boycott	15	9.43%
			159	100.00%

小结

与中国比较,美国华裔汉语外来词形式特点是多用英语原词、保留较老的外来词,例如"燕梳、杯葛"。但同时也有与中国融合的趋势,例如"手机"使用频率高达83.17%,此词始用于大陆,"博客"的使用频率是46.64%,这是大陆词,对应的台湾词是"部落格",使用频率有44.03%;"网路"是台湾词,使用频率70.74%。与台湾比较,美国华裔汉语更多使用与大陆相同的形式,例如"黑客、短信、U盘"等词都是大陆词,使用频率分别是46.81%、68.52%、43.96%(优盘38.10%),对应的台湾词是"骇客、短讯、行动碟",使用频率分别是42.55%、29.76%、6.95%。总而言之,美国华裔汉语的外来词与中国相比,缺少明显的个性特征,兼收并蓄各地华语的外来词形式,这从一个侧面反映各地华语在美国互相接触交流,正在熔为一炉。

二、香港大学生外来词使用情况

我们曾于2014年在香港调查大学生的语言使用情况,调查计划和调查问卷是由香港调查小组在上海设计的。香港调查小组的成员有游汝杰(复旦大学中文系)、霍四通(复旦大学中文系)、黄祖宇(复旦大学社会学系)和钱志安(香港教育学院)。参加后期统计工作的有复旦大学中文系的朱子璇、徐源、陶嘉尔和高昕同学。调查计划和调查工作由钱志安在香港实施。调查工作是在互联网上进行的。调查的对象是香港教育学院、香港城市大学和香港浸会大学的大学生,文科和理科各约一半。最后收回有效调查问卷的答卷共172份。

我们选取同义异形的常用外来词30组,采用"自我评测方法"(self-evaluation test)调查使用情况。记分标准:常用得5分,次常用得3分,看得懂但不用得1分,看不懂也不用得0分。如有表上未列出的写法,可补写并打分。对各组词的调查结果见表2.1—2.30。

表2.1 salad

1	salad	色拉	123	5.94%
1.1		沙律	790	38.15%
1.2		色拉	466	22.50%
1.3		salad	692	33.41%
			2071	100%

表2.2　chocolate

2	chocolate	巧克力	550	39.94%
2.1		朱古力	812	58.97%
		chocolate	5	0.36%
		古古力(音: gu¹gu¹lik¹)	3	0.22%
		可可	4	0.29%
		choco	3	0.22%
			1377	100.00%

表2.3　sandwich

3	sandwich	三明治	474	36.46%
3.1		三文治	806	62.00%
		sandwich	20	1.54%
			1300	100.00%

表2.4　brandy

4	brandy	白兰地	782	68.84%
4.1		拔兰地	353	31.07%
		掘烂地	1	0.09%
			1136	100.00%

表2.5　ice-cream

5	ice-cream	冰淇淋	504	35%
5.1		冰忌廉	101	7%
5.2		雪糕	834	58%
		冰果	1	0%
		冰激淋	1	0%
		冰激凌	2	0%
		软雪糕	3	0%
			1446	100%

表 2.6 taxi

6	taxi	出租车	334	20.33%
6.1		的士	848	51.61%
6.2		出租车	450	22.39%
		的	5	0.30%
		黄包车	1	0.06%
		taxi	5	0.30%
			1643	100.00%

表 2.7 Benz

7	Benz	奔驰（车）	279	19.62%
7.1		奔驰（车）	339	23.84%
7.2		Benz	776	54.57%
		ben屎	10	0.70%
		ben士	5	0.35%
		Ben屎	5	0.35%
		平治	5	0.35%
		大奔	3	0.21%
			1422	100.00%

表 2.8 park

8	park	停车	487	32.87%
8.1		泊车	796	61.90%
		埋位	3	0.23%
			1286	100.00%

表 2.9 disc 光盘

9	disc	光盘	379	31.19%
9.1		光盘	788	64.86%
		碟	15	1.23%
		c	5	0.41%
		CD/VCD/DVD	5	0.41%
		CD	18	1.48%
		disc	5	0.41%
			1215	100.00%

表 2.10 disco

10	disco	迪斯科	266	12.57%
10.1		的士高	426	28.14%
10.2		disco	822	54.29%
			1514	100.00%

表 2.11 Disney Land

11	Disney land	迪斯尼（乐园）	242	13.30%
11.1		迪斯尼（乐园）	798	43.87%
		Disney（Land）	764	42.00%
		米老鼠乐园	5	0.27%
		迪迪尼	10	0.55%
			1819	100.00%

表 2.12 motor cycle

12	motor cycle	机车	238	15.47%
12.1		摩托车	544	35.37%
		电单车	748	48.63%
		两个辘	3	0.20%
		摩托	5	0.33%
			1538	100.00%

表 2.13 film

13	film	胶卷	338	30.51%
13.1		菲林	770	69.49%
			1108	100.00%

表 2.14 computer

14	computer	计算机	266	14.57%
14.1		计算机	856	46.88%
		computer	688	32.68%
		pc	8	0.44%
		部脑	5	0.27%
		电子计算器	3	0.16%
			1826	100.00%

表 2.15　program

15	program	程序	331	12.90%
15.1		程序	708	38.29%
		program	810	43.81%
			1849	100.00%

表 2.16　server

16	server	服务器	657	32.20%
16.1		服务器	311	12.61%
		server	793	44.90%
		Ser	5	0.28%
			1766	100.00%

表 2.17　hacker

17	hacker	黑客	815	60.82%
17.1		骇客	502	32.46%
		hacker	23	1.72%
			1340	100.00%

表 2.18　E-mail

18	E-mail	电邮	728	31.79%
18.1		伊妹儿	107	4.67%
18.2		电子邮件	586	25.59%
		E-mail	854	32.29%
		邮箱	5	0.22%
		伊猫	5	0.22%
		E猫	5	0.22%
			2290	100.00%

表 2.19　blog

19	blog	博客	483	22.60%
19.1		部落格	438	25.03%
		blog	824	42.09%
		bog	5	0.29%
			1750	100.00%

表2.20 express mail

20	express mail	快递	598	43.62%
20.1		速递	767	55.94%
		EMS	5	0.36%
		宅急便	1	0.07%
			1371	100.00%

表2.21 golf

21	golf	高尔夫（球）	736	41.42%
21.1		高球	233	13.11%
21.2		golf	802	45.13%
		哥尔夫球	5	0.28%
		高夫球	1	0.06%
			1777	100.00%

表2.22 astronaut

22	astronaut	航天员	431	28.17%
22.1		宇航员	317	20.72%
		航天员	782	51.11%
			1530	100.00%

表2.23 Internet telephone

23	Internet telephone	网络电话	713	62.54%
23.1		网络电话	412	36.14%
		skype	5	0.44%
		Skype/ Viber	5	0.44%
		宽频电话	5	0.44%
			1140	100.00%

表2.24　short message

24	short message	短信	528	25.87%
24.1		短讯	666	32.63%
24.2		message	806	39.49%
		text	10	0.49%
		简讯	1	0.05%
		SMS	15	0.73%
		SNS	5	0.24%
		msg	5	0.24%
		whatsapp	5	0.24%
			2041	100.00%

表2.25　USB

25	USB	优盘	122	5.86%
25.1		U盘	275	13.21%
25.2		闪存盘	89	4.28%
25.3		手指	747	35.90%
25.4		USB	838	40.27%
		记忆棒	1	0.05%
		快闪随身碟	1	0.05%
		脚趾	3	0.14%
		pen drive	5	0.24%
			2081	100.00%

表2.26　comsumer price index（CPI）

26	consumer price index	CPI	554	44.89%
26.1		消费物价指数	680	55.11%
			1234	100.00%

表 2.27　mobile phone

27	mobile phone	手机	808	36.76%
27.1		移动电话	263	11.97%
27.2		流动电话	357	16.24%
		手提电话	730	33.21%
		手提、电话	5	0.23%
		手提	25	1.14%
		smartphone	5	0.23%
		电话	5	0.23%
			2198	100.00%

表 2.28　Internet

28	Internet	互联网	795	50.19%
28.1		网络	639	40.34%
28.2		因特网	125	2.89%
		网	15	0.95%
		Internet	10	0.63%
			1584	100.00%

表 2.29　chief executive officer（CEO）

29	chief executive officer	CEO	856	48.86%
29.1		首席执行官	246	14.04%
29.2		行政总裁	645	36.82%
		老细/大老板/老顶/老总/上面条友	5	0.29%
			1752	100.00%

表 2.30　bulletin board service（BBS）

30	bulletin board service	BBS	496	62.03%
30.1		互联网电子公告	239	32.30%
		论坛	5	0.68%
			740	100.00%

小结

（1）外来词的形式保持相对独立，例如沙律、三文治、雪糕、的士、光盘、电单车、菲林、电脑、航天员、泊车仍是最常用的。

（2）与内地的形式有融合倾向。例如：salad 原称"沙律"，今又称"色拉"，占 22.5%；sandwich 原称"三文治"，今又称"三明治"（36.46%）；ice-cream 原称"雪糕"，今又称"冰淇淋"（35%）；disc 原称"光盘"，今又称"光盘"（64.86%）。这些词原称为最常用，又称为"次常用"。

（3）较多用外语原词。例如：Benz，disc，program，server，blog，golf，E-mail，message，BBS，这些词都是最常用的。

三、台湾大学生外来词使用情况调查报告

笔者和霍四通曾在 2013 年 5 月 19—23 日在台湾台北市用调查问卷的方式，承台湾师范大学中文系钟宗宪教授接待，实地调查台湾师范大学和辅仁大学的文理各科大学生外来词使用情况，调查的样本近 500 份，收回有效问卷 448 份。调查的对象是台湾师范大学和辅仁大学本科生及少数研究生。调查问卷见附录。各项调查统计结果如下。表序按调查问卷上的问题的先后次序排列。

我们选取同义异形的常用外来词 30 组，采用"自我评测方法"（self-evaluation test）调查使用情况。记分标准：常用得 5 分，次常用得 3 分，看得懂但不用得 1 分，看不懂也不用得 0 分。如有表上未列出的写法，可补写并打分。对各组词的调查结果见表 3.1—3.30。

表 3.1　salad

1	salad	色拉	2103	88.10%
1.1		沙律	279	11.69%
1.2		色拉	0	0.00%
1.3		salad	5	0.21%
			2387	100%

表 3.2　chocolate

2	chocolate	巧克力	2173	72.94%
2.1		朱古力	610	21.88%
2.2		chocolate	5	0.18%
			2788	100%

表 3.3　sandwich

3	sandwich	三明治	2162	81.89%
3.1		三文治	473	12.92%
3.2		sandwich	5	0.19%
			2640	100%

表 3.4　brandy

4	brandy	白兰地	1869	86.49%
4.1		拔兰地	287	13.28%
4.2		brandy	5	0.23%
			2161	100.00%

表 3.5　ice-cream

5	ice-cream	冰淇淋	2178	90.64%
5.1		冰忌廉	174	2.24%
5.2		雪糕	39	1.62%
5.3		冰激淋	4	0.17%
5.4		冰激林	3	0.12%
5.5		ice-cream	5	0.21%
			2403	100.00%

表 3.6　taxi

6	taxi	计程车	2143	78.53%
6.1		的士	532	19.49%
6.2		小黄	39	1.43%
6.3		打的	1	0.04%
6.4		taxi	5	0.18%

（续表）

		cab	5	0.18%
6.5		cab	5	0.18%
6.6		运匠	3	0.11%
6.7		黑车	1	0.04%
			2729	100.00%

表3.7　Benz

7	Benz	宾士（车）	2023	84.82%
7.1		奔驰（车）	341	14.30%
7.2		朋驰	6	0.25%
7.3		Merc	5	0.21%
7.4		Benz	5	0.21%
7.5		便汝	5	0.21%
			2385	100.00%

表3.8　park

8	park	停车	2083	66.19%
8.1		泊车	1059	33.65%
8.2		parking	5	0.16%
			3147	100.00%

表3.9　disc 光盘

9	disc	光盘	2033	81.45%
9.1		光盘	433	12.35%
9.2		disc	5	0.20%
9.3		CD	25	1.00%
			2496	100.00%

表3.10　disco

10	disco	迪斯科	1717	70.22%
10.1		的士高	184	2.53%
10.2		迪斯科	534	21.84%
		disco	10	0.41%
			2445	100.00%

表 3.11 Disney Land

11	Disney land	迪斯尼（乐园）	2045	64.72%
11.1		迪斯尼（乐园）	1095	34.65%
		迪斯耐（乐园）	15	0.47%
		Disneyland	5	0.16%
		迪士耐（乐园）	0	0.00%
			3160	100.00%

表 3.12 motor cycle

12	motor cycle	机车	2102	52.30%
12.1		摩托车	1887	46.95%
12.2		电单车	25	0.62%
12.3		motor	5	0.12%
			4019	100.00%

表 3.13 film

13	film	胶卷	1555	82.71%
13.1		菲林	243	12.93%
13.2		底片	30	1.60%
13.3		影片/电影	3	0.16%
13.4		影片	31	1.65%
13.5		电影	15	0.80%
13.6		软片	3	0.16%
			1880	100.00%

表 3.14 computer

14	computer	电脑	2183	72.74%
14.1		计算机	816	22.19%
14.2		电算机	2	0.07%
			3001	100.00%

表3.15　program

15	program	程序	2055	72.98%
15.1		程序	751	26.67%
15.2		计划	5	0.18%
15.3		节目	5	0.18%
			2816	100.00%

表3.16　server

16	server	服务器	1968	76.25%
16.1		服务器	607	23.52%
16.2		主机	3	0.12%
16.3		机器	3	0.12%
			2581	100.00%

表3.17　hacker

17	hacker	骇客	2037	72.69%
17.1		黑客	585	22.31%
			2622	100.00%

表3.18　E-mail

18	E-mail	电邮	1573	33.50%
18.1		伊妹儿	1126	23.98%
18.2		电子邮件	1976	42.09%
18.3		E-mail	15	0.32%
18.4		信箱	5	0.11%
			4695	100.00%

表3.19　blog

19	blog	博客	1005	32.66%
19.1		部落格	2057	66.85%
19.2		blog	5	0.16%
19.3		网志	10	0.32%
			3077	100.00%

表 3.20　express mail

20	express mail	快递	1950	81.39%
20.1		速递	438	18.28%
20.2		宅急便	3	0.13%
20.3		限时邮件	5	0.21%
			2396	100.00%

表 3.21　golf

21	golf	高尔夫球	2065	72.30%
21.1		高球	749	26.23%
21.2		小白球	42	1.47%
			2856	100.00%

表 3.22　astronaut

22	astronaut	航天员	1929	81.74%
22.1		宇航员	431	18.26%
			2360	100.00%

表 3.23　Internet telephone

23	Internet telephone	网络电话	1266	40.47%
23.1		网路电话	1841	58.86%
23.2		skype	10	0.32%
23.3		SK	11	0.35%
			3128	100.00%

表 3.24　short message

24	short message	短信	1310	35.75%
24.1		短讯	1446	39.47%
24.2		简讯	888	24.24%
24.3		简信	5	0.14%
24.4		讯息	10	0.27%
24.5		SMS	5	0.14%
			3664	100.00%

表 3.25 USB

25	USB	优盘	430	13.89%
25.1		U盘	484	15.63%
25.2		闪存盘	212	6.85%
25.3		随身碟	1851	59.79%
25.4		USB	101	3.26%
25.5		随身碟/USB	0	0.00%
25.6		手指	10	0.32%
25.7		USB 硬体	5	0.16%
25.8		记忆棒	3	0.10%
			3096	100.00%

表 3.26 comsumer price index（CPI）

26	consumer price index	CPI	1046	40.78%
26.1		消费指数	1514	59.03%
26.2		物价指数	5	0.19%
			2565	100.00%

表 3.27 mobile phone

27	mobile phone	手机	277	82.44%
27.1		移动电话	49	14.58%
27.2		mobile phone	10	2.98%
			336	100.00%

表 3.28 Internet

28	Internet	互联网	673	14.71%
28.1		网路	2065	45.13%
28.2		网际网路	1833	40.06%
28.3		net	5	0.11%
			4576	100.00%

表 3.29　chief executive officer（CEO）

29	chief executive officer	CEO	1958	62.66%
29.1		首席执行官	884	30.55%
29.2		执行长	27	0.93%
29.3		总裁	15	0.52%
29.4		总经理	5	0.17%
29.5		首席执行长	5	0.17%
			2894	100.00%

表 3.30　bulletin board service（BBS）

30	bulletin board service	BBS	1920	79.24%
30.1		互联网电子公告	492	20.31%
30.2		电子布告栏	8	0.33%
		贴吧	3	0.12%
			2423	100.00%

小结

（1）20世纪50年代之前产生的外来词与中国大陆保持一致，例如色拉、巧克力、三明治、白兰地、冰淇淋、高尔夫球、胶卷。

（2）近年来产生的外来词，多与香港一致，例如电脑、程序、服务器、光盘、迪士尼、太空人。

（3）台湾独用（或最常用）的比较多，例如计程车、机车、部落格、骇客、短讯、随身碟、网路、迪斯科。

（4）以外语原词为最常用的比香港少，只有CEO和BBS。

（5）台湾的外来词在保持独立性的同时，也有与大陆、港澳融合的趋势，例如手机在各地都是最常用的。迪士尼在港台都是最常用的。次常用词与香港最常用词相同的有：的士、菲林、沙律、高球；次常用词与大陆最常用词相同的有：奔驰、光盘、迪斯科、摩托车、迪士尼、程序、服务器、黑客、博客、宇航员。

四、沪港异形外来词使用情况初步调查报告

我们曾于2008年12月在上海大学调查沪港同形异义外来词的使用情况。调查对象：上海大学研究生班（20人）和本科生班（30人）。供调查31组外来词。调查方法是调查问卷和自我评测法。记分标准：常用得5分，次常用得3分，看得懂但不用得1分，看不懂也不用得0分。

所谓"同义异形外来词"，是指外语原词相同、词义相同，但是在上海和香港的外来词形式不同。例如chocolate在上海通常称为"巧克力"，在香港通常称为"朱古力"。被调查者如果认为"巧克力"常用，就得5分；"朱古力"看得懂但不用，就得1分。49人调查结果综合统计如表4.1。

表4.1 沪港同义异形外来词得分及百分比表

序		写法1	写法2	英文
1		色拉	沙律	salad
	得分/百分比	229/86.74%	35/13.26%	
2		巧克力	朱古力	chocolate
	得分/百分比	250/68.87%	113/31.13%	
3		三明治	三文治	sandwich
	得分/百分比	242/79.34%	63/20.65%	
4		白兰地	拔兰地	brandy
	得分/百分比	232/90.27%	25/9.73%	
5		冰淇淋	冰忌廉	ice-cream
	得分/百分比	250/98.04%	5/0.02%	
6		差头	的士	taxi
	得分/百分比	88/34.65%	166/65.35%	
7		公共汽车	巴士	bus
	得分/百分比	244/64.2%	136/35.8%	
8		奔驰（车）	宾士（车）	Benz
	得分/百分比	240/89.55%	28/10.45%	
9		轮胎	车呔	tire
	得分/百分比	148/85.1%	26/14.9%	

（续表）

序		写法1	写法2	英文
10		停车	泊车	park
	得分/百分比	250/73.31%	91/26.69%	
11		彩屏	彩芒	color monitor
	得分/百分比	246/98.8%	3/1.2%	
12		光盘	光盘	disc
	得分/百分比	144/45.71%	171/54.29%	
13		迪斯科	的士高	disco
	得分/百分比	119/45.42%	143/54.58%	
14		迪士尼（乐园）	迪士尼（乐园）	Disney land
	得分/百分比	132/45.36%	159/54.64%	
15		开司米	茄士咩	cashmere
	得分/百分比	130/92.94%	3/2.1%	
16		盎司	安司	ounce
	得分/%	188/91.26%	18/8.74%	
17		马达	摩打	motor
	得分/百分比	222/95.28%	11/4.72%	
18		卡片	咭片	card
	得分/百分比	119/95.2%	6/4.8%	
19		胶卷	菲林	film
	得分/百分比	248/82.32%	36/12.68%	
20		计算机	电脑	computer
	得分/百分比	110/30.56%	250/69.44%	
21		手提电脑	笔记本电脑	notebook computer
	得分/百分比	179/42.32%	244/52.68%	
22		程序	程序	program
	得分/百分比	250/79.87%	63/20.13%	
23		服务器	服务器	server
	得分/百分比	152/86.86%	23/13.14%	
24		电邮	伊妹儿	E-mail
	得分/百分比	180/52.02%	166/42.98%	

(续表)

序		写法1	写法2	英文
25		快递	速递	express mail
	得分/百分比	250/62.19%	152/32.81%	
26		沙发	梳发	sofa
	得分/百分比	245/96.84%	8/3.16%	
27		高尔夫球	哥尔夫球	golf
	得分/百分比	242/82.36%	35/12.64%	
28		蹦极	笨猪跳	bungy jumping
	得分/百分比	242/99.59%	1/0.041%	
29		航天员	航天员	astronaut
	得分/百分比	244/72.22%	72/22.78%	
30		网络电话	网路电话	Internet telephone
	得分/百分比	226/78.47%	62/21.52%	
31		短信	短消息	short message
	得分/百分比	246/63.73%	136/35.60%	
32		优盘	大拇哥	USB
	得分/百分比	246/98.80%	3/1.20%	
总计	总分	6625	3194	
	百分比	68%	32%	

从表4.1可知,上海大学生对内地形式外来词的使用频率是68%,对香港形式外来词的使用频率是32%。如果将被调查者分组统计,结果如表4.2所示。

表4.2 综合比较表

	上海外来词形式	香港外来词形式
全体自测	68%	32%
上海籍学生自测	75%	25%
男生自测	74%	26%
18—20岁自测	74%	26%

在香港形式的外来词中,上海大学生最常用的是以下7个:电脑(250分)、光碟(171分)、的士(166分)、迪士尼乐园(159分)、的士高(143分)、巴士(136分)、朱古力(113分)。

小结

（1）上海大学生对香港写法的外来词，可接受程度是25%。只有极个别词是完全陌生不用的。

（2）上海大学生对内地写法的外来词使用频率为75%，明显高于香港写法的外来词。

（3）香港写法的外来词的使用频率，跟性别、年龄、母语关系不大。

（4）最常用的7个香港写法外来词是电脑、光盘、的士、迪士尼、的士高、巴士、朱古力。

五、各地外来词异同比较

（一）外来词的地域差异

在海内外不同的华人社区产生和使用的外来词，不甚相同。

有的外来词在中国大陆自20世纪50年代以来已废弃，但在海外华人社区至今仍使用。

1. 香港粤语来源的外来词

粤语	英语
曲奇饼 [khut^{7}kei^2]（小甜饼）	cookie
克力架 [hak^{7}lek^{7}ka^5]（薄而脆的饼干）	cracker
啫喱 [tsɛ^{1}lei^2]（果子冻）	jelly
威士忌 [uɐi^{1}si^{4}kei^5]（洋酒）	whisky
麦当劳 [mɐk^{9}tɔŋ^{1}lou^2]	Macdonald
肯德基 [hɐŋ^{3}tɐk^{7}kɐi^1]	Kentucky chicken
茄哩啡 [ka^{1}le^{1}fe^1]（临时演员、跑龙套）	carefree
基民 [kɐi^{1}man^2]（同性恋者）	gay
的士 [tik^{7}si^4]	taxi
巴士 [pa^{1}si^4]	bus

2. 上海话来源的外来词

上海话	英语
沙发 [so¹faʔ⁷]	sofa
引擎 [ɦiŋ⁶dziŋ⁶]	engine
马达 [mo⁶daʔ⁸]	motor
太妃糖 [tʰa⁵fi¹dã⁶]	toffee
白兰地 [baʔ⁸lɛ⁶di⁶]	brandy
香槟酒 [ɕiã¹piŋ¹tɕiɤ⁵]	champagne
加拿大 [ka¹na⁶da⁶]	Canada
卡片 [kʰa⁵pʰi⁵]	card
卡车 [kʰa⁵tsʰo¹]	car
加仑 [ka¹lən⁶]	gallon
拷贝 [kɔ¹pe⁵]	copy
模特儿 [mo²dəʔ⁸əl⁶]	model
安琪儿 [ø¹dzi⁶əl⁶]	angel
夹克（衫）[dzia⁶kʰəʔ⁷sɛ¹]	jacket
高尔夫球 [kɔ¹əl⁶fu¹dziɤ⁶]	golf

3. 台湾来源的外来词

阿莎力：说话、做事爽快利落。源自日语"あっさり"。

麻吉：事情顺利；友好、相配、有默契；亲密朋友。源自英语Match，由日本外来词Matchi转驳台湾。

卡哇伊：可爱。源自日语Kawaii。

骇客：黑客。源自英语hacher。

4. 北美华语来源的外来词

洗笼（洗衣店）：laundry

康斗（共有公寓）：condo

柏文（公寓）：apartment

摩铁（汽车旅馆）：motel

布菲（自助餐）：buffet

车拼（拼车）：carpool
分租（群租）：subdivision

5. 大陆废弃、海外沿用的外来词

杯葛（抵制）：boycott
开麦拉（照相机）：camera
燕梳（保险）：insurance
平果（对号获奖）：bingo
麦萨琪/马杀鸡（按摩）：massage
恩哥尔/安歌（再来一个）：encore
阿拉卡（定菜）：A la carte

（二）外来词始生阶段的多元化倾向

外来词最初往往见于媒体，各地华人社区各有不同的译名。始生阶段同名多译是普遍现象。

例如E-mail在各地共有7种译法；Internet有9种译法；mobile phone有10种译法。见下表。

（三）外来词的地域竞争

外来词的地域竞争在现代汉语阶段已经开始。

有的外来词在上海的写法与在广州或香港不同，现代汉语采用的是上海方言的译音。见下表。

上海写法	广州或香港写法	英文
巧克力	朱古力	chocolate
三明治	三文治	sandwich
白兰地	拔兰地	brandy
车胎	车呔	tire
迪斯科	迪士高	disco
开司米	茄士咩	cashmere
盎司	安司	ounce
马达	摩打	motor

（续表）

上海写法	广州或香港写法	英文
卡片	咭片	car
冰淇淋	忌廉	cream
沙发	梳发	sofa
高尔夫球	哥尔夫球	golf

当代汉语新生的外来词大多来自香港。源自粤语的译法渐占强势地位。再举例：

芝士（cheese）

安歌（encore）

波普（popular）

布林（plum）

大巴扎（bazaar）

假波（ball）

陪嗨妹（high）

上海话来源外来词大多废弃不用。

因政治、经济、文化原因，20世纪50年代后，英语的竞争力在上海大为减弱，与之相应的是，外来词也大多渐渐废弃不用。例如：

兰丝纱（蕾丝）：lace

派哀浦（烟斗）：pipe

里报单（报告）：report

配生（百分比）：percent

有的仅沿用于今上海，例如：混枪势（chance）、洋盘（young baby）、瘪三（pity cents）、白塔油（butter）、吐司（toast）。

香港沿用、上海废弃的外来词见下表。

旧上海外来词	香港外来词	词义	英语原词
普鲁	普罗	平民	proletarian
瓜特	骨	四分之一	quarter
恩哥儿	安歌	再来一个	encore
反身	花臣	式样	fashion
法依儿	快劳	卷宗	file
他哀	呔	领带	tie

(四）各地外来词有互相融合趋势

外来词在始生阶段有多元化倾向，然后进入互相竞争阶段，最后许多外来词又有互相融合的趋势。

例如：E-mail各地最初有7种译法：伊妹儿、伊眉儿、伊媚儿、电子邮箱、电子邮件、电邮、E-mail，互相竞争的结果，是"电邮"和"电子邮件"取得明显的优势，在各地的出现频率逐年提高。从2005年开始，各地区最常用和次常用词已趋向一致使用"电邮"或"电子邮件"。目前"电邮"和"电子邮件"势均力敌，将来的发展趋势有可能是双音节的"电邮"成为各地最常用的译法。

USB原来香港多称"大拇哥"或"手指"，台湾多称"随身碟"，但后来各地也称作内地常用的"优盘"或"U盘"。见表5.1。

表5.1　USB在各地的外来词及使用频率表（%）

	中国上海	中国香港	中国台湾	美国
优盘/U盘	99	30.79	29.52	82.06
手指/大拇哥	1.2	35.9	0.32	0
闪存盘	0	4.28	6.85	0
随身碟	0	0.05	59.79	0
USB	0	40.27	0.16	10.99
行动碟	0	0	0	6.96

Hacker在中国大陆多称作"黑客"，中国台湾多称作"骇客"，但现在中国台湾也有人使用"黑客"，而美国和中国香港两者兼用。见表5.2。

表5.2　hacker在各地的外来词及使用频率表（%）

	中国上海	中国香港	中国台湾	美国
骇客	0	32.46	72.69	42.55
黑客	100	60.82	22.31	46.81
hacher	0	1.72	0	10.64

四地最常用和次常用外来词的使用频率互相接近率见表5.3。计算的方法如下：列出每两地每一个外来词的最常用和次常用形式，计算他们在每一地的使用频率的平均值，将每两地的平均值相加，除以2，即得出这两地的接近率。

表5.3 四地互相接近率表（%）

	中国上海	中国台湾	中国香港	美国东部
中国上海	100			
中国台湾	41.44	100		
中国香港	36.84	34.63	100	
美国东部	45.87	43.54	36.17	100

从上表看，美国与中国上海的接近率是最高的，达到45.87%；其次是与中国台湾的接近率，为43.54%。

在美国华语中，中国的外来词形式具有强势地位。

美国和中国都最常用的词有：停车（park）、光盘、迪斯科、摩托车、胶卷、奔驰（Benz）、服务器、黑客、博客、快递、高尔夫、网络电话、短信。

美国与中国香港、中国台湾都最常用的词有：电脑、太空人。

美国与中国台湾都最常用的词有：网路、程式。

美国与中国香港都最常用的词有：迪士尼。

只是在美国最常用的词有：CPI。

结语

（1）外来词的数量、种类和使用情况，在海内外不同的华人社区不甚相同。

（2）外来词始生阶段具有多元化倾向。

（3）各地外来词既有竞争关系，也有互相融合趋势。

（4）调查和研究当代汉语外来词应有全球观。

【参考文献】

[1] LIVAC语料库，珠海麒麟星语言信息技术公司。

[2] 英汉商务货品词语汇编[M]. 香港：香港先施公司，1940.

[3]《上海通》编辑部. 上海通俗语及洋泾浜[M]. 上海：上海龙文书店，1945.

[4] 邹嘉彦，游汝杰. 全球华语新词语词典[K]. 北京：商务印书馆，2010.

[5] 邹嘉彦，游汝杰. 当代汉语新词的多元化倾向和地区竞争[J]. 语言教学与研究，2003（1）：12-21.

［6］游汝杰.汉语同义词的地域竞争和整合［A］//陈晓兰.经典与理论——上海大学中文系学术演讲录［C］.上海：复旦大学出版社，2009：245-262.

［7］金锡永.现代汉语外来词的社会语言学研究［D］.复旦大学博士学位论文，2011.

鸣谢：感谢朱子璇、高昕同学协助统计及制作图表。感谢黄霞老师在美国分发及收集调查问卷。感谢钱志安老师在香港组织调查。感谢霍四通老师在台北协助调查。

香港老派上海话词汇特点剖析（一）

汤志祥

香港中文大学／深圳大学

【摘　要】自20世纪30年代始不断有上海人陆续移居到香港。他们多有一定的经济、文化和社会地位，一般生活在香港的社会高层或者中层，具有散居为主、独自经营和生活的特点。

移居香港的上海人一般只在家庭内部或者同乡之间使用上海话。因此他们的上海话一般保留着他们各自时代的语言特点。

本文主要研究现年70岁左右的上海老年移民的"老派"上海话词语的特点。重点观察：（1）他们现在说的上海话里还保留了多少上海"老词语"，又流失了哪些；（2）还保留了多少上海话的词汇语法格式，又流失了哪些；（3）还保留了多少上海话的谚语和歇后语；（4）还保留了多少上海话的儿歌和童谣；（5）有多少上海话"新词语"出现在他们的语言之中。

过往几十年移民到香港的上海人的后代纷纷改说粤语，而来自上海的新移民并不多，因此对香港上海人的上海话现状的研究就具有"断代"与"抢救"的性质。

【关键词】香港；老派上海话；词汇研究；汉语词汇学；社会语言学

导言

近代成批上海人移居香港的时间大约始于20世纪30年代[①]。虽然他们的到来主要是为了躲避战乱，但同时带来了代表着近现代资本主义工商业的大批资金、技术和产品，带动了香港的经济恢复和发展。与此同时，上海人也带来了上海独有的语言、文化和生活方式，让上海人在香港逐渐享有富有、高档、讲究排场、

[①] 黄绍伦著，张秀莉译：《移民企业家：上海工业家在香港》（华人企业家个案研究），上海：上海古籍出版社，2004年。

喜欢"掼派头"的海派做派等美誉。

正因为来自上海的移民多有一定的经济、文化和社会地位，所以他们一般生活在香港的社会高层或者中层，具有散居、独自经营和独立生活的特点。因同乡之间容易联络和相互帮助的关系，早期移居香港的上海人一度聚居在香港一两个小区域，譬如，港岛的北角和九龙的深水埗。因此，这些地区有过"小上海"的俗称。而香港地区的"上海总会"和"苏浙沪同乡会"就成了来自江苏、浙江和上海的商界、政界、社交界等社会名流主要活动的社会团体和交际场所。

众所周知，在香港，粤语一直是一支独大的"强势方言"，因此移居香港的上海人在外一般都逐渐转说粤语，只在自己家庭内部或者同乡之间说上海话。因此他们的上海话较少受到粤语的直接影响，一般保留他们各自时代的语言特点。

考虑到过往几十年移民来香港的上海人的后代（尤其是第三代、第四代）纷纷改口说粤语，而新移民香港的上海人并不是很多，加之新来的上海人其上海话已经不纯粹，且多改说普通话，所以随着老一代上海人年事已高并逐渐离世，目前还说流利上海话的老一代移民已经着实不多了。为了了解、记载并研究在香港的上海话的情况，笔者自2015年7月至2017年12月，选择了一位已经移民香港40多年，年龄超过70岁的老人，对她的上海话包括语音、词汇以及语法情况进行了全面的调查，以图了解香港上海人的上海话现状。鉴于这种情况，对香港上海人的上海话现状的研究就具有"断代"与"抢救"的性质。

1. 发音人简况

姓名：李娥珍。性别：女。出生年份：1943年。出生地点：上海市黄浦区。移居香港时间：1978年。文化程度：大学。职业：香港某大学教员。语言能力：上海话、普通话、粤语。

2. 本研究对象和观察重点

主要对象：现年70岁以上的上海老年移民。

观察重点：

（1）他们现在说的上海话还保留了多少上海"老词语"，又流失了哪些；

（2）他们现在说的上海话还保留了多少上海话的词汇语法格式，又流失了哪些；

（3）他们现在说的上海话还保留了多少上海话的谚语和歇后语；

（4）还保留了多少上海话的儿歌和童谣；
（5）有多少上海话"新词语"出现在他们的口语中。

3. 本研究所依托的上海话书面语料参考书籍
（1）钱乃荣、许宝华、汤珍珠：《上海话大辞典》；
（2）钱乃荣：《上海方言》；
（3）汤志祥：《广州话、普通话、上海话6000常用词对照手册》；
（4）钱乃荣：《上海话新流行语2500条》；
（5）汪仲贤：《上海俗语图说》；
（6）孟兆臣：《老上海俗语图说大全》；
（7）钱乃荣：《上海俗语》；
（8）刘叶雄：《穿越霓虹穿越梧桐，触摸上海话》；
（9）浦东老闲话编委会：《浦东老闲话》。

一、调查香港老派上海话的词汇的语料选择

1. 调查所选语料的文献书籍、流行时段及通行地段

主要选自《上海话大辞典》《上海俗语图说》《广州话、普通话、上海话6000常用词对照手册》里通行于20世纪40年代至60年代的上海市区主体城区：黄浦区（涵盖原来的南市区）、静安区、徐汇区、卢湾区和虹口区所通行的上海话常用词语。

2. 调查所选语料的范围、词类、义类及结构

选择范围：能够反映20世纪40至60年代相对稳定与通行的上海话生活词语。

选择词类：最能反映上海社会生活的三大类"开放性"词语：（1）名词；（2）动词；（3）形容词。

选择义类：（1）社会称谓；（2）商业交通；（3）动作变化；（4）生活器具；（5）性质状态；（6）地理方位；（7）日常饮食；（8）动物植物；（9）天文气象；（10）身体医疗。

选择结构：日常生活中最为活跃的双音节和三音节词语，以及构词能力最强大动宾、偏正主谓式词语。

3. 调查所选语料的分类项目及词语数量

（1）老派上海话词汇调查：153个词语；

（2）老派上海话中新老词语交替调查：70个词语；

（3）中派上海话词汇调查：55个词语；

（4）老派上海话外来语词调查：36个词语；

（5）老派上海话俗语调查：180个词语；

（6）老派上海话谚语调查：19条词语；

（7）老派上海话歇后语调查：24条词语；

（8）老派上海话歌谣调查：13首歌谣；

（9）老派上海话重叠构词格式调查：100个词语。

二、香港老派上海话的用词特点

（一）老派上海话用词调查

1. 完好地保有的用词

所谓"完好地保有的用词"指的是：对能从词形、词义、词用三方面完全地理解、完好地使用并清晰地解释的用词①。

---

① 本研究不选择下列通行于20世纪20至40年代太老的上海话词语和俗语或者太过偏向于农村（郊县）使用的词语，如（按照书中所举例子排列）：
 a.《上海话大辞典》中的"淩泽儿、赖柴天、高墩、浜兜、汊港、地头脚跟、拦腰隔壁、报头浪、百花生日、年脚边、陈年里、日出卯时、齐夜快、光张、栲栳"等；
 b.《上海俗语图说》中的"白蚂蚁、陆稿荐、点大蜡烛、走脚路、烂香蕉、斩鲜肉、长三、解板、白板对煞、燕子窠、两头大、赶猪猡、吃血、拉黄牛、捉蟋蟀"等；
 c.《老上海俗语图说大全》中的"三点水、大物事、小房子、太平山门、开条斧、扎硬、牙签、发甲、叫开、失风、弗头俏、末老、交落、吃斗、吃屑、合药"等；
 d.《浦东老闲话》中的"一口钟、十月朝、七石缸、乃朝后、三弗时、下一肩、大样、万三句、女人妈妈、口轻荡荡、小长、小姆娘、扎作、元宝茶、毛毛叫"等。
本研究较少选择《上海话大辞典》中下列四类用词（按照书中所举例子排列）：
 a. **容易望文见义的的用词**：日食、云彩、寸金地、石板路、斜对过、送灶、老虎钳、断档、地摊、塞车、摆渡船、荠菜、糯米团、酒酿、时鲜、走油肉、罗宋帽、两用衫、爆炸头、写字楼、棚户区、瓦楞、躺椅、鱼盆、家当、保鲜袋等；
 b. **比较老旧的用词**：月牙牙、风报头、户荡、城垛子、上首、齐夜快、洋油、来路货、押账、绸缎庄、烟纸店、酱园、栈房、寄卖行、东洋车、出脚、邪狗、油煤烩、赚头、洋布、门面屋、庭心、翻轩、面汤台、骨牌凳、汤盅、洋线团、自鸣钟、方棚等；
 c. **太一般的用词**：号头、夜到、家生、铅皮、打烊、找头、开销、糕团店、救命车、獬狴、田老虫、四脚蛇、莴苣笋、夜开花、盖浇饭、汤团、烘山芋、羽纱、汗背心、假领头、宕头、门房、弄堂、石库门、晒台、阳沟、夜壶箱、被横头、搪瓷杯、饭格子、物事、雪花膏、马甲袋等；
 d. **太新的用词**：咖吧、电老虎、助动车、拼车、布林、长棍、铁板烧、跳跳糖、富纤、广告衫、蛋糕裙、花苑、凸台、搁栅、玄关、空调被、电饭煲、太空杯、日本筷、汰头膏、护手霜、美发棒、蛇皮袋、暖宝宝等。

譬如（括号内为普通话对应词或词义解释，下同）：

（1）天文、气象类：扫帚星（彗星）、霍险（闪电）、阵头雨（阵雨）；

（2）地理、方位类：塳尘（灰尘）、幺二角落（冷僻路段）、弹硌路（鹅卵石路）；

（3）节令、时间类：后首来（后来）、夜快头（傍晚）、晏歇点（一会儿）；

（4）商业、交通类：定洋（定金）、头寸（钱款）、混堂（浴室）、堂子（妓院）；

（5）动物、植物类：豁水（青鱼尾）、癞团（癞蛤蟆）、文旦（柚子）、小塘菜（小青菜）；

（6）餐饮、饮食类：饭糍（锅巴）、绞连棒（麻花）、门腔（猪舌头）、暴腌（快速盐腌）；

（7）器具、用品类：筅帚（锅台上的笤帚）、草窠（稻草编制的暖窝）、笾箕（筐子）；

（8）身体、医疗类：头胭（发旋儿）、槽头肉（颈肉）、冻瘃（冻疮）、赎药（抓药）；

（9）亲属、称谓类：公阿爹（丈夫的父亲）、婆阿妈（婆婆）、舍姆娘（产妇）、看护（护士）；

（10）娱乐、文教类：白相杆（玩具）、捉帖子（抓子儿）、立壁角（罚站）、关夜学（留校）；

（11）社会、交际类：轧道（交友）、落撬（作对）、弄松（作弄）、横东道（打赌）；

（12）动作、变化类：装戆（装糊涂）、掭空（白干、说空话）、撞腔（寻衅）、讲张（闲聊）；

（13）性质、状态类：登腔（像样）、响势（难受）、尴僵（尴尬）、搭僵（马虎）。

2. 未能完好地保有的用词

所谓"未能完好地保有的用词"指的是：已经不讲、不熟悉甚至不太明白的词。譬如：

（1）一些主要通行于农村或者郊区的词语，如：黄昏星（金星）、搬场星（流星）、饭瓜（南瓜）、河塘（小河）、水桥（河边的石阶）、云头（云层）、起阵头（乌云骤起）、六谷粉（六种谷物的混合粉）、扯蓬船（蓬船）、偷瓜精（刺猬）、豁虎跳（翻跟头）。

（2）一些流行地区不广或者较为古旧的词语，如：牵匀（均匀）、坍惫（难为情）、眼眵（眼屎）、贴准（刚好）、墙头（那儿）、咬口（烟嘴）、日逐（每天）、日间日（每隔一天）、壳张（认为）、捏骱（喻抓住要害）、着肉（贴身）、包饭作（替人定做饭菜的小商铺）、定头货（喻难缠的人）、寸金糖（一寸长的棒糖）、洋老虫（小白鼠）、洋风炉（火油炉子）。

据统计，在笔者所选用作调查的153个用词中，还能自然、流利使用的"能完整、完好地保有的"老上海话词的数量是127个，占83.01%。而"不能完整、完好地保有的用词"数量有26个，占16.99%。这说明超过八成的老派上海话用词仍均完好地在使用。

3. 从词性的角度加以观察

若从词性的角度对那153个用词加以观察，所得到的结果是：名词共98个，数量上占绝大多数，其中二音节有38个，三音节56个。动词数量次之，共30个，其中二音节有17个，三音节13个。形容词相对最少，共20个，其中二音节有14个，三音节5个。

从音节来看，三音节最多，共76个，占比49.67%多；二音节有72个，占比47.06%；四音节5个，占比3.27%。具体统计如下：

词性	数量	二音节	三音节	四音节
名词	98个	38个	56个	4个
动词	30个	17个	13个	0个
形容词	20个	14个	5个	1个
副词	5个	3个	2个	0个
总数	153个	72个	76个	5个
比例	100%	47.06%	49.67%	3.27%

各类词语按照词性以及音节分小类举例如下（括号内为普通话对应词或词义解释，下同）：

（1）名词

二音节：场化（地方）、李萄（葡萄）、泔脚（淘米水）、捻凿（改锥）、鎝饼（煎饼）、娘姨（女佣）、邮差（邮递员）、翎子（暗示）、堂倌（饭店服务员）、相好（情人）、看护（护士）、招势（面子）；

三音节：大模子（大个子）、的笃板（呱嗒板儿）、赖孵鸡（抱窝鸡）、大转弯（向左转弯）、白相人（无业游民）、老户头（老客户）、蜡烛包（襁褓）、小白脸（面首）、灶披间（厨房）、子孙桶（马桶）；

四音节：红头阿三（印度巡警）、老虎塌车（双轮平板车）、当中横里（中间）。

（2）动词

二音节：吃酸（难堪）、讲张（聊天）、着港（到手）、发嗲（撒娇）、滑脚（溜走）、会钞（付款）、厥倒（昏厥）、轧道（交友）；

三音节：摆魁劲（显傲慢）、打昏涂（打呼噜）、大勤共（做大动作）、讨扳账（讨还钱款）、做舍姆（坐月子）、横东道（打赌）。

（3）形容词

二音节：吃价（厉害）、搭僵（糟糕）、落撬（作梗）、茄门（冷漠）、沙度（疲倦）、宽舒（舒服）、尴僵（尴尬）、出趫（大方）；

三音节：嗲勿煞（臭美）、好户头（老好人）、吃清头（没分寸）、勿连牵（不连贯）、顶呱呱（最好）。

（二）老派上海话中老、新两派并存的用词使用调查

1. 老派上海话中的老、新两派并存的上海话用词

（1）本次调查选用了老、新两派上海话中并存的70个用词做调查，以观察老、新两派用词并列时所保有的老派上海话用词的情况。所选用调查的用词从词性及其音节角度观察，其分布情况如下：

词性	数量	二音节	三音节	四音节
名词	53个	24个	29个	0个
动词	11个	3个	8个	0个
形容词	0个	0个	0个	0个
副词	6个	4个	1个	1个
总数	70个	31个	38个	1个

其中名词占多数，共53个，占75.72%（如上例）；动词次之，11个，占15.71%，副词6个，占8.57%，形容词为0个。

（2）老新两派都使用本次调查所使用的用词的总数量、分类以及结果分布情况如下：

	数量	二音节	三音节	四音节
老新词都使用	59个	24个	34个	1个
占比	84.29%	34.29%	48.57%	1.43%
新派词不使用	11个	8个	3个	0个
占比	15.71%	11.43%	4.29%	0

调查显示，现在使用的老、新两派并列用词有59个，占84.29%。其中二音节24个（占34.29%），三音节34个（占48.57%），四音节1个（占1.43%）。

（3）同时都使用的老、新两派用词举例：

①名词类（破折号前是老派上海话用词，破折号后为新派上海话用词，下同）

二音节：脚桶—脚盆、眼火—眼光、雄鸡—公鸡、脚色—角色、饭抄—饭勺、热头—太阳、别杷—枇杷、冲手—小偷、火表—电表、老爹—爷爷、几化—多少、洋钉—钉子；

三音节：吃饭间—饭厅、客堂间—客厅、旺热头—大太阳、月份牌—月历、肋棚骨—肋骨、夜胡知—知了、癞蛤巴—癞蛤蟆、阴司天—阴天、手节头—手指、夜快头—夜快、寒暑表—温度计、饭师傅—厨师、幼稚园—幼儿园、上街沿—人行道、蓝印纸—复写纸；

四音节：剃头师傅—理发师。

②动词类（破折号前是老派上海话用词，破折号后为新派上海话用词）

二音节：火着—着火、收作—收拾、打棚—开玩笑；

三音节：发寒热—发烧、骂山门—骂人、寻相骂—吵相骂、吹牛三—吹牛、斩冲头—宰客、捉扳头—寻错头、寻躺势—挑衅、打金针—针灸。

（4）已经不使用的老派用词举例（括号内为普通话对应词）：

二音节：样式（样子）、蓬尘（灰尘）、曲蟮（蚯蚓）、娘姨（女佣）、壮肉（肥肉）、老爹（爷爷）、阿奶（奶奶）、日逐（每天）；

三音节：筷子笼（筷子筒）、写字间（书房）、麻将鸟（麻雀）。

2. 老派上海话中的新派上海话用词

香港老派上海话中也出现了一些新派上海话用词。以下为常见的新派上海话55个用词的使用情况。

（1）使用且明白其词义的新派用词35个，按照其词性及音节分类，其数量和占比为：

	数量	二音节	三音节
会使用词语	35个	14个	21个
占比	63.63%	25.45%	38.18%

不使用且不明白其词义的新派用词20个，按照其词性及音节分类，其数量和占比为：

	数量	二音节	三音节
不使用词语	20个	8个	12个
占比	36.36%	14.55%	21.82%

（2）按照词性划分，使用且明白其词义的35个新派用词中，词数量及其音节的分类数量和占比为：

	数量	二音节	三音节
名词	10个	3个	7个
动词	21个	8个	13个
形容词	4个	3个	1个
总数	35个	14个	21个
占比	100%	40%	60%

（3）老派上海话中的新派上海话用词举例（括号内为解释性词义）：

①名词

二音节：巴子（乡巴佬）、差头（出租车）、立升（比喻家产）；

三音节：地中海（喻秃顶）、阿德哥（比喻点子王）、老坦克（比喻老男人）、毛毛雨（比喻小意思）、马大嫂（比喻家庭主妇）、戆巴子（傻子）。

②动词

二音节：扒分（赚外快）、关脱（闭嘴）、烧香（比喻行贿）、蹶倒（傻眼）、敲定（确定恋爱关系）、撬边（做托儿）、拗断（中断交往）；

三音节：开软档（饶人）、有腔调（比喻潇洒）、汰脑子（要人改变想法）、砌墙头（比喻搓麻将）、掼浪头（说大话）、掼浆糊（胡混）、筑长城（比喻打麻将）、劈柴爿（AA制）、有立升（有资本）、有档次（有水准）、拜菩萨（比喻贿赂）、拦差头（叫的士）。

③形容词

二音节：大兴（冒牌）、顶脱（好极了）、煞根（过瘾）；

三音节：乓乓响（响当当）。

（4）不使用、不理解的20个新派上海话用词中，词数量及其音节的分类数量和比例如下：

	数量	二音节	三音节
名词	8个	2个	6个
动词	11个	6个	5个
形容词	1个	1个	0个
总数	20个	9个	11个
占比	100%	45%	55%

不使用的新派上海话20个用词举例如下（括号内为解释性词义）：

①名词

二音节：大奔（奔驰车）、屁精（娘娘腔）；

三音节：大头贴（只拍脸的自拍照）、小老公（婚外男情人）、小狼狗（男妓）、浆糊兄（混混）、癞头分（小钱）、阿土根（土包子）。

②动词

二音节：进分（赚钱）、坏分（破费）、来电（产生感情）、拉分（搞钱）、刮三（被发现）、倒搓（女追男）；

三音节：开大兴（说大话）、打开司（亲嘴）、外插花（有外遇）、拗造型（摆姿势）、搞脑子（瞎胡闹）。

③形容词

二音节：分挺（钱多）。

三、香港老派上海话的用语特点

（一）香港老派上海话的俗语使用情况

1. 能完好地保有的俗语

从这次用于调查的老派上海话175条俗语中有169条用语大体上能完好地从词形、词义、词用三方面理解、使用并解释。以下是从结构、音节两方面表述这些俗语的情况：

结构	数量	二音节	三音节	四音节	五音节	六音节	七音节	八音节	九音节	十音节
并列	20	0	0	14	2	3	0	0	0	1
补充	3	0	2	0	1	0	0	0	0	0
动宾	63	1	52	8	2	0	0	0	0	0
连动	9	0	0	0	3	3	2	0	1	0
偏正	46	0	27	13	5	1	0	0	0	0
主谓	26	0	3	5	5	1	7	4	1	0
同位	1	0	1	0	0	0	0	0	0	0
紧缩	1	0	0	0	0	0	1	0	0	0
总数	169	1	85	40	18	8	10	4	2	1
占比	100%	0.6%	50.3%	23.67%	10.65%	4.73%	5.9%	2.37%	1.18%	0.6%

应该说，175条俗语中有169个条尚能使用，其总体的保有量占比97.71%，相当高。

（1）完好保有的俗语用语

目前能完好地保有的老派上海话中的俗语保有的169条中，如果再按照词组的内部组成结构去观察，还可以看到如下描述：

①并列结构（按照汉语拼音排列，后同）

四音节：掰手掰脚、候分掐数、老吃老做、牵丝扳藤、清水光汤、三对六面、三青四绿、弹眼落睛、脱头落襻、唔大唔小、五颜六肿、嬉皮塌脸、一刮两响、阴丝促掐；

五音节：烂糊三鲜汤、嘴硬骨头酥；

多音节：哭出乌拉笑嘻嘻、一只爹一只娘、长一码大一码、大吵三六九、小吵日日有。

②动宾结构

二音节：吃药；

三音节：扳错头、扳敲丝、包打听、保身价、拆烂污、拆棚脚、撑市面、吃牌头、吃生活、吃轧头、戳壁脚、打回票、打秋风、担肩胛、弹老三、放白鸽、放野火、隑牌头、搞脚筋、掼浪头、掼派头、掼纱帽、混腔势、豁翎子、讲斤头、接翎子、睏扁头、捞横档、撸顺毛、劈硬柴、敲木鱼、翘辫子、收骨头、讨扳账、调枪花、听壁脚、通路子、卸肩胛、扎台型、轧扁头、轧苗头、轧朋友、轧一脚、照牌头、装湖羊、装榫头、做冲头、做人家；

四音节：炒冷饭头、吃麻栗子、嚼舌头根、捞锡箔灰、卖野人头、热大头昏、着连裆裤；

五音节：吃空心汤团、吃萝卜干饭、乌搞百叶结。

③偏正结构

三音节：柏油桶、拆白党、搭浆货、大块头、恶死做、弗入调、弗作兴、喇叭腔、来路货、赖学精、老法师、老甲鱼、牛皮糖、碰哭精、软脚蟹、三脚猫、偎灶猫、现开销、现世报、小乐胃、噱头势、鸭屎臭、野路子、一脚去、一帖药、一只鼎；

四音节：黄牛肩胛、空心汤团、连裆模子、毛脚女婿、蓬头痴子、千年难扳、三角礴砖、脱底棺材、小八辣子、小家败气、幺二角落、一时头浪、一塌刮子、一天世界；

五音节：空心大佬馆、死人额骨头、像煞有介事。

④主谓结构

三音节：饭泡粥、脚碰脚、人来疯；

四音节：狗皮倒灶、架子搭足、乱话三千、神智无知、竹笋烤肉；

五音节：耳朵打八折、横理十八条、浑身勿搭界、歪理十八条；

多音节：三钿不值两钿、皇帝勿急急太监、看人挑担勿吃力、马屁拍到马脚浪、年纪活勒狗身浪、手心手背侪是肉、万宝全书缺只角、瞎猫碰着死老虫、额骨头碰着天花板、痴痴头儿子自家好、眼睛生到额骨头浪、眼眼叫（调）碰着眼眼叫（调）、隔夜饭也要呕出来。

⑤连动结构

五音节：脚翘望天保、碰鼻头转弯；

多音节：买块豆腐撞死、扳手节过日脚、到啥山斫啥柴、锣鼓响脚底痒、刀切豆腐两面光、拉倒篮里侪是菜、拍脱牙齿往肚皮里咽。

⑥补充结构

拎得清、拎勿清、悬空八只脚。

⑦紧缩结构

勿识相吃辣火酱。

⑧同位结构

王伯伯。

2. 未能完好地保有的俗语用语

以下是仅有的未能完好地保有的4个俗语：

（1）主谓结构：百步吼轻担

（2）动宾结构：扛木梢

（3）偏正结构：老虎肉、七弗牢牵

（二）香港老派上海话的外来语使用情况

这次用于调查的老派上海话35条外来语中，类型、音节两方面的情况[①]如下：

结构	数量	二音节	三音节	四音节
纯音译	23	10	12	1
音译加意译	11	0	9	2
音意兼译	1	0	1	0
总数	35	10	22	3
占比	100%	28.57%	62.86%	8.57%

以上可见，我们挑选用于进行调查老派上海话外来语的语词中以三音节居多，占六成以上，二音节较少，占了近三成。四音节最少，仅仅3个，占不足一成。

1. 尚完好的外来用语

所谓"尚完好的用语"指的是大体上从语形、语义、语用三方面都能理解、使用并解释的词语。共28条，占80.00%。具体列举如下（括号中是普通话对应词和英语原词）：

（1）纯音译语

二音节：土司（吐司toast）、白脱（黄油butter）、回丝（废纱waste）、色拉（色拉salad）、抬头（头衔title）、罗宋（俄国Russian）、派司（传递、通行证pass）、派对（聚会party）；

三音节：麦克风（话筒microphone）、开司米（羊毛织品cashmis）、水门汀（水泥cement）、司的克（手杖walking stick）、拿摩温（工头number one）、梵哑林

[①]本研究较少选择《上海话大辞典》中的下列外来语词（按照书中所举例子排列）：
  a. 比较专门或新进的外来语：蜡克（清漆lacquer）、康密兴（佣金commission）、卡布奇诺（cappuccino）、马克杯（mug）、法兰盘（flange）、来苏尔（lysol）、道勃尔（double）。
  b. 早期借用的外来语：马达（motor）、沙发（sofa）、布丁（pudding）、起司（cheese）、沙司（sauce）、雪茄（cigar）、苏打水（soda）、咖啡（coffee）、可可（coco）、柠檬（lemon）、凡立丁（valitine）、派力司（palace）、开司米（cashmere）、尼龙（nylon）、蕾丝（lace）、卡宾枪（carbine）、阿司匹林（aspirin）、凡士林（vaseline）、倍司（bass）、沙蟹（show hand）。

（小提琴violin）、斯达特（启辉器starter）；

四音节：毕的生司（一无所有empty cents）。

（2）音译加意译语

三音节：老虎窗（天窗roof）、求是糖（果汁糖juice）、茄克衫（夹克jacket）、法兰绒（法兰绒flannel）、派克笔（派克钢笔parker）、热水汀（暖气片steam）、雪纺绸（雪纺绸chiffon）；

四音节：司必灵锁（弹簧锁spring）、派克大衣（大衣parka）。

（3）音意兼译语

三音节：拉司卡（末班车、最后last car）。

2. 已经不使用的外来用语

共有7条。具体列举如下（括号中是普通话对应词和英语原词）：

二音节：搞儿（守门员goal）、嘎斯（煤气gas）；

三音节：卜落头（插头plug）、披耶那（钢琴piano）、康白度（买办compradore）、隍士林（汽油gesoline）、德律风（电话telephone）。

四、香港老派上海话的用词用语调查小结

在香港，早年移民来的上海人大都有自己的事业、物业或专业。他们的生活圈、工作圈、交友圈等一般都处于香港上流社会中，并具有一定的社会、经济和文化地位。因此，香港的上海人（包括部分来自江苏、浙江的吴语区的人）普遍存有"阿拉是上海人"的地域优越感。他们喜欢同乡之间彼此聚会、宴请等，还经常"耍海派派头"或者不自觉地炫耀自己的身份。他们中的一些人虽然已经移民了近半个世纪，有部分还是散居或者独居（居住在高级地段的洋房或者别墅里），但是跟本地只会说粤语、闽语、客家语的中下层社会少有接触。调查结果显示，他们的上海话还是保持得相对较好的，能说得很流利，并且字正腔圆。

1. 老派上海话的词语系统基本保持了原来的面貌

如果仅从词汇层面观察香港老派上海话，其结果清楚地显示，香港的上海话老派词汇保持完好的多，流失的较少。

（1）从比例看，在笔者所选用作调查的153个用词中，完好保有的老上海话词的数量是127个，占比83.01%，流失率仅有16.9%。

（2）本次调查选用了老、新两派上海话中并存的70个用词，其中老派词汇保有59个，占比84.29%，流失率15.71%。

（3）老派上海话175条俗语中有169条用语能完好地保有并使用，占比96.57%，比例相当高。

（4）用于调查的老派上海话35条外来语中，保有共28条，占比80%。

2. 老派上海话的词语系统中已经有不少新派上海话词汇

从新派上海话流行语的流行角度观察，香港上海话老派词汇系统中所使用的数量和比例已经越来越高，原因是他们之中的有些人经常会回上海或走亲访友，或者观光旅游。虽然接触的多是年龄相仿的老上海人，与年轻的一代接触不多，但是上海的亲戚朋友们的上海话里已经有了一些新的词汇，从而让他们也逐渐有了一些改变。

（1）在本次调查选用的老、新两派上海话并存的70个用词中，不使用的新派词只有11个，占比15.71%。

（2）而在常见的新派上海话55个用词中，会用词语有35个，占比63.63%。

3. 老派上海话的词语系统保持的词性特点

如果从词性的特点去观察，不难发现，流失的老派词汇以名词居多，动词次之，而形容词等较少。这反应了随着时代的演进，较多的事物和称呼有了变化。取而代之的新上海话词语又以与书面语或者普通话相近的为多，这说明时代的语言变迁也是很明显的。

新派上海话用词中新的动词（包括俗语）还不少，有23个，如：扒分、有face、关脱、拗断、烧香、蹶倒、敲定、撬边、开软档、有立升、有档次、有腔调、进分、坏分、来电、拉分、刮三、开大兴、打开司、外插花、拗造型、倒搓、搞脑子。这说明现代上海社会出现的一些新的社会现象和相应说法，成为了新的俗语。老上海话只会用前面的12个，大约占了一半。

由于这项调查的发音人不多，词汇面不算广，词汇量也不算多，再加之有关情况及其统计和分析均不够深入，因而只能说明香港老派上海话的大致情况。更多的更深入的情况还有待挖掘和继续调查。

【参考文献】

[1] 钱乃荣，许宝华，汤珍珠.上海话大辞典[K].上海：上海辞书出版社，2007.

[2] 钱乃荣.上海方言[M].上海：文汇出版社，2007.

[3] 汤志祥.广州话、普通话、上海话6000常用词对照手册[M].香港：中华书局，2006.

[4] 钱乃荣.上海话流行语2500条[M].上海：汉语大词典出版社，2006.

[5] 汪仲贤撰文，许晓霞绘图.上海俗语图说（民国史料笔记丛刊）[M].上海：上海书店出版社，1999.

[6] 孟兆臣.老上海俗语图说大全[M].上海：上海社会科学院出版社，2004.

[7] 钱乃荣.上海俗语[M].上海：上海文化出版社，2009.

[8] 刘叶雄.穿越霓虹穿越梧桐，触摸上海话[M].上海：上海人民出版社，2003.

[9] 浦东老闲话编委会.浦东老闲话[M].上海：上海古籍出版社，2004.

[10] 黄绍伦.移民企业家：上海工业家在香港（华人企业家个案研究）[M].上海：上海古籍出版社，2004.

[11] 陈冠中.90分钟香港社会文化史[A]//陈冠中.我这一代香港人[C].北京：中信出版社，2013.

[12] 詹伯慧.汉语方言及方言调查[M].武汉：湖北教育出版社，2001.

印尼棉兰美达村客家话中的新增词

吴忠伟

嘉应学院文学院　广东梅州　514015

【摘　要】印尼棉兰美达村客家话词汇中,存在一批有别于祖籍地梅县客家话的新增词语。本文将美达村客家话的新增词分为"表现美达村特定生活的'特色词'""与当地兄弟汉语方言共有的新增词"两大类,进行例释论述,并探析了美达村客家话新增词产生的原因。

【关键词】美达村客家话；新增词；特色词；原因

美达村（Metal）位于印尼棉兰市（Medan）东北部,面积约10万平方米,是一个客家人的聚居地。这个地方在20世纪60年代前尚属荒芜之地,当时并无客家人居住。从历史上看,现聚居美达村的客家人,是从印尼苏门答腊岛北部亚齐（Aceh）地区的城市班达亚齐（Banda Aceh）南迁而来的政治难民及其后代。[①] 目前,美达村有400多户人家,人口约2000。

美达村客家话中的新增词,是美达村人在居住地长期的社会生活中,为适应交际的需要,与原乡本土方言相比新出现的词语,包括用旧语素创造出来的新词语及借自外族语（音译）的新词语。其主要着眼于这几个方面:一是反映了美达村异于他人的特定生活且汇聚成类使用的特色词；二是虽然词形是固有的,但其词义产生了变化而具有特色的词；三是华人根据居住地事物、现象的特征,用汉语语素构成的词。需要加以说明的是,这其中有些词从来源上说是外族语借词,但基于上述考量,我们也将之作为新增词来论述。

---

① 据美达村内部资料《印尼亚齐省华人被迫迁的经历和现状》(2007年整理):1966年起,亚齐各地中国侨民被迫陆续离开,南来到棉兰,一部分由中国政府接侨船经由棉兰港口勿拉湾接回中国,一部分则在棉兰定居下来。

一、美达村客家话中新增词的类别与内容[①]

（一）表现美达村特定生活的"特色词"

在美达村客家话新增词中，最具特色的是表现美达村特定生活的词语。这些特色词鲜见于当地兄弟汉语方言和迫迁前居住地亚齐的客家话中。

1."寮赌"类词语[②]

"寮赌［liau²¹ tu³¹］"一词，字面意为"聚在烟寮里赌博"，是美达村人的"原创词"。棉兰产烟草，用来晾晒烟叶的寮棚很多。美达村人20世纪60年代被迫迁至棉兰，无处栖身，在相当长的时期里分住在大大小小的各个烟寮中。70年代开始，美达村赌风盛行，不少人整日在烟寮里聚赌，即美达村客家人所谓"寮赌"。在当时的"烟寮"这个栖身之所，诞生并流行了一批与赌博相关的词语，如：

看水［kʰɔn⁵² sui³¹］：看守、把风，防警察来抓赌。

□□［le⁴⁴ len⁵²］：开赌人给看水人的酬劳。印尼语deren译音。

荷兰牌［hɔ²¹ lan²¹ pʰai²¹］：一种扑克牌，因荷兰人喜欢玩而得名。

搞多米诺［kau³¹ tɔ⁴⁴ mi³¹ nɔk⁵］：一种赌博类型。

打苏联［ta³¹ su⁴⁴ lian²¹］：一种赌博类型。

打牛喊［ta³¹ ŋiu²¹ ham⁵²］：一种赌博类型。

赌摇猴［tu³¹ iau²¹ heu²¹］：一种赌博类型。

摇碌［iau²¹ luk⁵］：一种赌博类型。

打九九［ta³¹ kiu³¹ kiu³¹］：一种赌博类型。

美达村人把这种赌博风气称之为"寮赌"。"寮"除指场所外，又跟客家话"嘹［liau⁵²］"（玩耍）音谐，意为"又嘹又赌"。90年代起，赌博之风逐渐得到遏制。

现在的美达村，大大小小的咖啡店有不下10家。咖啡店是居民们尤其是年长一辈喜爱的休闲地方。闲时，他们喜欢三三两两坐在咖啡店，边喝咖啡、甜茶边闲聊。"嘹"风还在，只是不再"又嘹又赌"，而是只嘹不赌了。"寮赌"一词

[①] 材料由美达村居民叶志宽、丘文浩两位先生提供，谨此致谢！
[②] 美达村客家话共6个声调，本文中调类、调值标注依次为：阴平，44；阳平，21；上声，31；去声，52；阴入，2；阳入，5。

也变为偏指"寮(嬲)"的偏义词，常用在美达村人日常生活中。如：

A：今上昼无见到你。(今天上午没有见到你。)

B：𠊎去□□[kɔ⁴⁴ pi⁴⁴]店寮赌来。(我去咖啡店聊天了。)

2. 运输工具相关的词语

棉兰是19世纪末发展起来的新兴商业城市，工商贸易活跃。外港勿拉湾（Belawan）是现代化港口，是进出口商品物资的重要集散地，也是印尼国内橡胶、烟草、剑麻和棕油的最大出口港。美达村临近通往勿拉湾的物流运输繁忙的主干线。不少美达村人看准交通运输相关行业，从事汽车租售、运输、维修、配件销售等工作。我们在调查中发现，有不少跟运输工具有关的词语活跃在美达村人的客家话中。例如：

美达村客家话	释义
牙[ŋa²¹]	汽车、摩托车档位。
泵霸[pɔŋ⁴⁴ pa⁵²]	汽车打火装置，借自印尼语pompa。
□□[kə³¹ lep⁵]	汽车动力装置中的阀门，借自荷兰语klep。
□□□□[lam⁴⁴ pu⁴⁴ tem⁴⁴ pak⁵]	汽车、摩托车前大灯，借自印尼语lamputembak。
□□□[sə⁴⁴ tiə³¹]	汽车方向盘，借自印尼语setiur。
□□[sə⁴⁴ taŋ⁵²]	摩托车车头，借自印尼语setang。
□□□□[pɔ⁴⁴ sŋ⁴⁴ nei⁴⁴ liŋ⁵²]	汽车档位把手，借自印尼语posneling。
加息时[ka⁴⁴ sit² sŋ²¹]	汽车承受载货车箱的支架，借自印尼语kasis。
机器[ki⁴⁴ hi⁵²] □□[mə⁴⁴ sin⁵²]	汽车、摩托车各个零件，借自印尼语mesin。
车油[tsʰa⁴⁴ iu²¹] □□[ɔ⁴⁴ li⁵²]	汽车、摩托车用油，借自英语oli。
□□[kə⁴⁴ taŋ⁵²]	汽车驱动装置，较圆较大，前接动力传送轴，借自印尼语gerdang。
□□□[si⁴⁴ lin⁴⁴ tet⁵]	汽车发动机圆柱状的汽缸，借自印尼语silinder。
□□□□[la⁴⁴ ti⁴⁴ a⁴⁴ tɔ⁵²]	汽车水箱，借自英语radiator。
□□□□[sə⁴⁴ laŋ⁴⁴ pi⁴⁴ pa⁵²]	汽车的输油管，借自印尼语selangpipa。

以上这些词，基本都是来自印尼、英语、荷兰语等外族语，只有表示机车零件、机车用油的，还有"机器""车油"一说。由于不少的美达村人从事运输行

业，这些词使用频繁。就表示以上的这些从基本意义的外在形式来说，这些外族语借词并不独为美达村客家话所有。其具有特色之处，在于这些借词在使用过程中大多数都由最初所指的事物产生了派生义，活用在美达村客家话中。下面我们逐一举例进行说明：

牙 [ŋa²¹]

客家话多用"牙"来形容齿状物，如轮状物上一个个的轮齿，可称"牙"。美达村客家话以之来指一个个不同的汽车档位。如："厓个电车第二牙坏了（我的汽车第二档坏了）。"使用过程中派生出"年龄、岁数"的意义，如："厓今年有七牙几了（我今年有七十多岁了）。"

泵霸 [pɔŋ⁴⁴ pa⁵²]

"泵霸"本指汽车的打火装置，打着了，汽车获得动力；否则，汽车不能发动。以此来喻指人身上最重要生命动力源——心脏，非常贴切。如："人老欸，泵霸也无用欸（人老了，心脏也没用了）。"

□□ [kə³¹ lep⁵]

"□□ [kə³¹ lep⁵]"指的是影响汽车动力的阀门，这与人的心脏的舒张泵血系统的功能非常相似。因此，在美达村客家话中，这个词也用来指人体的这一系统的功能。如：个只人面青青，唔知系唔系□□ [kə³¹ lep⁵] 漏□ [het²] 欸（那个人面色很黑，不知道是不是心脏泵血不好了）。

加息时 [ka⁴⁴ sit² sɿ²¹]

这个词本指汽车承重的支架，这一作用就像人的脊梁，支撑起全身。因此，用它来表示人的脊梁这一意义。如："厓唔 [an³¹] 老欸，加息时 [ka⁴⁴ sit² sɿ²¹] 都□ [ŋau²¹] 欸（我很老了，脊椎都弯了）。"

□□ [mə⁴⁴ sin⁵²]

"□□ [mə⁴⁴ sin⁵²]"是指机车内部的机器、零件，除此之外，在美达村客家话词汇中还用它来喻指人的内脏器官。如："佢还后生，□□ [mə⁴⁴ sin⁵²] 还靓（他还年轻，身体内脏器官还好）。"

□□□□ [sə⁴⁴ laŋ⁴⁴ pi⁴⁴ pa⁵²]、**□□** [ɔ⁴⁴ li⁵²]

前一个词指机车输油管，后一个词指管内机车油，这与人的血管和血管内的血液，形态、作用都相似，因此，也拿它们来指人的血管和血液。如："□□□□ [sə⁴⁴ laŋ⁴⁴ pi⁴⁴ pa⁵²]（或"□□ [pi⁴⁴ pa⁵²] 管"）塞□ [het²] 欸，手脚就会发麻（血管堵住了，手脚就会发麻）。""□[ŋa⁴⁴]爸个手脚唉[an³¹]常麻痹，医生话系因为□□[ɔ⁴⁴ li⁵²]唉[an³¹]浓（我爸爸的手脚经常麻痹，医生说是因为血液太浓）。"

□□□□[la⁴⁴ ti⁴⁴ a⁴⁴ tɔ⁵²]

这个词指的是汽车水箱，美达村客家话中还常比喻为人的"风箱"的肺。如："莫唉[an³¹]多烧烟，小心□□□□[la⁴⁴ ti⁴⁴ a⁴⁴ tɔ⁵²]会坏□[het²]（别抽那么多烟，小心肺会坏掉）。"

还有些词在生活中被用来当作讳饰语使用。如："□□[kə⁴⁴ taŋ⁵²]"这个词本来是指汽车中外形圆、大的驱动装置，使用中，着眼于外形上的特点，还喻指女人的臀部。如："唉[an³¹]大□□[kə⁴⁴ taŋ⁵²]，生细仔容易（那么大的臀部，生小孩容易）""寻妹仔爱寻大□□[kə⁴⁴ taŋ⁵²]个（找女孩子要找臀部大的）。"又如指称汽车前大灯的"□□□□[lam⁴⁴ pu⁴⁴ tem⁴⁴ pak⁵]"用来讳称女人胸大，指称汽车档位把手的"□□□□[pɔ⁴⁴ sɿ⁴⁴ nei⁴⁴ liŋ⁵²]"用来讳称男性的生殖器。

这些颇具特色的词语，巧妙地抓住了汽车部件与人体部位形状、功能的相似性，比喻既准确，又形象生动，极富生活情趣，展现了美达村人风趣、幽默的一面。

从词义的发展变化看，以上与汽车、摩托车相关的词语，基本上跟人体的某部位或状况相联系，以比喻的方式产生新的意义，从而形成一类词汇。这与临时的、个别的打比方是有所区别的。这一类词汇的比喻义，基本上不见于周围的外族语及兄弟汉语方言，包括不见于美达村人迁前的印尼亚齐客家话，在美达村内部却为大家普遍通用，几乎成为固定的转义。

从词的外在形式看，这些外族语借词，其语音形式基本上是全音译词，进入美达村客家话词汇后一般都顺应客家话的语音系统进行了语音转换。

3. 带有戏谑、贬义色彩的一类词语

这一类新增词，是一些带上了一定政治色彩和民族情绪的贬义词。

美达村客家话	释义
阿土哥 [a⁴⁴ tʰu³¹ kɔ⁴⁴]	谑称当地男性土著，意为土气的人。
阿土妹 [a⁴⁴ tʰu³¹ mɔi⁵²]	谑称当地女性土著，意为土气的人。
阿番哥 [a⁴⁴ fan⁴⁴ kɔ⁴⁴]	谑称当地土著。

(续表)

美达村客家话	释义
乌柴 [ʋu⁴⁴ tsʰai²¹]	谑称当地土著，意为又黑又瘦。
番猪狗 [fan⁴⁴ tsu⁴⁴ keu³¹]	贬称当地土著。
番鬼仔 [fan⁴⁴ kui³¹ tsai³¹]	贬称当地土著。

有的词虽然并非只美达村客家话所有，如"阿土哥""乌柴"，但这些词的贬义感情色彩在美达村客家话中表现得更为强烈。

（二）与当地兄弟汉语方言共有的新增词

美达村客家话的新增词中，有些是当地兄弟汉语方言棉兰闽南话、广府话共有的，如：

烟寮 [ian⁴⁴ liau²¹]：用来晾晒烟叶的简易寮棚。苏北地区盛产烟草，棉兰城郊有很多这样的寮棚。

冷棚 [laŋ⁴⁴ paŋ²¹]：供乘凉、临时休息的一种简易草棚。棉兰天气炎热，这种亭子多建于橡胶园、棕榈园路边、屋旁。

排屋 [pʰai²¹ ʋuk²]：成排相连的房屋。棉兰多见这种建筑。

排舞 [pʰai²¹ ʋu³¹]：当地人喜欢跳的一种横竖成排、整齐划一的集体舞。

店屋 [tiam⁵² ʋuk²]：指楼下作店铺、楼上住人的房屋。

山芭 [san⁴⁴ pa⁴⁴]：山林、山区或偏僻穷困地区。

蛇皮果 [sa²¹ pʰi²¹ kuɔ³¹]：一种外壳状如蛇皮的热带水果。印尼语salak。

牛油果 [ŋiu²¹ iu²¹ kuɔ³¹]：一种热带水果。印尼语alpukat。

牛心果 [ŋiu²¹ sim⁴⁴ kuɔ³¹]：一种热带水果。印尼语buahnona。

老加勒 [lau³¹ ka⁴⁴ let⁵]：喻指老妓女。"加勒"为印尼语karet（橡胶）译音。

义山 [ŋi⁵² san⁴⁴]：指华人的墓地。

这些新增词，最初是为哪种汉语方言首创，已不易考证。从词汇意义上看，多是指具有当地特色的常见事物。如"冷棚 [laŋ⁴⁴ paŋ²¹]"，棉兰是由橡胶、棕榈、烟草等种植业发展起来的城市，这种主要供工人休息、乘凉的草棚，十分常见，跟人们的生活密切相关；再如"蛇皮果 [sa²¹ pʰi²¹ kuɔ³¹]"，是当地常见常吃的水果特产。有的则反映了先辈海外生存的艰辛，如"义山 [ŋi⁵² san⁴⁴]"，是得名于当初热心人士筹资、集资埋葬离世的穷苦华工这一义举。在构词方面，多是用汉语的语素，抓住事物的形态特征，造出词语，如"排屋［pʰai²¹ ʋuk²］""蛇皮果［sa²¹ pʰi²¹ kuɔ³¹］""牛心果［ŋiu²¹ sim⁴⁴ kuɔ³¹］"等，表义既形象又准确。又如：以"老加勒［lau³¹ ka⁴⁴ let⁵］"来喻指老妓女，巧妙、含蓄且极具地方特色。在语音形式上，这些词都顺应了客家话自身的语音系统。

二、美达村客家话中新增词产生的原因

词汇是社会现实生活在语言层面的反映。美达村客家话中新增词的产生，主要有外在的环境影响和内在心理定势影响这两方面的原因。

（一）外在的环境影响

影响美达村客家话新增词产生的外在环境，包括自然环境和社会环境。一些美达村人居住地常见、熟知的事物、现象，为祖籍地所不具有或是有所不同；同时，对这些事物、现象的概念认知，明显异于外族。因而，在美达村客家话中产生了祖籍地客家话所没有的，也异于外族语的新增词汇。具体说来，主要有如下三种情况：

（1）因该事物、现象为祖籍地不见或鲜见，相关概念在印尼语中不成词而产生的新增词。如"烟寮"，这种为祖籍地鲜见的用来晾晒烟叶的寮棚，在印尼语中也没有相对应的词，如要谈及，用词组"gubuk penjemuran rokok"（"gubuk"为"小屋"，"penjemuran"为晾晒，"rokok"为烟叶）来表述。

（2）因该事物、现象不见于祖籍地，相关概念在印尼语中不存在而产生的新增词。如"义山"所指的现象不在祖籍地发生，而在印尼语中也没有相关概念。

（3）因该事物、现象为祖籍地不见，在印尼语中虽有对应的词，但基于概念认知的差异，构词理据明显不同而产生新增词。与拼音文字的印尼语不同，汉语的构词讲究"意合"，如依次对应印尼语"salak""alpukat""buahnona"的"蛇皮果""牛油果""牛心果"这些词，是着眼于事物的形状、质感"意合"成词。

美达村人从原居住地亚齐被迫迁至现居住地之初，失去了原有的物业，没有房屋，没有工作，被印尼政府当局边缘化，只能住在烟寮里。生存的艰难在一定程度上助长了某些村民的消极情绪，滋长了赌博风气，因而当时流行一批赌博一类的新增词。20世纪80年代中期起，不少美达村人开始从事与汽车运输相关的

工作,所以相关的词语渐渐为大家所熟知、常用,并在使用过程中给这些词赋予了生活情趣。如前面的举例,成为美达村日常使用的新增词。

(二)内在的思想意识影响

带有戏谑、贬义色彩的一类新增词的产生,主要与美达村人的思想意识密切相关。

从历史上看,不管是荷兰殖民统治时期还是印尼独立后,华人远离中国本土,南渡到印尼谋生,其生存发展道路都是非常艰辛的。美达村人对此感受尤为深刻。即使是在今天,华人族群与印尼其他族群之间仍存在着一定程度的矛盾和隔阂,这在老一辈华人身上表现得更为明显。美达村人是在20世纪60年代从苏门答腊岛北端的班达亚齐(Banda Aceh)逃难南迁而来的,所以在美达村、棉兰当地的华人话语中,"难民"一词的常用义是"美达村人"。他们至今还习惯以"难民"代称"美达村人"。我们在美达村跟村民交谈时,一些老一辈的华人对当年逃难的情形、生存斗争的经历仍记忆犹新,悲愤情绪溢于言表。此外,在意识形态上,印尼原住民生活慵散、安于现状的思想与华人勤俭进取、居安思危的观念格格不入。所有这些,都在美达村客家话新增词中留下了印记。像前面举例中的"番鬼仔[fan^{44} kui^{31} tsai^{31}]""番猪狗[fan^{44} tsu^{44} keu^{31}]""阿土哥[a^{44} tʰu^{31} kɔ^{44}]"等这些词语,以"鬼""猪""狗"等来喻指当地土著,以"土"来暗指他们民智未开。这些用词,联系心理认知层面来解析,正是上述思想意识、观念在词语中的反映。

这些特定条件下产生的带有戏谑、贬义色彩的一类美达村客家话新增词,正是美达村人长期以来艰辛的生存、发展境遇沉淀在心理认识中的内在思想意识和在语言层面上的影射。

三、结语

印尼棉兰的美达村客家话离开母体方言已有100多年。从内部看,对于祖籍地原乡的客家话,美达村客家话既有传承,也有异于本土的发展变化。在发展变化上,一个重要的方面是:一批反映美达村人现居住地特定生活的新增词,出现在美达村客家话日常词汇中。这些异于本土的客家话词汇,正是美达村客家话在脱离祖籍地原乡客家方言后产生变异的具体表现。总的来说，这种现象产生的根本原因，是美达村客家人现居住地与祖籍地的自然环境、社会环境的不同所形成的思维认知上的差异在词汇上的反映。

【参考文献】

［1］陈晓锦.马来西亚的三个汉语方言［M］.北京：中国社会科学出版社，2003.

［2］陈晓锦.泰国的三个汉语方言［M］.广州：暨南大学出版社，2010.

［3］陈晓锦，甘于恩.第四届海外汉语方言国际研究会论文集［C］.广州：世界图书出版广东有限公司，2016.

［4］甘于恩，李明.印尼汉语方言的分布、使用、特点及影响［A］//甘于恩.南方语言学（第四辑）［C］.广州：暨南大学出版社，2012.

［5］黄雪贞.梅县方言词典［K］.南京：江苏教育出版社，1995.

早期《葡汉辞典》中所见粤语词汇

陶原珂

广东省社会科学界联合会　广东广州　510635

【摘　要】第一部《葡汉辞典》编于1583—1588年，编者罗明坚和利玛窦是在澳门、广州、肇庆学得汉语的。他们编该辞典时还是汉语学习者，"二人正处在熟悉语汇，扩大词汇量，尤其是使用新句型的阶段"。辞典的第三栏为汉字，绝大部分出自一个中国本地人之手。由于编者是在粤语地区学习汉语，而且与本地汉人合作完成辞典的汉语部分，因此，这部外国传教士署名编纂的《葡汉辞典》自然夹杂有不少粤语词汇，无意中保留了16世纪末粤语若干日常语汇的遗迹。其中，有的属于名物之称的，如"村婆、煮饭婆、马齿苋、监、善鸡、大肚、茶盅、朝、头髓"等；有的表示动作，如"屙尿、磨利、惊怕、缩沙、嗽、冇、戏（嗘）处、曲躬、怕羞"等，或表示动态的，如"赶倒、行开、做起"等；有的表示指代，如"谁人、几大"等；还有一些属于短语，如"照道理、打恶浊、水大、食晚饭"等。虽然所举实例中，有的并非粤方言专有，却都明显与普通话所代表的北方话说法不同，而为今日粤语仍然保留使用。

本文通过全面梳理其中明显属于粤方言的词汇，希望对当时传教士所接触和接受的粤语词汇及其对汉语系统掌握的情况有所认识，有所帮助。

【关键词】葡汉辞典；粤语；词汇；传教士

罗明坚（Michele Ruggicri，1543—1607）与利玛窦（Matteo Ricci，1552—1610）编撰的手稿《葡汉辞典》是他们学习汉语具体的一步，也是他们发展在华传教众多努力中的一个有机部分。[①]按笔迹研究的结果看，"该辞典葡萄牙文条目

---

① 魏若望：《序言》，罗明坚（Michele ruggieri）、利玛窦（Matteo Ricci）：《葡汉辞典》，里斯本：葡萄牙国家图书馆/东方葡萄牙学会/利玛窦中西文化历史研究所，2001年，第87页。

中从D到Z为罗明坚所写"。"该辞典的罗马注音显然为意大利语系统，由利玛窦写成。"但是，就具体的词语标记看，"这部辞典的罗马注音出自罗明坚之手，而不是利玛窦之手"。①而"本辞典的第三栏为汉字，其中绝大部分出自一个中国本地人之手"。②

由于利玛窦主要是在粤语区（澳门、广州、肇庆等地）学习汉语的，其所请来协助的这位"中国本地人"，也很有可能是懂官话的粤语者，所用汉语就难免受当时粤语的影响，在本辞典的汉字栏留下当时粤语的印记。虽然时隔400年，官话和粤语都会有所变迁，但是，把历史文本与当今的普通话及粤语相对照，其中仍然可以看到若干存在于今日粤语而不用于普通话的表达方式，由此可以识别今日粤语从400前已经存留下来的成分。为此，本文按今日标准粤语广州话作为对照鉴定其中是否属粤语的依据，把这部《葡汉辞典》中不为普通话所用的粤语表达方式梳理出如下几个方面。其中，前面标⑧的字词，是今天广州话仍然使用而普通话不用或语义不同的字词。

一、单音节词

由于《葡汉辞典》的词目是葡文，中文词语在辞典里是作为释文出现的，其中粤语特有的字词是夹杂于官话（共同语）词语中的。我们例举词条时把葡文、官话和粤语字词一并列出，而在粤语字词前用⑧标示。这里整理、分列为如下两组：

（1）brado⑧嗷［喊］、嚷、叫；cobrircama盖、复、⑧蒙、蔽、⑧冚；ferver煮、⑧滚；cásere⑧监、牢；desencarcerar；⑧放监、⑧出监、脱狱、出禁；cedo早、⑧朝；criá家人、⑧仔；valer值、⑧低［抵］；desapegar⑧除、脱了、⑧除下了；desbarretar脱巾、脱帽、⑧除帽、解帽；desenfiar解下吊死的、⑧除下缢死的。

其中，按葡文原词bradar有"哭喊"的语义③，"嗷"如果采用现代汉语规范

---

① 魏若望：《序言》，罗明坚（Michele ruggieri）、利玛窦（Matteo Ricci）：《葡汉辞典》，里斯本：葡萄牙国家图书馆/东方葡萄牙学会/利玛窦中西文化历史研究所，2001年，第87页。
② 魏若望：《序言》，罗明坚（Michele ruggieri）、利玛窦（Matteo Ricci）：《葡汉辞典》，里斯本：葡萄牙国家图书馆/东方葡萄牙学会/利玛窦中西文化历史研究所，2001年，第88页。
③ Franz Wimmer: *Michaelis Illustrated Dictionary: Portuguese-English*, São Paulo: *Comp. Melhoramentos de São Paulo*, P186. 据此，bradar义为1. to cry, call, hollo, shout, bawl; 3. to cry for help, clamour, vociferate.

字，应当作"喊"①。在今天广州话里，"㊊蒙"的意思是"遮盖"，"㊊冚"的意思是"（用薄物）覆盖"。"㊊滚"和"煮"只是部分同义（该辞典还出现动补结构的复合词"㊊煮滚"），今天广州话"㊊滚"表示短时烧沸煮成的意思，如"㊊滚鱼片汤（普煮鱼片汤）"，普通话"㊋滚"没有"煮"的意思。今天广州话"㊊监"作名词，普通话说"㊋牢"。今天广州话"㊊朝"可单用（普通话不单用），指上午（如"㊊一朝、二朝"意思是"一个上午、二个上午"，"㊊成朝唔见人"意思是"整个上午看不到人"）；或构成复合词，如"㊊朝早、朝头早"，意思是"早上、早晨"。今天广州话"㊊仔"指（某家的）"男孩"，《现代汉语词典》将这个义项作为方言词（"崽"的异体字）收入词条，但普通话通常不用；按葡语criá指寄养于别人家的孩子，与今日广州"㊊仔"的含义略有出入。"值"这个意思，《广州话词典》写作"抵"，普通话不用"㊊低［抵］"表示值得。今天广州话仍用"㊊除"表示"㊊脱去、解下"义（例"除裤放屁——多此一举"），普通话不用。

（2）descobrir se 说出、言来、㊊话来；desuiar sé ㊊行错路；emborcar 翻转、㊊扑转；corredor② ㊊会走/趋（跑）；gargantua 大食；guloso 贪食；gulas 贪食、爱食；escasso 舍不得食；capar ㊊善【骟】；capão ㊊善鸡；carneyrocapado ㊊善绵羊；capas ㊊善的、劁—割阳物。

例（2）给出的是在组合词语中显现的单音节粤语词的用例，其中的"㊊话来"中的"话"，同今天广州话"㊊话"的动词用法，在普通话里"㊋话"只作名词或名词性语素。今天广州话"㊊扑转"也是"翻转过来"的意思；"㊊扑"或写作"㊊仆"，还可以单用，意思是"扒卧"，如"㊊仆喺张台度（扒在桌子上）"③。今天广州话"㊊走"保留了古汉语"古走"的"跑"义项④，而广州话的"㊊行"相当于普通话的"㊋走"，如"㊊唔好走，慢慢行"（普不要跑，慢慢走）。普通话表示"吃食"的动词义，可单说"㊋吃"，而不说"食"；今天广州话则说"㊊食"，这一字之差在例中已反映出粤语的影响和分殊。"㊊骟"在今天广州话不限于"㊊骟马"，同时，"劁"也通行；"㊊善鸡"《广州话词典》写作"骟鸡"。

---

① "嗽"有dàn和hǎn两读，前者同"啖"，后者同"喊"。参见《汉语大字典》，成都：四川辞书出版社，武汉：湖北辞书出版社，1993年，第286页。"嗽"在《广州话词典》读gem²，并不用"啖、喊"两义，而是释义为"这样、……似的"，又相当于普通话结构助词"地"或"了"。参见《广州话词典》，广州：广东人民出版社，1997年，第201—202页。
② corredor释作"善跑的"。参见《简明葡汉词典》，北京：商务印书馆，1995年，第240页。
③ 饶秉才、欧阳觉亚、周无忌：《广州话词典》，广州：广东人民出版社，1997年，第67页。
④ 参见《古汉语常用字字典》，北京：商务印书馆，1979年，第339页。

以上单音节粤语词出现在释义语中,足以说明协助完成这部《葡汉辞典》的本地人,其书面语表达严重受到粤语影响或干扰。

二、复合构词

汉语词汇构成的历史是从古代以单音节词为主,向近、现代以双音节(以至多音节)词为主发展的。在现代外来文化影响下复合词大量涌现之前,这个词汇发展趋势在近代已经产生出相当可观的复合词[①]。在复合词产生和发展过程中,粤语和汉语共同语之间的差异和分化同样有所表现。这在《葡汉辞典》所用的粤语复合词中便可见一斑。例如:

(3) cofeicoar[石宿]沙(今粤缩沙); curva cousa粤曲躬; copadeouro粤茶盅; celebro[②]粤头髓; endoideçer粤发颠、狂; esfriar粤摊冷; fazer mão rolar变面、粤反脸; folgar粤游宸、玩耍; Galante粤齐整; tratarse bem粤齐整; pregar粤讲古; sermão粤讲古; dedo mínimo粤尾指; luva粤手袜; moça粤伢宰、丫头; rapaz粤伢仔、童; caduco粤老颠; sogra粤外母; relogio粤时辰钟; de maa feizaô粤酶样、不好样; orinar小便、粤屙尿。

其中,所列葡文cofeicoar查无此词,但是,"[石宿]沙"当为粤语词,今写作"粤缩沙",《广州话词典》释作"临阵退缩、打退堂鼓"。"粤曲躬"义为"鞠躬",其复合理据义和葡文curva cousa(弯曲的动作)相当。"粤茶盅"义为"茶缸子",今天老派广州话仍然使用。今天粤语的"粤头髓"与葡语cérebro(大脑、头脑)的原语词义相比,有一些变化,除了老派广州话仍有"脑袋"义之外,还发展出"用头顶球"的语义。"粤发颠"今《广州话词典》写作"粤发癫",就是"发疯、发狂"之义。"粤摊冷"今天广州话又说"粤摊冻",义为"普晾(liàng)凉(liáng)"(食物等)。"粤反脸",《广州话词典》写作"粤反面",意思都是表示对人态度骤变的"翻脸"。"粤游宸"至今是老派广州话的说法,《广州话词典》收有"粤夜游神",应当是承袭此义。"粤齐整"在今天广州话仍然与普通话"普整齐"的语义相当,而语素次序颠倒。"粤讲古"在今天广州话与葡文pregar和

[①] 参阅王力:《汉语史稿》(下),北京:中华书局,1980年,第五十五节"鸦片战争以前汉语的借词和译词"。
[②] 原文celebro拼写有误,当为cérebro,义为"大脑、头脑"。参见周汉军、王增扬、赵鸿玲、崔维孝编:《简明葡汉词典》,北京:商务印书馆,1994年,第182页。

semão所含"布道"义有差别，只限于讲故事或讲古旧之事。广州话的"㊁尾指"是指五指中的小指，"㊁手袜"则是指手套。"㊁伢宰、伢子"与今天分别表示女幼婴和男幼婴的老派广州话"㊁伢孭女、伢孭子①"音、义近似，普通话里没有相近的说法。今天广州话仍然用"㊁老颠"来形容人的衰老状，略带贬义。今天广州话"㊁外母"仍指妻子的母亲，即普通话的"㊁岳母"。今天老派广州话"㊁时辰钟"是指时钟，通常能报时。广州话"㊁羞样"指样子丑，是形容词，能被副词"㊁认真"修饰，构成"㊁认真羞样"（样子十分丑）。"㊁屙尿"至今仍然是广州话日常口语的说法，虽然也常见"小便"这样文气的说法。

另外有一些复合结构，其中某个语素呈现出粤语特有的语义或特有的搭配。例如：

（4）embrene temps②㊁挂住；apartamento㊁行开（今：分开、离开、离去）；de passada㊁行过；empanturrar repleto灌满、㊁入满；levantar se㊁起伸；partir por㊁起伸；madrugar㊁早起伸；crescer水涨、㊁水大；dar a bomda打水、㊁扯水；espigo㊁刀利、利钐；manga㊁衫袖；manteo㊁衫领、护领；ospedar㊁人客、宾（今hóspede）；refrescar㊁吹凉、放凉；torto㊁屈曲、弯曲；algum（今alguém）甚么人、㊁谁人；espantadiço㊁惊怕、骇然、惊骇；aldeão村夫、㊁野老；aldea malher（今malho）；㊁村婆；baldear㊁马齿苋；baixacousa所在、㊁戏处（喺处）。

其中，"㊁挂住"在今天广州话里，除了仍可以表示挂念爱恋之人之外，还可以表示更为广泛的长幼亲情之间的挂念。"㊁行开"表示走开，"㊁行过"表示走过；普通话表示行走义的"㊁行"没有这样的动补搭配结构。"㊁入满"至今是广州话"㊁入"有别于普通话"㊁入"的动补复合构词，普通话说"㊁装满"。今天广州话仍说"㊁起伸"，或写作"㊁起身"，表示起床或站起来。今天广州话"㊁水大"是指（河道等）涨潮，"㊁扯水"已较少用，是指从水井把水打上来。广州话"㊁刀利"表现出"㊁利"可以在主谓复合词结构中充当谓的部分，而在普通话"㊁利"只充当修饰成分。广州话"㊁衫袖、衫领"对译成普通话为"㊁衣袖、衣领"，表现出"㊁衫"在广州话复合词结构里可充当修饰部分，而在普

---

① 参见白宛如：《广州方言词典》，南京：江苏教育出版社，1998年，第15页。
② 原文embrene temps有误，按"㊁挂住"的语义，当为embeiçado，义为爱上（某人）的、爱着（某人）的。
参见周汉军、王增场、赵鸿玲、崔维孝编：《简明葡汉词典》，北京：商务印书馆，1994年，第344页。

通话复合词结构里"㊗衫"只充当被修饰成分。广州话"㊐吹凉"是"动+形"的复合结构,普通话的"㊗吹"后接动词性语素(如"㊗吹拂、吹动")或后接名词性语素(如"㊗吹风、吹台")。"㊐屈曲"是老派广州话的说法,今天广州话一般用"弯曲",与普通话同。"㊐谁人"在今天广州话里似乎只见于童谣,或有"乡下"味。"㊐惊怕"至今仍使用。"㊐野老、村婆"都是老派粤语"村夫、村妇"的说法,略带贬义色彩。"㊐马齿苋"则是一种苋菜的粤语称名。"㊐喺处"意思是"所在某处",今天"㊐喺处"已经发展为可以表示进行的助词。①

例(4)所列的标㊐复合词反映出,400年前的粤语和共同语之间的词汇分化已经在许多复合词结构搭配方式中出现了。

三、短语结构

从短语的构成中,也反映出粤语因素的存在。可分为两类,一类是语义复合性的短语,一类是功能搭配性的短语。例如:

(5)debon condigrô㊐好情性;colinheiros cu㊐煮饭婆;doudice㊐讲颠话、矇矇话;apurado整干净;bamgueteador(今bamquetear)㊐整筵席、排宴;desde começo;㊐先前起、原先起。

其中,"㊐好情性"即"好性情",今天广州话仍可听到。"㊐煮饭婆"也仍有说的,这个复合短反映出"㊐—婆"含贬义。"㊐讲颠话"的"颠"与普通话"疯"相比较,略带贬义。"㊐整筵(宴)席"在今天广州话里也比"做宴席"更具口语感,反映出"㊐整—"后接较具体名词,这是普通话"㊗整—"没有的"制作"义项。按葡文desde começo的复合结构,义为"从开始起""㊐先前起"的复合结构已经含有此介宾结构的意思。又如:

(6)de cado a rado㊐起头到尾;alcansar(今alcançar②);㊐赶倒—来得;quanto;㊐几多、多少;quantidade㊐几大、几长;inferior dai ele小过他、是他小;menor㊐小过他、他是小的;maior㊐大过;㊐大过他、㊐近过他;ir como queiras㊐即管去;repetir㊐再讲过、另讲。

---

① 参见陶原珂:《能愿表意范畴》,《广州话表意范畴研究》,北京:北京师范大学出版社,2018年。
② 以下标"今"均参考周汉军、王增扬、赵鸿玲、崔维孝编:《简明葡汉词典》,北京:商务印书馆,1994年;Franz Wimmer: *Michaelis Illustrated Dictionary, volumn II Portuguese-English*,Comp. Melhoramentos de São Paulo,1961.

其中，"⑨起头到尾"即"从头到尾"，但该辞典并不见有用"从……"介宾结构的表达，以上例（5）的最后一例"⑨先前起"也不用"从"。"⑨赶到"意思是能赶得到，反映出此时的"⑨—到dou³³"为助词，表示前面的动词行为有能力或可能实现。"⑨几多、几大、几长"反映出"⑨几—"是构成表示程度复合词语的语素，普通话的"⑪几"没有这个用法。"⑨小过他、大过他、近过他"等，是今天粤语的比较结构，普通话不用；但是，今天粤语不用"他"，而用"⑨佢"，该辞典不见用"⑨佢"。"⑨即管去"中的"⑨即管"，《广州话词典》释作"尽管、只管"，今天广州话仍使用。"⑨再讲过"意思是"另讲（吧）"，表示对未来行为"讲"的预设，其中"⑨再……过"的搭配，普通话不用。

另外，还有一些结构既不用于普通话，也不见于今天的粤语，反映了过渡的情况。例如：

（7）paser pases 把草他食；ressurgir 回生（⑨翻生）；ressusisctar 救回生（⑨救翻生）；tornar 回来（⑨返来）。

其中，虽然"把草他食"的主要动词已经用"⑨食"，而不用"⑪吃"，但是其结构格式"把+名1+名2+动"，并没有发展成今天的粤语形式，而在普通话中则发展成"把+名1+给+名2+动"，即"把草他食"的格式发展成普通话是"⑪把草给他吃"。而"回生、回来"中的"回"，在今天广州话中已经由"⑨翻"或"⑨返"代替。

从以上的梳理和分析可以看出，400年前助编《葡汉辞典》的那位本地人所操的粤语，在辞典释义文本中留下了深刻的词语印记。该辞典虽然尚未完全编成，但已经列示5500个词条（正文5416条+补列84条）配有中文对译词语，其中含有明显为今日粤语保留而不用于普通话的词语有341处，减去重复粤语词，大概使用了310个粤语词，约占正文词条的6.3%。

如果从编者个体的言语构成来看，粤语因素夹杂于共同语文本中，作为共同语文本的补充——即以共同语为主、以粤语为辅，严重影响着他对共同语的掌握和运用。而从所夹杂粤语词语的构成来看，这些粤语词语以单音节实语素为基本元素而体现出粤语词汇构成的特色，并且大多数保留使用至今，表现出很强的生命力。由此可见，粤方言与共同语的语词差异也是源远流长的。

浅析东干语动态助词"哩"*

宋 歌　马辉芬

北方民族大学　宁夏银川　750030

【摘　要】本文重点分析东干语动态助词"哩"的语法意义，根据对语法形式的分析，发现"哩"是表示完成体的语法标志，常附在动词后表示"动作已经完毕"的语法意义，常附在形容词后表示"结果已经产生"的语法意义。本文归纳其出现的主要句法位置及结构，同时综合分析东干语动态助词"哩"与东干语语气词"哩"的共现合用和兼用两种情况的使用特点。

【关键词】东干语；动态助词；哩

东干语动态助词"哩"的语法功能与普通话颇为相似。现代汉语普通话已不使用"哩"，而在东干语中"哩"一直以来都是非常活跃的助词，是东干语所有词类中非常重要且不可或缺的一部分。同时动态助词"哩"常常与句末语气词"哩"合用及兼用，用法比较固定，也是东干语语言表达上的特色之一。笔者通过对其研究可以归纳总结东干语动态助词"哩"的主要用法，以及动态助词"哩"与语气词"哩"在共用、兼用情况上的主要用法。本文语料来源于《东干民间故事传说集》《雪花儿》《你不是耶提目》三本东干语文学作品。

一、"哩"表示的动态

"哩"是东干语中的动态助词，所谓助词，胡裕树认为助词的共同特点是附着在词或词组上边，表示一定的附加意义。①黄伯荣、廖序东认为助词的作用是

---

* 本文为2018年北方民族大学校级课题"回族经堂语与东干语比较研究"（项目编号：2018XYSWS03）研究成果。

① 胡裕树：《现代汉语》（重订版），上海：上海教育出版社，2011年。

附着在实词、短语或句子上面表示结构关系或动态等语法意义。①可以看出，助词是虚词，必须附着在实词后表达语法意义，并且可以表达动态的语法意义。东干语"哩"作为动态助词的主要句法位置也是附着在实词后，一般附着在谓语中心语后，主要是动词和形容词，表达动态。

所谓动态，黄伯荣、廖序东认为动态指动作或性状在变化过程中的情况，是处在哪一点或哪一段上。动态，不是表示事件发生的时间。它可以表示事件在过去、现在或者将来的动态。动态又叫"体"或"情貌"。②李小凡认为动态是观察动作发展和变化的过程所区分的体貌类型，分为完成体、持续体、进行体等。动态的语法标记主要是助词。③综合参考以上两种观点以及前人的研究成果，我们认为东干语动态助词"哩"是主要附着在动词和形容词后表达完成体的助词，其中"完成"包括两层含义，一层含义指动作在某一参照点已经完毕；一层含义指动作在某一参照点已经产生某种结果。

二、东干语动态助词"哩"具体分析描写

东干语动态助词"哩"的用法主要是东干语中甘肃方言的用法，把"哩"作为表示完成的动态助词已是当代东干语甘肃方言的标准用法。"哩"出现的句法位置多样，本文列举"哩"的主要句法用法并分析其在具体语境中的语法意义。

（一）动词+"哩"

（1）两个朋友把饭吃哩，把茶喝哩；

（2）穆萨打活上回来，把手洗哩；

（3）海麦嫂子心呢过不去的说哩；

（4）朋友带笑的回答哩。

"哩"在动词后出现并在句末时，往往是助词"哩"和语气词"哩"兼用的情况。下面仅分析其作为动态助词使用特点，兼用情况下文再分析。通过以上例句我们发现，例（1）"哩"表示动作"吃""喝"的完成，例（2）表达动作"洗"

---

① 黄伯荣、廖序东：《现代汉语》（增订四版），北京：高等教育出版社，2007年。
② 黄伯荣、廖序东：《现代汉语》（增订四版），北京：高等教育出版社，2007年。
③ 李小凡：《苏州方言语法研究》，北京：北京大学出版社，1998年。

的完成，例（3）表达动词"说"的完成，例（4）表示动词"回答"的完成。

（二）"哩"在动词和它的宾语之间

（1）老婆儿打花儿田子呢摘哩一把子杂样的花儿；

（2）他们家呢可添哩一口子人；

（3）我们宰哩两个鸭子；

（4）赛姐儿拿来哩一沓子书，给给朋友。

通过以上例句我们发现，"哩"在动词和宾语之间表明该动作已经完成。例（1）表示"摘"这一动作的完成，例（2）表示"添"这一动作的完成，例（3）表示"宰"这一动作的完成，例（4）表示"拿来"这一动作的完成。"哩"在这样的情况下，构成"动词+哩+宾语"的结构。

（三）"哩"在动词和动量补语之间

（1）赃官把张大杰的院可看哩一遍；

（2）在那候儿念哩六个月的书他回来哩三遍；

（3）猛虎把头摆哩三回。

从以上例句我们发现，"哩"附在动词后，并且"哩"后有动量补语，表示动作发生的次数。例（1）表示"看"动作完成了一遍，例2表示"回来"完成了三遍，例（3）表示"摆"完三回。例（1）是东干语中常构成"施事+把+受事+动词+哩+动量补语"结构。

（四）"哩"在动补结构和它的宾语之间

（1）爷爷打口袋子呢掏出来哩一把炒下的落花生带给孙子给的，说的；

（2）姑娘打口袋呢掏出来哩一个三层子盒盒儿；

（3）他那拆哩三十个橡塔儿（橡子），取出来哩三十个元宝。

上述例句，例（1）表示动作"掏"的完成，并且"一把炒下的落花生"已经产生"掏出来"的结果。例（2）表示动作"掏"的完成，并且"三层子盒盒儿"已经产生"掏出来"的结果。例（3）表示动作"取"的完成，并且"三十个元宝"已经产生"取出来"的结果。"哩"在这样的情况下，一般动词后的补语补充说明动作行为的状态，补语后加"哩"强调了动作完成后产生的结果，构成"动补结构+哩+宾语"的结构。

（五）形容词 + "哩"

上文提到，"哩"在东干语中表示"完成"，包括两层含义。我们认为"哩"在东干语中表达动作在某一参照点已经产生某种结果最典型的表现，就是通过"哩"直接附着在形容词后表达的。这样的句子往往是形容词做主要谓词，其前面再无动词，表达的意思却相当于结果补语的表达。这种情况，形容词前往往能补出来一个表示动作或变化的动词，形容词就降为补语。正因为这样，"哩"是可以表示"结果已经产生"的完成体。"哩"在形容词后出现往往也是助词"哩"和语气词"哩"兼用的情况，下面先分析其作为动态助词的使用特点，兼用情况下文再分析。例如：

（1）咱们也老哩，我也当哩奶奶哩么，不羞吗？
（2）黑哩，月亮出来，天气冷的，人都打颤呢；
（3）果子红哩。①

通过上述例句我们发现，例（1）"老"的前面可以补出一个动词"变"，"变老"表示一种结果，即生理上变化的结果，"哩"表示已经产生"老"的结果。例（2）形容词"黑"前可以补出一个动词"变"，表示"天色变黑"这一结果的产生。例（3）形容词前可以补出一个动词"变"，"哩"表示已经产生"红"的结果。

三、东干语动态助词"哩"和句末语气词"哩"的共现合用

东干语中存在很多动态助词和句末语气词"哩"同时出现在一个句子里的现象，并且以出现在联合式双音节合成词中为特色。在共现合用时，可以更好地体现其表达的不同语法功能。根据前人的研究，东干语语气词"哩"主要表达事态语气，即整句话的事态发生变化，表达事情的已经发生或新情况的出现，同时兼表情态语气。"哩"作为动态助词，主要表达动态，即动作在某一参照点的完

---

① 王森、王毅、王晓煜：《中亚东干话调查研究》，北京：商务印书馆，2015年，第250页。

毕或产生某种结果。为了更好地体现"哩"在句子中的语法功能，下面我们在一个句子中对比分析，将动态助词"哩"记为"哩1"，语气词"哩"记为"哩2"，下文同。

（一）在动宾结构前后共现同用

（1）走到路上阿丽腾给朋友说哩1心底呢的话哩2；
（2）赛姐儿一声没出，听哩1朋友的话哩2；
（3）听的汽车出哩1大门哩2，赛麦打房呢出来，把大门关住；
（4）老婆儿舍不得的问哩1孙女儿哩2；
（5）我再一声没出，听哩1嫂子的话哩2。

从上述例句中我们发现，例（1）"哩1"表示"说"的完成，即"说完"；"哩2"表示"说哩心底呢的话"情况已发生，同时表达叙述说明的语气。例（2）"哩1"表达"听"已完成，即"听完"；"哩2"表示全句的事态变化，即"听哩朋友的话"情况已发生，同时表达叙述说明、不容置疑的语气。例（3）"哩1"表达"出"的完成；"哩2"表示全句的事态变化，即"汽车出哩大门"情况已发生，同时表达叙述说明语气。例（4）"哩1"表达"问"的完成；"哩2"表示全句的事态变化，即"问哩孙女儿"情况已发生，同时表达叙述说明、确实如此的语气。例（5）"哩1"表达"听"的完成，"哩2"表示全句的事态变化，即"听哩嫂子的话"情况已发生，同时表达叙述说明、确定的语气。

（二）在联合式双音节合成词中间共现合用

（1）伟大节气的后晌，法姐儿连自己的女朋友们早早儿就回哩1家哩2；
（2）打列宁格勒转回家，拿俄罗斯语言他在学堂呢给娃们教哩1书哩2；
（3）老婆儿喊哩一声，狗娃儿退哩1后哩2。

以上例句是东干语中较有特色的一种，往往这一类联合式合成词是动词。我们认为如果按照动态助词"哩"和语气词"哩"各自的语法功能分别去解释还有所欠缺，因为这种"A哩B哩"的结构从整体上看可以表达一种动作行为的过渡情况，因此我们把这种结构视为一个整体，从总体上表达了动作的完成。

例（1）"回哩家哩"表示这一动作行为从"没回家"到"回家"状态的过渡。例（2）"教哩书哩"表示这一动作行为从"没教书"到"教书"状态的过渡。例（3）"退哩后哩"表示这一动作行为从"没退后"到"退后"状态的过渡。东干语这样的结构很常见，比如"去哩世哩""赌哩咒哩""参哩加哩""离哩别哩""留哩神哩"等，结构整体上表达事件的完成。

四、东干语动态助词"哩"和句末语气词"哩"兼用

东干语中动态助词"哩"和语气词"哩"存在兼用的情况，一般附在句末成为一个融合体。这种兼用主要有以下两种情况，为方便叙述，与上文一致，动态助词"哩"记为"哩1"，语气词"哩"记为"哩2"。例如：

（一）动词 + "哩"

（1）女亲家气哼哼的回答哩1+2；
（2）昨个儿我把大妈见哩1+2。

上述例句，"哩"身兼两职。例（1）"哩"既表达了动作"回答"的完成，又表达了事态语气，即全句事态的已然性，即"女亲家气哼哼的回答"情况已发生，同时包含叙述说明、肯定的语气。例（2）"哩"既表达了动作"见"的完成，又表达了事态语气，即"我把大妈见"情况已发生，并且状语"昨个儿"再一次强调了事件的已然，表达了肯定的语气。

（二）形容词 + "哩"

（1）时候儿到哩1+2，高田水果都熟哩1+2；①
（2）我妈老哩1+2，受不下来气哩。

上述例句，例（1）有两个"哩"，第一个"哩"在动词"到"后，"哩1"表达"到"的完成，"哩2"表达事态语气，即"时候儿已经到了"。第二个"哩"附在形容词"熟"后，可以在"熟"前加一个动词"长"，"熟"降为补语，补充说明"熟"，"哩1"表达"熟"的结果已经产生。"哩2"表达全句的事态发生变化，即"高甜已经熟了"，同时表达叙述说明、确定的语气。例（2）"哩1"表达"老"的结果已经产生，"哩2"表示事态的已然性，含有叙述说明的语气。

---

① 王森、王毅、王晓煜：《中亚东干话调查研究》，北京：商务印书馆，2015年，第250页。

五、结语

根据上文分析，采取语法形式与语法意义相结合的方法，描写了东干语动态助词"哩"在主要句法位置的使用特点，得出结论"哩"是表达完成体的语法标志。归纳了"哩"出现的主要结构，分析了动态助词"哩"与语气词"哩"的共现合用，其中在联合式双音节合成词中的共现合用最为体现东干语语言表达特色。最后分析了动态助词"哩"和语气词"哩"的兼用情况。这种情况"哩"一般出现在句末动词和形容词后。可以说，"哩"在东干语中是一个十分重要的虚词，表达多种语法意义，对语言表达的明确性有着不可替代的作用。

【参考文献】

[1] 黄伯荣，廖序东.现代汉语[M].北京：高等教育出版社，2007.

[2] 胡裕树.现代汉语[M].上海：上海教育出版社，2011.

[3] 李小凡.苏州方言语法研究[M].北京：北京大学出版社，1998.

[4] 王森，王毅，王晓煜.中亚东干话调查研究[M].北京：商务印书馆，2015.

[5] 李福清.东干民间故事传说集[M].上海：上海文艺出版社，2011.

[6] 林涛，崔凤英.雪花儿[M].北京：中国科学文化出版社，2008.

[7] 阿依莎·曼苏洛娃.你不是耶提目[M].广州：世界图书出版广东有限公司，2019.

[8] 王景荣.东干语、汉语乌鲁木齐方言体貌助词研究[M].天津：南开大学出版社，2008.

[9] 张悦.基于小型语料库的东干语助词研究[D].新疆大学硕士学位论文，2017.

[10] 瞿燕.明清山东方言助词研究[D].山东大学博士学位论文，2006.

[11] 张鹏.《海上花列传》动态助词研究[D].江西师范大学硕士学位论文，2016.

[12] 王淇.《儒林外史》动态助词研究[D].山东师范大学硕士学位论文，2014.

[13] 霍苗苗.兴县方言助词研究[D].山西大学硕士学位论文，2013.

[14] 李淑霞.《清平山堂话本》动态助词研究[D].四川师范大学硕士学位论文，2005.

多元文化背景下美国华人的语言方言取向[*]

陈晓锦　任士友

暨南大学文学院汉语方言研究中心　广东广州　510635

【摘　要】 本文以美国旧金山、洛杉矶、纽约、芝加哥、波特兰、圣安东尼奥和休斯顿等地华人的调查问卷为依据，通过对受访华人年龄、性别、祖籍地以及对语言方言的了解和掌握情况的整理，总结了美国华人有关语言方言取向的一些信息，并将其与马来西亚华人的语言状况比较，认为在美国主流语言英语的强势影响下，以及在逐渐强势的汉语普通话的冲击下，美国华人社区的汉语方言会出现逐渐衰退的趋势。

【关键词】 美国华人；汉语方言；语言状况

地处北美洲的美国是一个移民国家。三亿多美国人中，除了原著民及其后代，还有来自世界各地的移民及其后裔。作为一个多元文化的国家，美国综合国力强盛，在经济上和文化上对全球都有重要的影响。英语是美国的主流语言，全美有80%的人只说英语。除此之外，西班牙语、夏威夷语以及法语等也被新墨西哥州、夏威夷州、路易斯安纳州分别作为主要语言来使用，西班牙语还是美国民众普遍使用的第二外语。就使用人数来说，英语与西班牙语位居前两位，第三位则是汉语（包括普通话，粤方言台山话、广府话）。[①]美国华人主要使用的汉语方言是粤方言广府话和台山话，同时也有闽东方言福州话、客家话以及少量其他汉语方言。

华人要融入美国主流社会，就必须掌握英语。而随着中国的改革开放，华语

---

[*] 本文系国家社科基金重点项目"美国华人社区汉语方言与文化研究"（项目批准号：14AYY005）的阶段性成果之一，笔者衷心感谢协助调查的美国华人。

[①] 关于美国语言状况的资料和数据来源于维基百科。

（汉语普通话）在世界范围内得到了推广，美国华人社区的汉语方言也受到了华语的巨大冲击。因此，华人的语言方言取向在很大程度上决定了作为华人社区文化载体的汉语方言在美国华人社区的盛衰。

本文通过随机问卷调查的形式，将收集到的128份关于美国华人语言方言取向的调查表整理分析，从而对美国华人社区的语言方言现状作出评判。问卷调查涉及美国旧金山、洛杉矶、芝加哥、纽约市、波特兰市、圣安东尼奥以及休斯敦等7个城市。

一、关于调查问卷

以下是我们提供的调查问卷：

美国华人语言方言使用情况调查表
Questionnaire on Languages and Dialects Used by American Chinese

英文姓名 Name in English：_____　　中文姓名 Name in Chinese，if any：_____
年龄 Age：___ under 20　　20—30　　31—40　　41—50　　51—60　　over 60
性别 Gender：_____　出生地 Birthplace：_____　祖籍 Ancestral homeland：_____

1. 是第_____代美籍华人 Generation of Chinese immigrants：_____
2. 受教育程度 Level of education（请选择 Please circle ONE that applies）：
   A. 小学 Elementary school　　B. 初中 Junior high　　C. 高中 High school
   D. 大专 College　　E. 研究院 Graduate school　　F. 其他 Others
3. 在学校里有没有修过中文课 Did you take Chinese course? 有 Yes/没有 No
   多久 For how long _____
   什么时候 When?（可选择多项 Please circle ALL that apply）：
   A. 小学 Elementary school　　B. 初中 Junior high　　C. 高中 High school
   D. 大专 College　　E. 研究院 Graduate school　　F. 其他 Other
4. 有没有上过周末中文学校 Did you attend weekend Chinese school? 有 Yes/没有 No
   什么时候 When? _____　　多久 For how long? _____
5. 汉语课本的名字 Name of the Chinese textbooks used：_____
   教授的语言 Language taught：
   A. 普通话 Mandarin　　B. 广州话 Cantonese　　C. 其他 Other _____
   汉字使用 Characters used：
   A. 只用简体 Simplified　　B. 只用繁体 Traditional　　C. 简繁体并用 both
   拼音使用 Romanization：
   A. 汉语拼音 Pinyin　　B. 注音符号 Phonetic Symbols　　C. 耶鲁拼音 Yale

6. 母语 Mother tongue：
   - A. 粤语（广州）Yue（Guangzhou）
   - B. 粤语（台山）Yue（Taishan）
   - C. 粤语（石岐）Yue（Shiqi）
   - D. 闽语（台湾）Min（Taiwan）
   - E. 闽语（福州）Min（Fuzhou）
   - F. 北方话 Northern dialect
   - G. 上海话 Shanghai dialect
   - H. 客家话 Hakka
   - I. 英语 English
   - J. 其他 Other _____

7. 对母语的掌握程度 Mastery of the mother tongue：

   听 Listening：
   - A. 完全听不懂 Unable to understand at all
   - B. 能听懂一点 Can understand a little
   - C. 听懂日常会话 Can understand daily conversations
   - D. 听懂新闻 Can understand news

   说 Speaking：
   - A. 完全不会说 Unable to speak at all
   - B. 会说几句 Can speak a little
   - C. 能谈论日常生活 Can talk about daily life
   - D. 能作演讲 Can give a presentation

   读 Reading：
   - A. 完全看不懂汉字 Unable to read characters
   - B. 看懂基本汉字 Can read basic characters
   - C. 看懂日常文字 Can read daily writings
   - D. 看懂中文报纸 Can read Chinese newspaper

   写 Writing：
   - A. 完全不会写 Unable to write at all
   - B. 只会写自己的名字 Can write own Chinese name
   - C. 会写便条 Can write a simple note
   - D. 会写中文文章 Can write Chinese essay

8. 是否被父母要求讲母语 Did your parents require you to speak your mother tongue?
   - A. 是 Yes
   - B. 不是 No
   - C. 看情况 It depends

9. 在家庭中使用母语的情况 The use of the mother tongue at home：
   - A. 全说母语 Use it all the time
   - B. 常常说 Use it frequently
   - C. 偶尔说 Use it occasionally
   - D. 不说 Never use it

10. 工作（或在校学习）使用母语的情况 The use of mother tongue at work or in school：
    - A. 全说母语 Use it all the time
    - B. 常常说 Use it frequently
    - C. 偶尔说 Use it occasionally
    - D. 不说 Never use it

11. 与亲戚朋友交往时使用母语的情况 The use of mother tongue when contacting relatives & friends：
    - A. 全说母语 Use it all the time
    - B. 常常说 Use it frequently
    - C. 偶尔说 Use it occasionally
    - D. 不说 Never use it

12. 如果有孩子，是否要求他们讲母语 Do you require your children, if any, to speak your mother tongue?
    - A. 是 Yes
    - B. 不是 No
    - C. 看情况 It depends

13. 除母语外，你会说的语言或方言 Languages/dialects that you can speak besides your mother tongue：
    - A. 粤语（广州）Yue（Guangzhou）
    - B. 粤语（台山）Yue（Taishan）
    - C. 粤语（石岐）Yue（Shiqi）
    - D. 闽语（台湾）Min（Taiwan）
    - E. 闽语（福州）Min（Fuzhou）
    - F. 北方话 Northern dialect
    - G. 上海话 Shanghai dialect
    - H. 客家话 Hakka
    - I. 英语 English
    - J. 其他 Other _____

14. 你日常使用得最多的语言或方言 Your most frequently-used language or dialect in daily life：

 A. 粤语（广州）Yue（Guangzhou）   B. 粤语（台山）Yue（Taishan）

 C. 粤语（石岐）Yue（Shiqi）   D. 闽语（台湾）Min（Taiwan）

 E. 闽语（福州）Min（Fuzhou）   F. 北方话 Northern dialect

 G. 上海话 Shanghai dialect   H. 客家话 Hakka

 I. 英语 English   J. 其他 Other _____

15. 你说哪种语言或方言最流利 Which language or dialect that you speak the most fluently?

 A. 粤语（广州）Yue（Guangzhou）   B. 粤语（台山）Yue（Taishan）

 C. 粤语（石岐）Yue（Shiqi）   D. 闽语（台湾）Min（Taiwan）

 E. 闽语（福州）Min（Fuzhou）   F. 北方话 Northern dialect

 G. 上海话 Shanghai dialect   H. 客家话 Hakka

 I. 英语 English   J. 其他 Other _____

16. 过华人节日 Chinese holidays that you celebrate（可选择多项 Please circle ALL that apply）：

 A. 春节 Chinese New Year   B. 中秋节 Mid-autumn festival

 C. 端午节 Dragon boat festival   D. 元宵节 Lantern festival

 D. 清明节 Qing Ming festival   D. 其他节日 Other festivals

17. 吃中国食物 Chinese foods that you often eat（可选择多项 Please circle ALL that apply）：

 A. 米饭 Cooked rice   B. 饺子 Dumplings

 C. 点心 Dim sum   D. 月饼 Moon cake

 E. 粽子 Wrapped dumplings   F. 粥 Porridge

 G. 中式汤 Chinese soups   H. 其他 Others _____

18. 你会说多种方言的原因 Reasons that you can speak dialects（可选择多项 Pleasecircle ALLthatapply）：

 A. 家里教的 Acquired at home   B. 学校教的 Learned at school

 C. 跟朋友学的 Learned from friends   D. 工作时学的 Learned from work

 E. 其他 Others _____

非常感谢您的帮助和支持！
Thank you very much for your help and support！

               日期：_____ 年 ___ 月 ___ 日

             Date（yyyy/mm/dd）：_____ / ___ / ___

  我们的受访者主要是祖籍广东四邑地区和广府地区使用粤方言的华人，也包括少量祖籍地为中国其他省份的华人。问卷内容除了被调查者的年龄、性别、出生地、祖籍地等基础信息以外，还包括了华人的受教育程度、对母语方言掌握及使用情况、对母语方言的态度以及与文化层面等相关的18个问题。

二、关于基本信息的统计分析

通过问卷,我们整理了如下图表:

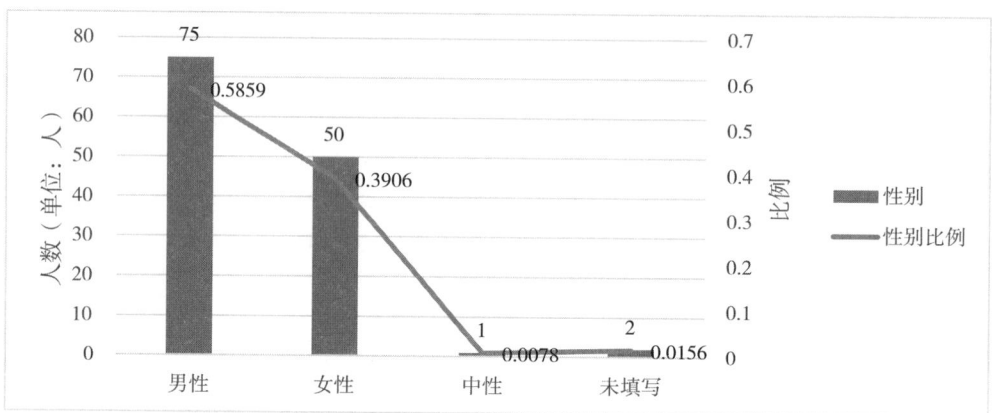

(注:128份问卷中,男性75人,女性50人,中性1人,未填写的2人。)

图1 受访者性别统计

表1 受访者代别与年龄统计

代别	第一代[①]	第二代	第三代	第四代	未标出	合计	比例
<20岁	3	24	3	0	6	36	28.13%
20—30岁	7	17	0	0	0	24	18.75%
31—40岁	2	6	0	1	0	9	7.03%
41—50岁	6	1	0	0	1	8	6.25%
51—60岁	14	2	0	0	3	19	14.84%
>60岁	24	5	0	0	2	31	24.22%
未标出	1	0	0	0	0	1	0.78%
合计	57	55	3	1	12	128	100.00%
比例	44.53%	42.97%	2.34%	0.78%	9.38%	100.00%	

受访者中,第一代华人57人,占受访者的44.53%;第二代55人,占42.97%;第三代3人,占2.34%;第四代1人,占0.78%,未标出代别的12人,占9.38%。其中,小于20岁的36人,占受访者的28.13%;20—30岁的24人,占18.75%;31—40岁的9人,占7.03%;41—50岁的8人,占6.25%;51—60岁的

[①] 表中"第一代"指在中国出生然后移民美国的华人,第二代以上的华人指在美国出生长大的华人。

19人，占14.84%；60岁以上的31人，占24.22%；未标出年龄的1人，占0.78%。

表2 广东省籍祖籍地归属

地名	惠州	惠阳	东莞	台山	龙川	大鹏
人数	4	3	1	23	1	1
比例	3.13%	2.34%	0.78%	17.97%	0.78%	0.78%
地名	广州	佛山	广东	宝安	潮州	新会
人数	6	1	9	3	3	7
比例	4.69%	0.78%	7.03%	2.34%	2.34%	5.47%

128位受访者中，祖籍地为广东省的有62位。其中，填写台山的23人，占全部受访者的17.97%；广东省9人，占7.03%；新会7人，占5.47%；广州6人，占4.69%；惠州4人，占3.13%；惠阳、深圳宝安、潮州各有3人，各占2.34%；东莞、龙川、深圳大鹏、佛山分别有1人，各占0.78%。

通过对以上图表的整理，可以获得以下一些信息：

（1）受访者以男性居多，占比超过一半。

（2）从年龄和代别上看，各年龄段的受访者都有，其中最多的是小于20岁的人。他们基本上属于第二代华人，父母多是中国改革开放后的移民。年龄大于60岁的基本上属于第一代华人。

从受访者的祖籍地看，有以下几个特点：

（1）祖籍地还是以广东、福建两省为主，其中又以广东四邑地区最多。

（2）除广东、福建两省外，还有湖北、江西、四川等地。

（3）有1/4的人将祖籍地直接写为中国。

华人的迁移史告诉我们，最初赴美的基本都是广东珠江三角洲四邑一带的人，以说粤方言为主。目前，"与早期赴美的华人移民相比，当代美国华人新移民的来源地更具多元化。他们不但来自中国大陆，而且来自大中华经济圈，以及越南、柬埔寨、马来西亚和拉丁美洲等地"。因此，美国华人社区的汉语方言种类也会有增多的可能，闽东方言福州话在纽约唐人街的发展就是一例。

绝大多数受访者只能将祖籍地填写为中国省、市一级的行政单位，很少能将祖籍地准确无误写出。这说明在填写者的意识里，祖籍地只能用一个大的概念来概括。

三、关于母语认同的相关统计

表3　母语认同

语言或方言	粤语	闽语	客家话	北方话	四川话	普通话	英语	未填写
人数	78	10	13	3	1	7	20	9

认同粤语为母语的最多，有78人，其次是客家话、闽语，分别有13人、10人，普通话和英语也有一定的人数，尤其是英语，甚至成为了仅次于粤语的第二选项。需要说明的是，我们的受访者通常都会讲粤方言。

受访华人中有13位将自己母语归为不止一种语言或方言，其中，将客家话和英语、普通话和英语、闽语和英语、粤语和北方话、粤语和闽语填写为母语的各有1人，将粤语和客家话填写为母语的有2人，将粤语和英语填写为母语的有6人。这与受访者是多语多方言使用者有关。

受访华人选择的不同也与他们对自己方言具体归属的不同认知有关。华人对汉语方言都有自己的习惯称谓。比如，在马来西亚，华人把粤方言称为"广东话"，把福建厦、漳、泉一带的闽南话称为"福建话"。在美国华人社区，粤方言作为主要通行的方言，影响力很大。这使得一些祖籍地不是粤方言地区但会讲粤语的华人，也认可粤语为自己的母语，因为这是他们从小就学习使用的汉语方言。

从年龄段来看华人的母语认同，如下表。

表4　不同年龄段的母语认同

年龄段	<20岁	20—30岁	31—40岁	41—50岁	51—60岁	>60岁	未填写
粤语	13	16	6	3	17	23	0
闽语	4	3	0	0	0	2	1
客家话	2	2	2	1	3	3	0
普通话	6	1	0	0	0	0	0
英语	11	4	3	0	0	2	0
北方话	2	0	0	0	0	1	0
四川话	0	0	0	1	0	0	0
未填写	3	1	0	3	0	2	0

可以看出：

（1）认同粤语为母语方言的，在任何年龄段都占优势。

（2）将普通话或英语作为母语的基本分布在小于30岁的年龄段，只有两位大于60岁的华人将英语归为母语。

目前，受访者大多数仍视粤语、客家话以及闽语为母语。然而，随着汉语国际影响力的提升以及英语的强势影响，可以预见，在未来，美国华人，特别是年轻一代，会更多地使用英语和华语，汉语方言则会呈现弱化的趋势。

四、关于日常使用汉语方言的统计

下图2、3、4显示，在家庭交流中，华人使用母语方言的频率还是比较高的，选择"全说"或"常常说"的两者相加占78.13%。在亲朋交往中，华人使用母语方言的频率则相对要低一些。选择"全说"或"常常说"的人有60.15%。超过六成的人选择使用母语方言，说明方言仍是维系族群内部交流的重要纽带。相反，在工作学习中，选择"全说"或"常常说"的人只有35.94%，明显低于前两者。这证明无论工作或学习，除了华人自主的企业有些差异，英语都是不二的选择。

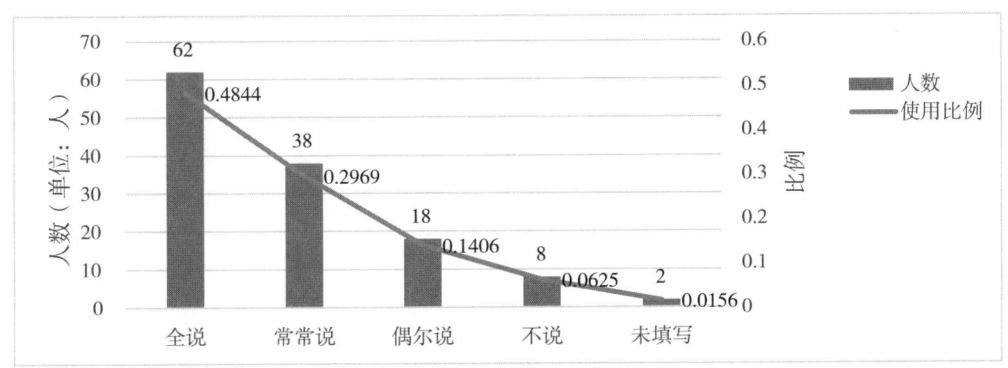

图2　在家庭中使用母语情况

选择在家庭中"全说"母语方言的有62人，占全部受访者的48.44%；选择"常常说"的38人，占26.69%；选择"偶尔说"的18人，占14.06%；选择"不说"的8人，占6.25%；未填写的有2人，占1.56%。

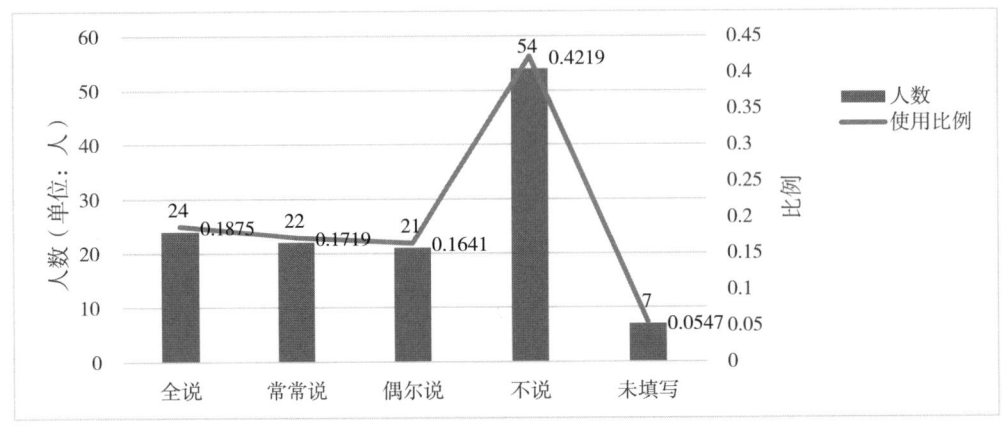

图3 工作或在校学习使用母语情况

在工作或学习中,选择"全说"母语方言的有24人,占受访者的18.75%;选择"常常说"的22人,占17.19%;选择"偶尔说"的21人,占16.41%;选择"不说"的54人,占42.19%;未填写的7人,占5.47%。

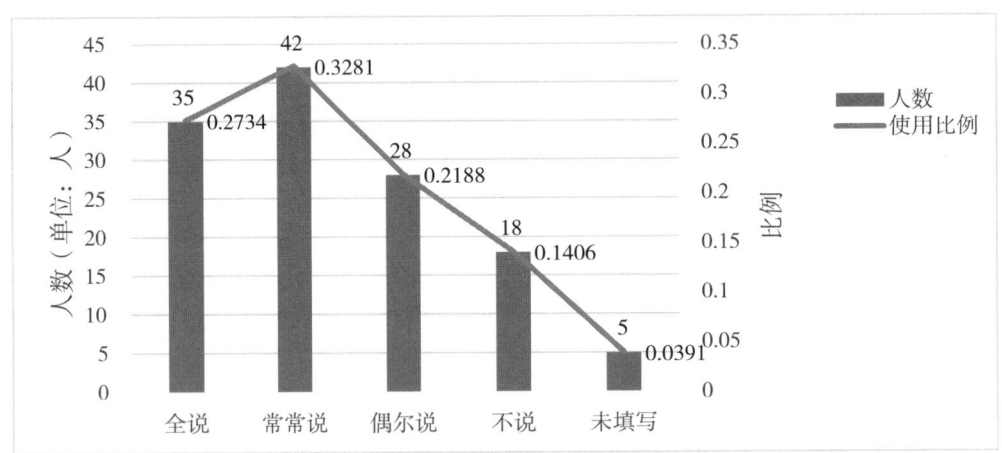

图4 亲朋交往中使用母语情况

在亲朋交往中,选择"全说"母语方言的有35人,占全部受访者的27.34%;选择"常常说"的42人,占32.81%;选择"偶尔说"的28人,占21.88%;选择"不说"的18人,占14.06%;未填写的5人,占3.91%。

从年龄来看,在工作或学习中,偶尔说或不说母语方言的基本上集中在"<20岁"和"20—30岁"间的年龄段,全说或常常说的则集中在"51—60岁"和">60岁"的年龄段。可以看到,方言仍是老一辈华人平常工作或生活中主要使用的交流工具。但随着时代的发展，越来越多的年轻一辈华人融入美国主流社会，汉语方言使用的场合就会更少。

表5 在工作（或学习）中使用母语方言与年龄段的关系

工作中	<20岁	20—30岁	31—40岁	41—50岁	51—60岁	>60岁	未填写
全说	5	0	0	1	7	11	1
常常说	3	2	2	2	6	8	0
偶尔说	9	5	2	1	1	2	0
不说	17	17	6	4	3	8	0
未填写	1	0	0	0	1	4	0

这些变化也和受访者的受教育程度密切相关。受访者中拥有大专（大学）以上学历的华人占被调查人数的一半。其中，正在接受小学、初中和高中教育，小于20岁的人分别有13个、8个、10个。可以说，现阶段美国华人普遍接受了较为良好的教育，这为他们融入主流社会奠定了基础。

表6 华人受访者受教育程度

教育程度	小学	初中	高中	大专	研究院	其他	未标出	合计
人数	13	28	19	58	6	3	1	128
比例	10.16%	21.88%	14.84%	45.31%	4.69%	2.34%	0.78%	100.00%

五、关于母语掌握程度的统计

表7 华人受访者母语方言掌握程度

掌握程度	熟练[①]	基本会	会一点	不会	未填写
人数	73	29	21	4	1
比例	57.03%	22.66%	16.41%	3.13%	0.78%

表8 华人受访者日常使用最多的语言或方言

语言或方言	粤语	闽语	客家话	英语	北方话	上海话	四川话	普通话	无	未填写
人数	53	6	6	75	5	1	1	4	0	8

表9　华人受访者使用哪种语言或方言最熟练[②]

语言或方言	粤语	闽语	客家话	英语	北方话	上海话	四川话	普通话	未填写
人数	43	7	8	65	3	0	2	5	16

表格显示，熟练掌握母语方言的人数接近六成，加上基本会的人，共有近八成的人能比较好地运用母语方言。而在"日常使用的最多的语言或方言"和"哪种语言或方言使用最熟练"两个问题上，选择英语的人数都超过了一半。英语不仅是华人与社会沟通的主要语言工具，也成为华人之间相互交流的方式之一。在汉语方言使用的熟练程度方面，粤语仍然位居第一。

六、关于受访者母语之外还会使用的语言或方言统计

通常，华人不止使用一种语言或方言，在"日常使用最多的以及最流利的语言或方言"一栏，选择都不止一种。

表10　母语之外还会使用的语言或方言

语言或方言	粤语	闽语	客家话	英语	北方话	上海话	普通话	无	未填写	其他
人数	18	2	5	70	17	2	17	10	11	7

可以看出：

（1）大部分人会将英语选为除母语外会使用的语言。

（2）粤语依然是受访者的第二选项，同时，选择北方话的也有17个人，这也说明了随着华人来源地的多样化，华人社区流通的汉语方言也会更多。

表11　会说多种语言或方言的原因

原因	家里教的	学校教的	和朋友学的	工作中学的	其他	未填写
人数	83	45	29	25	16	18

表11说明，华人会说不止一种方言或语言的主要原因还是家庭和学校，家

[①] 熟练：听、说、看、写都可以；基本会：主要在听、说、看上基本可以，不会写或只会写名字；会一点：在听、说上会一些，看、写不可以；不会：完全不会。

[②] 在"日常使用得最多的语言或方言"和"你说哪种语言或方言最流利"这两个问题上，有人填写的语言或方言不止有一种，比如将粤语和英语都作为日常使用最多的语言或方言等。

庭和学校是学习语言和方言的两个最好的场所。多数被调查者都认为，这和他们在生活中会接触到许多说不同语言方言的人有关。

七、关于传承方言意愿的统计

针对这一方面，我们做了两个小问题的调查：

表12 是否被父母要求说母语方言

回应	是	不是	看情况	未填写
人数	61	32	30	5
比例	47.66%	25.00%	23.44%	3.91%

表13 如果有孩子是否要求他们说母语方言

回应	是	不是	看情况	无孩子	未填写
人数	48	32	33	8	9
比例	37.50%	25.00%	25.78%	6.25%	7.03%

在表12和表13中选择"不是"和"看情况"的比例分别是48.44%和50.78%。这说明，随着时代的发展，在对待方言传承的选择上，大多数华人持的是开放的态度，不会硬性要求孩子一定要学会。

不过，大多数华人还是认为，会说母语方言是要告诉自己不忘根，"留住方言，留住根"。而这种"不忘根"的思维体现在文化上，最显而易见的就是对传统习俗的继承，比如，对中华传统节日及饮食习惯的保留。

表14 中国节日

节日	春节	中秋	端午	元宵	清明	其他	未填写	不过
人数	120	94	62	55	50	30	5	4

表15 饮食习惯

食物	米饭	饺子	点心	粥	中式汤	月饼	粽子	其他	未填写
人数	120	108	105	100	98	91	84	32	5

华人以过中国的春节、中秋节为主，选择过这两节的人数都超过一半。选择吃7种中国食物的人数也超过了调查人数的一半。当然，生活在美国，华人也会

过西方特色的节日,如圣诞节、复活节等,吃西方特色食物,如披萨、汉堡等。

八、与马来西亚华人语言取向的比较

笔者曾经做过马来西亚华人的相关问卷调查(参见《多语多方言环境下马来西亚华人的语言方言取向》一文)。比较美国、马来西亚两国华人的语言现状及语言取向,会有一些不一样的发现。

首先,人口基数很重要。造成两国华人社区语言方言流通差异的原因,与两国华人的总数有关。据统计,在美华人目前超过400万,而在马华人有近750万;美国华人占全美人口的1.5%,明显少于马来西亚华人占全马人口的23.4%[①]。

就语言方言掌握、使用能力来说,马来西亚华人素有"语言天才"之称,"无论男女老少,无论受教育程度,掌握华语、马来语和两三种汉语方言是稀松平常的普遍现象"[②]。他们除了会说母语方言,一般还会说马来语、英语、华语,以及一些其他汉语方言,如闽语、粤语、客家话,甚至有的还会当地的土著语言,如伊班话等。这是其居住国的复杂语言环境使然。而汉语方言中能作为美国华人社区通用语的只有粤方言广府话、台山话。美国华人掌握汉语方言的数量和使用频率远不及马来西亚华人。

语言方言的作用是交流,相对于以分散居住为主的美国华人,马来西亚华人以聚居为主,相互之间联系比较紧密,华人社团在大马华人中依然起着凝聚族群关系的重要作用。更重要的是,马来西亚迄今仍有在世界其他华人社区中没有的从小学、高中直至大学的非常系统的华校教育,华校教育以华语为主,也教英语和马来语。良好的传统文化氛围以及语言传承,让马来西亚华人从小就有一个很好的汉语学习环境。

虽然美国和马来西亚两国华人社区的语言方言环境不同,但在语言取向方面,美国华人与马来西亚华人有较大的一致性。随着中国综合实力的提升,华语影响日益增强,加上英语强势的影响,美国华人子女在教育以及工作中更多使用的是英语和华语,方言的使用频率则会相应减少。因此,在可以预见的未来,汉

[①] 马来西亚人口相关数据来源于马来西亚统计局官方网站,美国人口相关数据来源于维基百科。
[②] 陈晓锦、张淑敏:《多语多方言环境下马来西亚华人的语言方言取向》,赵杰主编:《北方语言论丛》(第三辑),银川:阳光出版社,2013年。

语方言的影响则会呈现出相对减弱的趋势。德克萨斯州休斯顿唐人街通用华语的现象就是一例。

【参考文献】

[1] 周敏.美国华人社会的变迁[M].郭南译,上海:上海三联书店,2006.

[2] 陈晓锦.论海外汉语方言的调查研究[J].语文研究,2006(3).

[3] 陈晓锦,张淑敏.多语多方言环境下马来西亚华人的语言方言取向[A]//赵杰.北方语言论丛(第三辑)[C].银川:阳光出版社,2013.

马来西亚泗里街省华人语言生活状况调查报告*

许婉虹　尤慧君

暨南大学文学院　广东广州　510632

【摘　要】泗里街省位于马来西亚沙捞越州中部，总人口117837，其中华人34762人。该地华人社区通行多种语言和方言，不同的语言和方言和谐相处、各得其所，造就了当地丰富多彩的语言生活。本文采用问卷法、观察法、访谈法等社会语言学的调查方法，考察泗里街华人的语言生活状况，并将调查结果与21世纪初的调查结果相对比，从中探求这20年来马来西亚华人语言生活状况的变化。

【关键词】马来西亚泗里街省；华人；语言生活现状；对比

泗里街省位于马来西亚沙捞越州中部，原属诗巫省，称泗里街县。1973年升格为沙捞越第六省，称泗里街省，现管辖面积为4857平方千米，总人口117837。泗里街省内多民族混居，有伊班族、华人、马来族和马兰诺族等，其中伊班族人口最多，有59020人，约占全省总人口的50%；华人有34762人，约占全省人口的29.5%，位居第二；马来族有12754人，约占全省总人口的10.8%；马兰诺族有11189人，占全省总人口的9.5%。[①]

大约在19世纪中期就有闽南人和广府人抵达泗里街，多以种菜蓄养家禽为生；20世纪初期，福州人抵达泗里街，开垦农场，大规模种植橡胶和胡椒。[②]

沙捞越州相对于马来西亚的其他州来说是一个相对封闭的地区，这里华人人数多且成社区聚居，各个籍贯的华人之间、华人与本地土著民族之间和谐相处，各个汉语方言和语言也在这片土地上各得其所、各尽其用。

---

* 本文原载甘于恩主编：《南方语言学》(第十五辑)，广州：世界图书出版广东有限公司，2019年。
① 余悦胜：《泗里街省华族史料集》，诗巫：沙捞越华族文化协会，2010年，第1—3页。
② 余悦胜：《泗里街省华族史料集》，诗巫：沙捞越华族文化协会，2010年，第5页。

一、泗里街省华人的语言使用状况、语言能力及语言态度

（一）日常语言使用状况

马来西亚沙捞越州泗里街省华人区使用的汉语方言和语言有：广州话[①]（粤方言广府片）、四邑话（粤方言四邑片）、福建话（闽南方言）、福州话（闽东方言）、客家话、潮州话（粤东闽南方言）、兴化话（闽方言莆仙片）、华语（普通话）、英语、马来语、伊班话等。

本文运用社会语言学的相关理论，通过随机发放问卷的方法对泗里街省[②]华人的语言使用状况进行个案调查。本次调查共发放问卷200份，回收190份，其中有效问卷190份。调查对象中男性有95人，女性95人；20岁以下（包含20岁）131人，21—40岁19人，41—60有24人，60岁以上16人。被调查者的职业共有职员、商人、学生、教师、医务人员、家庭主妇、退休人员、务农8大类，另有6人未提供职业信息，其中学生人数最多，共132人，占调查总人数的69.5%；其次是教师，共24人，占调查人数的12.6%；职员8人，商人9人，家庭主妇4人，退休人员5人，务农2人。没上过学3人，小学文化程度5人，初中59人，高中100人，大专及以上学历23人。另选取部分调查对象进行深入访谈。个案调查后对调查结果进行统计分析，探究马来西亚泗里街省华人社区的语言使用现状。

表1　马来西亚泗里街省华人祖籍地情况

祖籍地	福建省						广东省						广西	海南	台湾	无提供
	福州	厦门	闽清	安溪	屏南	兴化	福建[③]	四邑	广州	揭西	大埔	客家[④]	潮安	广东[⑤]			
人数	47	9	6	1	1	1	3	10	7	4	1	2	1	12	3	1	1	80

[①] "广州话"是调查问卷中的一个选项，指广府片的粤方言。笔者根据实地调查发现，泗里街省华人中祖籍为广府地区的很少，主要都是来自四邑地区的。很多说自己讲广州话的其实都是操四邑片粤语。因此笔者在统计问卷数据时将广州话的选项都计入方言四邑片。
[②] 泗里街省辖区分为4个县，分别为：泗里街县、巴干县、马拉瑞县、如楼县。本文数据来源主要为泗里街县的问卷。
[③] 有3人只标明祖籍地为福建而不知具体地区，本文根据问卷实际情况照实列出。
[④] 有2人在祖籍地一项只标明客家而不知具体地区。
[⑤] 有12人只标明祖籍地为广东而不知具体地区，本文根据问卷实际情况照实列出。

被调查者中有110位提供了祖籍地信息。从表1可以看出，大部分被调查者中祖籍地是福建、广东两省，其中以福建省福州市的人数最多，共47人，其次是广东省四邑地区。另有少数人来自广西、海南、台湾。大部分的被调查者对自己祖籍地信息不甚了解，如"广东""福建""海南""福建厦门""客家"等不太明确的信息，仅少数年龄较大的第一、二代华人能提供详细的祖籍地信息。此外还有80人未提供祖籍地信息。

调查问卷中显示的马来西亚泗里街省华人掌握的语言和方言总共有11种：广州话[①]（粤方言广府片）、四邑话（粤方言四邑片）、福建话（闽南方言）、福州话（闽东方言）、客家话、潮州话（粤东闽南方言）、兴化话（闽方言莆仙片）、华语（普通话）、英语、马来语、伊班话等。在笔者收到的190份问卷中，被调查人的母语有10种：广州话（粤方言广府片）、四邑话（粤方言四邑片）、福建话（闽南方言）、福州话（闽东方言）、客家话、兴化话（闽方言莆仙片）、华语（普通话）、英语、马来语、伊班话等。统计数据过程中笔者将其归并为以下几类：祖籍地方言、华语、祖籍地方言和华语、福州话和祖籍地方言、福州话（祖籍不明）、伊班话和其他[②]。统计后得到的泗里街省华人母语使用情况如表2。

表2 马来西亚泗里街省华人母语使用情况

母语		祖籍地方言	华语	祖籍地方言和华语	福州话和祖籍地方言	福州话（祖籍不明）	伊班话	其他
人数		67	90	10	3	16	1	3
百分比[③]		35.2%	47.4%	5.3%	1.6%	8.4%	0.5%	1.6%
各年龄层人数及百分比[④]	≤20岁	24/18.3%	81/61.8%	10/7.6%	3/2.3%	11/8.4%	1/0.8%	1/0.8%
	21—40岁	10/52.7%	7/36.8%	0	0	2/10.5%	0	0
	41—60岁	19/79.2%	2/8.3%	0	0	3/12.5%	0	0
	≥60岁	16/100%	0	0	0	0	0	0

从表2可以看出泗里街省的语言使用情况还是比较多元的。将祖籍地方言作为母语的总共有67人，分布于各个年龄段，其中60岁以上的被调查者都认为自

[①] 本文根据实际情况将"广州话"和"四邑话"统计为1项，指当地华人操的"粤方言四邑片"。
[②] 其他为"被调查者认为母语有多种语言，比如伊班话、英语和华语都是自己的母语"。
[③] 表2第2行的百分比为每种母语人数占被调查者总人数的百分比。
[④] 表2中的各年龄层百分比为同一年龄层某一母语人数占该年龄层总人数的百分比。

己的母语是祖籍地方言，41—60岁的被调查者中有79.2%的人认为自己的母语是祖籍地方言，在21—40岁这一年龄层的被调查者中有52.7%的人如是认为，而在20岁以下这一年龄层中，仅有18.3%的人把祖籍地方言作为自己的母语。由此可以看出不同年龄段被调查者的语言取向，40岁以上的中老年华人普遍认为祖籍地方言是自己的母语，随着年龄的降低，将祖籍地方言作为母语的人数比例趋低，而将华语作为母语的人数则呈上升趋势，这从一定程度上反映了不同年龄层的华人对汉语方言和华语的接受和使用程度的转变。笔者还看到有小部分人认为华语和汉语方言都是自己的母语，这是华语逐渐取代汉语方言成为泗里街省华人社区最主要的交际用语的一个过渡阶段。

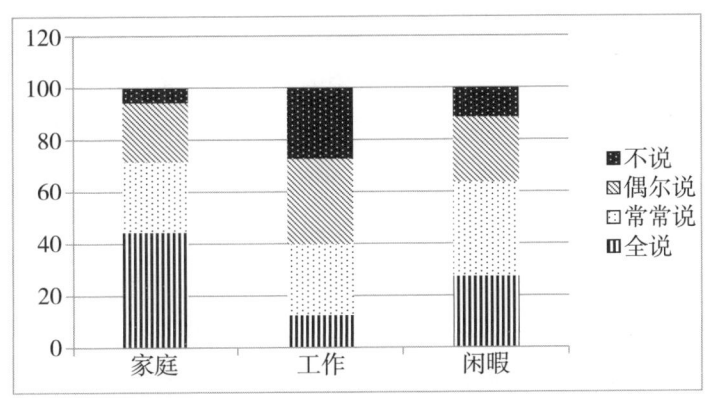

图1 马来西亚泗里街省华人汉语方言使用场合

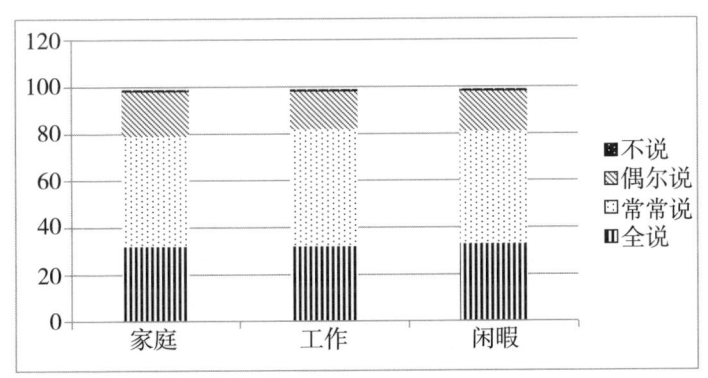

图2 马来西亚泗里街省华人华语使用场合

交际场合是影响语言选择的重要因素，交际场合的变更会影响语言的变更，交际场合的改变促使人们选择不一样的语言来表达自己的思想，也称"情景转换"。①从图1和图2我们可以看到,汉语方言主要的使用场合是家庭和闲暇场所,工作中汉语方言的使用机会较少。而华语则在各个场合都频繁使用,特别是在工作场合中,华语的使用频率比汉语方言在工作场合的使用频率高1倍。

表3 马来西亚泗里街省华人最常用的语言和方言

	粤方言	闽南方言	华语	闽东方言
人数	16	13	144	17
百分比	8.4%	6.8%	75.8%	9.0%

马来西亚泗里街省华人社区最常用的语言是华语,占日常生活使用语言和方言的75.8%;其次是闽东方言福州话,粤方言和闽南方言位居第三和第四。表3中所呈现的数据为第一常用的语言,不少人在"最常用的语言和方言"这个问题中给出2种以上的语言,其中作为第二常用的闽东方言有20次,华语以14次居次席,往下依次为英语4次,马来语3次,伊班话2次,闽南话、客家话各1次。

结合泗里街省华人社区的语言和方言使用状况、使用场合和使用频率,笔者发现当地使用人数最多、范围最大的语言和方言依次是华语、闽东方言、粤方言和闽南方言。随着中国国际地位的提高和华文教育的普及,华语成为马来西亚华人的首要语言,大多数华人都能很好地掌握华语且将其作为主要的日常交际语言,使用频率高于其他语言和方言。总人口不到6万的泗里街省总共有20所华文小学和1所全华文教育的独立中学,其他的国民小学和国民中学也全部开设了华文课,当地的华人90%以上有华校受教育经历,学校的华文教育促进了当地华语的发展。

另外,福州话也是当地运用较为广泛的汉语方言。这里的福州籍华人人数较多且经济实力较强,加之当地的教堂、学校多为福州籍华人创办,所以福州话成为当地较为强势的汉语方言,不少其他籍贯的华人也会讲福州话且认同感较高。从表1中笔者看到有80位被调查者不清楚自己的祖籍地,其中大部分为20岁以下的青少年(67人)。这些青少年中大多数人认为华语(50人)或福州话(18人)是自己的母语。当地有部分华人祖籍地是操粤方言的地区,由于广东珠三角和港澳地区经济实力雄厚,经济地位迅速提高,粤方言通过中国"南大门"传到海外;再加上港澳媒体发达,很多人通过看粤语电影、听粤语歌学会了粤方言。闽

---

① 徐大明、陶红印:《当代社会语言学》,北京:中国社会科学出版社,1997年,第172—173页。

南人是最早到泗里街的华人,当地的很多商店、餐饮业都为闽南人所有,因此闽南方言不可避免地成为当地日常使用的汉语方言;另外笔者在调查和访谈中发现当地华人家中能收到不少中国台湾地区的闽南语节目,而且大家平时很喜欢收看这些节目。

(二)语言能力

年龄是影响人们语言使用情况的重要因素,不同年龄层的人所使用的语言和对语言的掌握程度都不同。社会语言学认为人在社会集体中,个体在不同年龄段对社会集体有着不同的认同感,这在一定程度上会影响其语言。[1]我们将被调查者划分为4个年龄组:20岁以下(包含20岁)、21—40岁、41—60岁、60岁以上,分析不同年龄段人群的母语使用情况、掌握语言和方言数量、最流利的语言。

1. 不同年龄层的母语使用情况

表4 马来西亚泗里街省不同年龄层华人祖籍地方言母语掌握情况[2]

祖籍地方言母语掌握情况	说得很流利	说得不流利	只会说一点	能听不会说	只会听一点	不会听也不会说
≤20岁(人数/百分比)	12/52.2%	5/21.8%	3/13%	0	3/13%	0
21—40岁(人数/百分比)	8/100%	0	0	0	0	0
41—60岁(人数/百分比)	19/95%	0	0	0	0	1/5%
≥60岁(人数/百分比)	16/100%	0	0	0	0	0

母语为祖籍地方言的有67人,母语掌握情况与年龄成正比,年龄越大,母语掌握得越好。从表4可以看出,20岁以下这一年龄层的祖籍地方言母语者对母语的掌握程度远不如其他年龄层的人;将华语作为母语的人占总人数的47.4%,其中90%为20岁以下的青少年,第三代部分人和第四代及四代以上的绝大多数人将华语作为自己的母语,都是初中及以上文化程度,这些人中90%以上的人能

---

[1] 陈松岑:《语言变异研究》,广州:广东教育出版社,1999年,第148页。
[2] 该表格中百分比为每一年龄层母语掌握程度人数占该项该年龄层总人数的百分比。

流利使用华语。由此可以看出，在马来西亚泗里街省的华人中，青少年的汉语方言能力急剧下降，取而代之的是华语能力的提升。

2. 掌握语言和方言数量

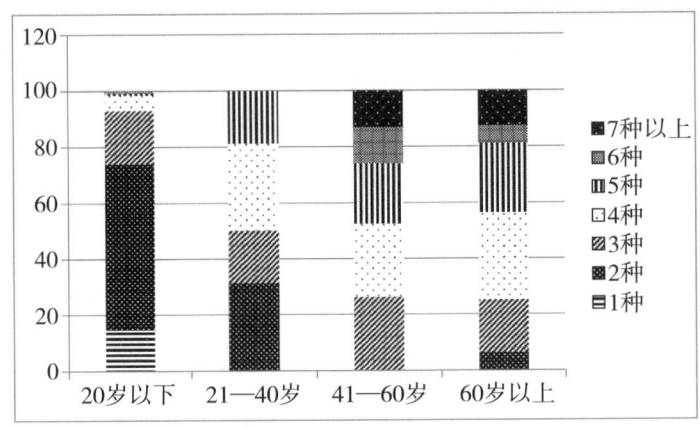

图3 马来西亚泗里街省不同年龄层掌握语言和方言数量

只会一种语言的有19人，全都为20岁以下的学生。掌握2种语言和方言的有83人，其中有77人为20岁以下且均为学生；5个是21—40岁的青壮年；还有1个是90岁的第一代华人，只会祖籍地方言和马来语。会3种语言和方言的有37人，其中20岁以下的25人，21—40岁的3人，41—60岁的6人，60岁以上的3人。这37人中有18人认为自己的母语是华语，9人认为自己的母语是福州话，5人的母语是闽南话，3人的母语是四邑话，母语为广州话和客家话的各1人。掌握4种语言和方言的有26人，20岁以下的7人，21—40岁的5人，41—60岁的6人，60岁以上的6人，还有2人未提供年龄。掌握5种语言和方言的有13人，20岁以下的1人，21—40岁的3人，41—60岁的5人，60岁以上的4人。掌握6种语言和方言的有5人，20岁以下的1人，41—60岁的3人，60岁以上的1人。掌握7种以上语言和方言的有7人，21—40岁的1人，41—60岁的6人。

年龄和掌握语言的数量有密切关系，40岁以上的人基本上能掌握4种以上的语言。40岁以下的被调查者由于受个人教育程度、生活学习工作环境等的影响，华语成为其使用最多的语言，在很多场合取代其他汉语方言而成为最主要的交际语言，其他汉语方言的交际场合被挤压也导致了使用人口的减少。

3. 最流利的语言

表5　马来西亚泗里街省华人最流利的语言和方言[①]

最流利的语言和方言	粤方言	闽南方言	华语	马来语	闽东方言	客家话	兴化话
人数	16	17	137	1	12	1	1
20岁以下（人数/百分比）	6/37.5%	4/23.5%	110/80.3%	0	10/83.3%	0	0
21—40岁（人数/百分比）	2/12.5%	1/5.9%	11/8.0%	1/100%	0	1/100%	0
41—60岁（人数/百分比）	4/25%	5/29.4%	12/8.8%	0	2/16.7%	0	0
60以上（人数/百分比）	4/25%	7/41.2%	4/2.9%	0	0	0	1/100%

表5显示的为各年龄层第一流利的语言的数据，从中我们可以看到最流利语言和方言为华语的人数最多且主要集中在20岁以下的青少年，其他年龄层的也都有分布且年龄越小所占比例越高；其次是闽南方言，70%以上认为自己最流利的语言和方言是闽南方言的是40岁以上的中老年人，但总体趋势也是随着年龄减少而人数递减；粤方言是情况比较乐观的汉语方言，在21—40岁的中青年中人数略有下降，但在20岁以下的青少年中粤方言最流利的比例又有较大回升，这与媒体传播不无关系，另外与马来西亚的首都吉隆坡流行的汉语方言也有一定的关系。据了解福州话是当地使用较为广泛的汉语方言，福州公会还会组织福州话培训班教华人福州话，培训对象主要是青少年，这也就能解释表5中福州话最流利的人中有83.3%的人是20岁以下的青少年，这也可以看出闽东方言在当地的重要地位和被接受程度之高，仅次于华语。有部分人在问卷相应问题中写出多个选项，其中闽东方言福州话被提及数量最多为17次，华语次之为13次，往下依次为客家话5次、英语4次、马来语4次、伊班语1次。由此可以看出华语和福州话是当地较为流行和强势的语言和方言。当地的华人在本土化方面也有所体现，分别有4人和1人将马来语和伊班话作为最流利的语言。

[①] 该表格百分比为每一项人数占语言和方言总人数的百分比。

(三)语言态度

1. 最喜欢的语言

表6　马来西亚泗里街省华人最喜欢的语言和方言

最喜欢的语言和方言	粤方言	闽南方言	华语	英语	福州话	未提供
人数	13	11	144	2	12	8
百分比	6.9%	5.8%	75.8%	1.0%	6.3%	4.2%

在最喜欢的语言和方言中，华语所占比例最大，接近总人数的四分之三，由此可见华语在华人社区的强势地位；其次是闽东方言，除了华语外，被调查者基本上都是以母语作为自己最喜欢的语言和方言，但有少数非福州话母语的人将福州话作为自己最喜欢的汉语方言。在访谈中我们了解到闽东方言是当地使用范围最广的汉语方言。福州籍华人自20世纪初期来到泗里街之后，开垦农场大规模种植胡椒和橡胶，经济实力迅速提升后在泗里街经营商铺、建教堂、办华文学校，逐渐取代闽南人和广府人成为当地人数最多的华人群体，在各个领域也都占有一席之地，因此福州话成为当地华人社区的主要交际语言。在华语来势汹汹的今天，闽东方言在泗里街仍然是继华语之后的第二大汉语交际语言。

2. 父母对子女的母语学习期待

表7　马来西亚泗里街省华人父母对子女的母语学习期待

父母对子女的母语学习期待	是否要求子女讲母语		是否被父母要求讲母语	
	是	否	是	否
华语母语者90人	83/92.2%	7/7.8%	46/51.1%	44/48.9%
非华语母语者100人	83/83%	17/17%	55/55%	45/45%

在父母对子女的母语学习期待中，大多数人都被要求且将要求子女学习母语。在华语母语者中有92.2%的人表示（将）要求子女讲母语，而非华语母语者（将）要求子女讲母语的比例低于华语母语者。非华语母语者中有55%的人被父母要求讲母语，而华语母语者这一项的比例低于非华语母语者。这从一定程度上可以看出当地华人对华语的认同度较高，尽管不被要求讲华语仍能较好地掌握和使用华语，无论是华语母语者还是非华语母语者都是如此。

3. 掌握多语言和方言的原因

表8　马来西亚泗里街省华人掌握多种语言和方言的原因

掌握多种语言和方言的原因	A社会环境	B教育制度	C媒体传播	D主观需求	AB	AC	AD	未提供
人数	137	4	1	23	8	2	2	13

从掌握多种语言和方言的原因来看，最主要的是社会环境的多元化使得当地的华人掌握多种语言和方言。在泗里街省有华人、伊班人、马来人等不同民族的人杂居，通婚、贸易等社会活动频繁发生，很多人因此在习得母语后学习到其他不同的语言或方言。当地华人使用的方言有闽东方言、闽南方言、广府话、客家话等，不同祖籍的华人之间通婚很常见，因此不同的方言进入家庭中，使得儿童从小就能习得不同的方言作为母语；加之泗里街省市区商铺多为华人经营，日常生活中需要与不同籍贯的华人交际以满足生活需求，所以当地华人大多数除了母语外还能掌握1种以上的汉语方言。政府部门、医院、学校等场所则有较多的伊班人和马来人，所以部分华人也学会伊班话和马来话以满足这些场所的沟通需求。主观需求是40岁以下的年轻一代华人掌握多种语言的原因。随着现代传播媒介通讯技术的迅猛发展，当地的华人对外地的了解逐渐增多，出于自身的交流需求，年轻一代更主动地学习华语、英语等语言，将其作为了解世界走向世界的工具。

二、20年来马来西亚华人语言生活状况的变化

从调查数据上看，汉语方言在马来西亚的衰退是急促的。20世纪末至21世纪初的调查数据显示，只掌握一种方言语言的有22人，占被调查者总人数的3.2%，而到今年人数比例上升到11.6%。1999—2002年的调查显示，超过四分之一的人能掌握5种语言和方言，80%以上的人能掌握至少4种语言和方言；2018年的数据则显示大多数人只能掌握2种语言和方言，掌握4种以上语言和方言的仅占总人数的26.8%。由此我们可以看到，近20年来马来西亚华人的语言和方言，特别是汉语方言的掌握情况明显衰退，以"语言天才"著称的马来西亚华人的语言能力相对20年前明显减弱。

表9 20年来马来西亚华人掌握语言和方言数量变化

掌握数量	1	2	3	4	5	6	7	8	9	10	无提供
2018年人数190	22	84	33	26	13	5	4	2	1	0	0
2018年百分比	11.6%	44.2%	17.4%	13.7%	6.8%	2.6%	2.1%	1.1%	0.5%	0	0
1999—2002年总人数680	22	29	83	154	197	105	55	31	2	1	1
1999—2002年百分比	3.2%	4.3%	12.2%	22.6%	29%	15.4%	8.1%	4.6%	0.3%	0.15%	0.15%

与汉语方言相反的是华语。相比较20年前的调查结果，现在我们看到的马来西亚华人社区中华语的地位进一步提升，甚至成为华人社区中最主要的交际语言，广泛应用于各种交际场合且有进一步扩大的趋势。

表10 20年来马来西亚母语使用情况变化

母语	祖籍地方言	华语	祖籍地方言和华语	福州话和祖籍地方言	福州话（祖籍不明）	英语	伊班话	其他①（混合）
2018年人数190	67	90	10	3	16	0	1	3
2018年百分比	35.2%	47.4%	5.3%	1.6%	8.4%	0	0.5%	1.6%
1999—2002年总人数680	395	192	58	0	0	2	0	33
1999—2002年百分比	58.1%	28.2%	8.5%	0	0	0.3%	0	4.9%

从表10我们可以看出，20年来马来西亚华人对于母语的认识发生了变化。20年前的调查中有半数以上的人认为自己的母语是祖籍地方言，而今仅35.2%的人将祖籍地方言作为母语。将华语作为母语的情况则与方言相反，20年前有28.2%的人将华语作为母语的，而今已达到47.4%，接近总人数的一半，可见华语在马来西亚华人的交际中地位越来越高，而且这一趋势将愈演愈烈。华语在华人社区中的地位将会越来越高，甚至有可能取代其他汉语方言，成为华人的共同母语。

①其他为"被调查者认为母语有多种语言，比如伊班话、英语和华语都是自己的母语"。

表11　20年来马来西亚华人华语母语者年龄层变化

年龄	20岁以下	20—30岁	31—55岁	无提供
2018年人数90人	81	2	7	0
2018年比例	90%	2.2%	7.8%	0
1999—2002年总人数192人	144	39	8	1
1999—2002年百分比	75%	20.3%	4.2%	0.5%

2018年的数据中,将华语作为母语的占总人数的47.4%,90%为20岁以下的青少年,第三代部分人和第四代及四代以上的绝大多数人将华语作为自己的母语。与20年前的数字比较我们发现华语母语者更加低龄化,这在一定程度上体现了华语在华人社区的普遍性,成为家庭用语。这在我们的深度访谈中也有体现,几乎每个访谈对象都表示自己会要求孩子学习华语并跟孩子用华语交流,不少人表示自己的孩子已经不会讲汉语方言,只会讲华语。这在我们的个案家庭调查中也有所体现,被调查者林先生是第一代华人,现年92岁,其家中四代同堂,第一和第二代之间用祖籍地方言交流,第三代和长辈交流基本用华语,偶尔的生活词汇会用方言表达,但第四代完全不会说也听不懂方言,长辈与其交流也都用华语。可以预见,在不久的将来,华语将取代汉语方言,成为马来西亚华人社区的主导语言。

【参考文献】

[1] 陈松岑.语言变异研究[M].广州:广东教育出版社,1999.

[2] 陈晓锦.东南亚华人社区汉语方言概要[M].广州:世界图书出版广东有限公司,2014.

[3] 徐大明,陶红印.当代社会语言学[M].北京:中国社会科学出版社,1997.

[4] 余悦胜.泗里街省华族史料集[M].诗巫:沙捞越华族文化协会,2010.

印尼西加里曼丹省客家话语言生态调查报告
——以山口洋市及其近郊为例[①]

王涤非　邵　宜

暨南大学华文学院　广东广州　510610

【摘　要】印度尼西亚是世界上最大的群岛国家，有"千岛之国"之称。由于岛屿众多、民族成分多样，因此其语言面貌丰富。其中，加里曼丹岛便分布着汉语、马来语、达雅语等众多语言。本文通过访谈、调研等方法，以山口洋及其近郊为核心，勾勒出西加里曼丹省汉语的基本面貌及生态状况，以期为深入研究提供借鉴。

【关键词】印度尼西亚；加里曼丹岛；汉语；客家话；潮州话

一、印尼基本概况

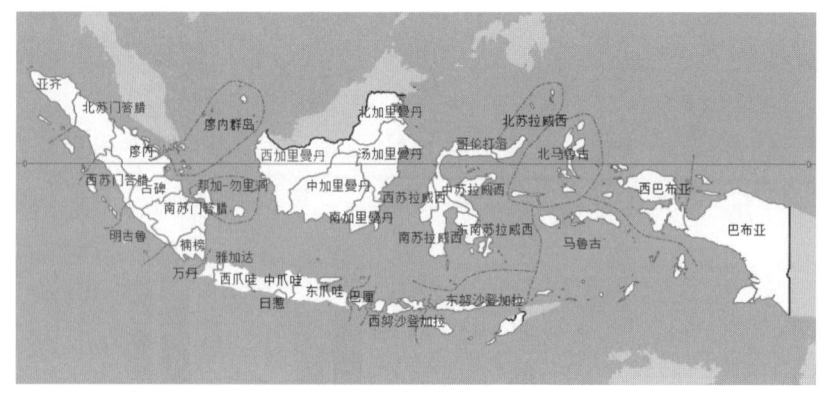

图1　印尼地图

[①] 本文基于2016年国家社科基金重大项目"环南海国家语言生态研究及语言资源库建设"（项目批准号：16ZDA211）项目调研。

1. 印尼地理概况

印度尼西亚共和国国土散布于亚洲东南部的大巽他、小巽他、美拉尼西亚群岛，全国共由17608个岛屿组成，面积191.944万平方千米，人口2.7096亿，人口数量位居全球第四，是世界最大的群岛国家。全国共分32个省（其中亚齐、巴布亚、西巴布亚为自治省）、2个特区（雅加达首都特区、日惹特区）。其全国的政治、经济、文化中心位于爪哇岛。首都及第一大城市雅加达、第二大城市泗水、第三大城市万隆，以及文化中心日惹均位于该岛。

印尼地处赤道周边，属热带季风气候，分干湿二季。由于横跨亚洲与大洋洲，因此生态上拥有世界第二强的生物多样性，仅次于巴西。生物地理学华莱士线即从印尼穿过，因此动植物混合两大洲品种：以巴厘岛和龙目岛之间的龙目海峡为界，以西为东洋区生物相，以东为澳大拉西亚生物相。

印尼全国共300多个民族，大多数为南岛民族：其中爪哇族为第一大民族，占全国人口的42%；巽他族、马都拉族、马来族为国内主要的南岛民族。非南岛民族中，美拉尼西亚人分布于马鲁古、巴布亚等地区；华人约占全国人口的3%—4%，主要来自中国沿海的福建省、广东省、海南省。全国多数人信奉伊斯兰教，占86.1%；除此之外政府承认基督新教、天主教、印度教、佛教及儒教。

2. 印尼语言概况

多样的生态、多元的文化造就了丰富的语言资源。印尼全国共732种语言及方言，大多数操南岛语（如印尼语、爪哇语、巽他语、亚齐语），除此之外巴布亚地区通行数种语言，被称为"跨新几内亚诸语言"。印尼的华人主要操客家话、潮州话、闽南话、闽东话、粤语等汉语方言。在1998年之前，印尼政府禁止华人在公开场合使用汉语（含普通话及各方言），因此在爪哇岛的华人汉语能力显著衰退；但居住在其他岛屿，尤其是苏门答腊岛与加里曼丹岛的华人，仍然保持着较强的汉语交际能力。

3. 加里曼丹岛语言概况

加里曼丹岛是世界第三大岛，仅次于格陵兰岛（属荷兰王国自治领地）与新几内亚岛（西部属印尼巴布亚省、西巴布亚省，东部属巴布亚新几内亚共和国），又称"婆罗洲"。该岛分属三国：其中北部的沙捞越与沙巴属马来西亚联邦，并与文莱达鲁萨兰国合称"北婆三邦";南部属印度尼西亚,分为东、西、南、北、中加里曼丹五省。

图2　加里曼丹岛地图

二、西加里曼丹省汉语基本面貌

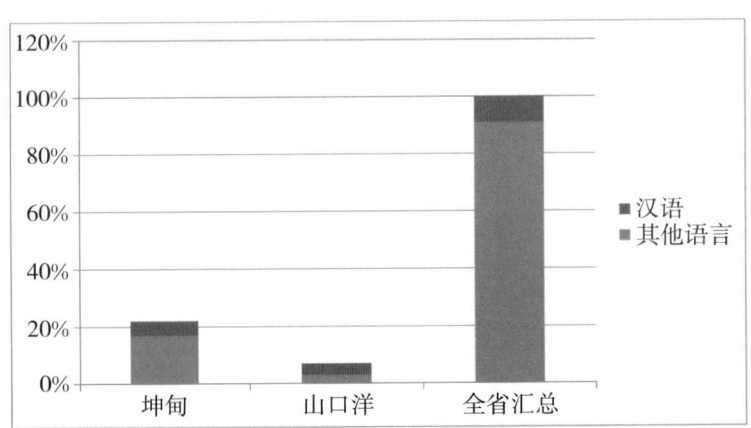

图3　汉语使用人口比例

1. 西加里曼丹省汉语及其方言

加里曼丹岛华人主要是潮州人和客家人,均集中分布在该岛西部,即西加里曼丹省。

西加里曼丹省面积约14.6807万平方千米,人口约370万,主要民族包括达雅人、马来人、华人。除印尼语外通行达雅语、马来语、客家话、潮州话、闽南话。

该省华人人口众多,聚群而居。华人最早于18世纪中后期在此定居,曾在18世纪至19世纪创建兰芳共和国,并向清朝纳贡。因此,华人在该省拥有原住民的法律地位。

由于华人的商业、文化优势,因此汉语在该省多座城市内仍为强势语言。其中,首府及第一大城市坤甸人口62万,华人占全市人口30%,卡普阿斯河以东主要通行潮州话,以揭阳口音为主;卡普阿斯河以西主要通行客家话,以梅县口音和陆丰口音为主(俗称柔话)。

2. 山口洋市汉语及其方言

第二大城市山口洋,2001年设市,是印尼全国华人占比最多的地方。在全市26万人中,华人占了62%。全市由尖山、芭西山和手指公山环绕,地形背山面洋,形似聚宝盆。当地土壤多为火山灰,土地肥沃,适宜耕种。当地日常通行受到马来语、达雅语影响的印尼语,华人之间主要以客家话沟通,以揭西河婆口音为主

图4 西加里曼丹省地图

(俗称"硬话")。当地的马来人、客家人在与其他华人沟通时也存在使用客家话的情况。当地客家话受到马来语及印尼语的影响，使用部分借词。由于国家政策的缘故，大部分华人仅会说客家话，但是不能阅读华文，也无用客家话教授华文的学校或补习机构。随着印尼语的普及，华人使用客家话的情况有衰退的迹象。但随着华文教育的复兴以及华语媒体的影响力，越来越多的年轻人开始学习华语华文，而华语能力的提升反过来也促进了同属汉语的客家话语言能力的保持与传承。

三、受调查者及其信息

本文选取三名母语均为客家话的印尼西加里曼丹省华裔进行访谈：

姓名	出生地	现居地	出生年份	性别	本科学校	硕士学校	职业
刘智多	山口洋	广州	1994	男	暨南大学	暨南大学	硕士研究生
朱愫萍	文岛宜	广州	1995	女	暨南大学		大学本科生
李旺宗	山口洋	雅加达	1988	男	暨南大学	北京大学	华文教师

四、西加里曼丹华人语言使用情况及其变迁

1. 西加里曼丹省各语言概述

西加里曼丹省语言使用状况：印尼语＞马来语＞客家话＞潮州话＞其他语言＞华语＞英语。

由于华人并非一时一地南迁到西加里曼丹省，故其最初语言面貌不尽相同。如前文所述，该省土地肥沃，故吸引大量从事耕种工作的客家人在此聚居。整体来看，西加省的华人主要以客家话、潮州话为主。

该省华人的语言经过不断融合，已经形成了客家话、潮州话两大方言，内部高度一致；且双方均不同程度通晓对方的方言。

在印尼排华时期，西加里曼丹省并未受到严重冲击，因此迄今为止汉语（各方言）仍然是华人交际的主要语言。

该省生活着大量马来人，故华人亦都会说马来语。当地人所说的马来语是指从北婆罗洲迁徙而来的马来移民所说的一种马来—印度尼西亚语方言，与当地印尼语方言只有词汇上的差别，无显著差异；而当地印尼语方言较爪哇岛的标准印

尼语亦无较大差别。

由于印尼语为全国官方语言，在学校授课亦主要使用印尼语，因此在语码中已经大量出现混合了印尼语、马来语词汇的句子。

英语作为世界最大的通用语言，在当地语言教学中具有较高的地位，通晓英语的人口呈现增长的趋势。

随着中国国力的增强以及当地华人保持的民族认同感，华文教育在当地较为繁荣，故华裔青年大量习得华语，但华文识字水平欠佳。

2. 西加里曼丹省华人职业概况

西加里曼丹省的客家人最初以务农为主，由于定居时间已逾百年，因此早期移民均在当地拥有土地。务农除谷物外，也从事经济作物的种植。中年一代则开始从事多种职业，如经商。而中老年妇女则以家庭主妇为主，因此，女性的多语能力显著低于男性。

年轻一代的职业选择较为多元。首先，就业选择不再局限于山口洋，大量学生前往祖籍国——中国求学；第二，部分人选择到首都雅加达，或者首府坤甸，以及邻近的马来西亚工作；第三，除经商外，有为数不少的年轻人选择在华文学校从事教学工作，乃至自主创办华文教育机构。

3. 客家话分布情况及使用状况

客家话基本分布于西加里曼丹省的山口洋市，全市超过六成人口使用客家话。其腔调以海陆丰客家话为基础，一称揭西县河婆腔，是客家话中较为少用的一种腔调，当地称为"海陆腔"，属客语粤台片河婆腔。除山口洋外，该市附近的邦加、文岛宜均使用无明显差异的客家话。

首府坤甸市的客家话、百富院的客家话口音与山口洋及其四周有显著差异，山口洋人称呼自身的客家话为"硬话"，称呼坤甸等地的客家话为"柔话"，但差异较小，因此不妨碍沟通。

以上所说操客家话的华人，其客家话均为母语及日常使用的第一语言，而当地的马来人也在一定程度上通晓客家话。

老一辈客家话基本与中国国内一致，且明显分为梅县、海陆丰等不同土语；中年一代已经混合为以海陆丰为优势的口音，且开始掺杂马来语、印尼语等成分；而年轻一代则掺杂为数较多的印尼语。

4. 客家话与华语的相互关系

从语言使用情况上来看，老一辈基本只通晓客家话，并通晓华文；中年一辈通晓客家话及当地的马来语或印尼语，部分人通晓华语，但不通晓华文；年轻一代印尼语较为流利，并在当地华文学校学习华语、华文，因此客家话使用水平显著下降。

从语码角度看，大量的华语词汇开始进入当地客家话。由于华语与客家话同出一脉，故其新词新语对当地客家话的传承都具有促进作用。华语新词进入当地客家话有两种方式：第一，华语词汇采用当地客家话读音进行"训读"，与国内各方言的汉字对应关系较为一致；第二，华语词汇采用华语读音进行"音读"，与借用马来语、印尼语的方式类似。

综上所述，该省客家话内部高度一致，但与中国国内客家话强势土语有差别，且由于混入大量外来成分，使得词汇、音系等都有与众不同的特点。

5. 西加里曼丹省族际第一语言及语言能力序列

（客家话＞马来语＞印尼语＞其他汉语）

西加里曼丹省客家人均以客家话为母语及第一语言，故客家话语言能力最强；族际第一语言均为当地的马来语方言，故马来语能力排第二；由于印尼语为国语，因此受到马来语影响的当地印尼语方言能力排第三；同时根据年龄、性别的不同，为了人群间交往及维系民族传统，当地华裔会不同程度地使用非本民系以外的汉语（如潮州话、广府话、华语等）。

随着年代的推移，客家人各种语言、方言的能力呈现此消彼长的趋势：如印尼语、华语水平稳步上升，客家话水平逐渐下降。其中印尼语水平的上升对客家话水平是一种冲击，而华语水平的上升对于客家话而言既有冲击，又因为同源语言间新词新语的补入而提高了客家话的竞争力。

近年来，英语的使用在当地也呈现稳步上升的趋势。

6. 语言态度及未来生命度预期

当地华人对于客家话的认同感仍最强,但是由于国家语言政策的影响,印尼语在逐渐蚕食着客家话的地盘,未来华人对客家话的使用将会呈现逐渐削弱的状态。具体体现在词汇上,年轻人已经较少使用汉语固有词,转而从印尼语或马来语中借词。而当地由于无客家话学习机构,华人已无法使用客家话阅读华文文献,这进一步导致了他们客家话语言能力的下降。

与此同时,如今年轻一代所从事的工作已不局限于一种一地,因此当地华人客家话使用水平正呈现下降的态势。而由于印尼语、华语在当地的逐步流行,预计未来将呈现印尼语＞客家话＞华语的局面。

五、总结

综上所述,印尼西加里曼丹省客家话呈现集中点式布局,使用河婆腔(海陆腔),并为马来语所包围,具有强势语言的地位,但也呈现出逐步下降的趋势,而为该国国语及华语所替代。其中以山口洋使用人数最为庞大,因此客家话成为当地名副其实的族际语言;而在坤甸等地,亦有客家人分布。由于华人人口众多、享有自治地位,因此该省华裔祖语保持情况尚佳。唯华语仍作为华文学校主要的教学语言及华文书面语言,家庭交流还是以客家话为主,而公共场所交流则以当地马来语方言与印尼语方言为主。

同时,因时间、精力所限,本文主要依靠访谈与调研初步得出相关结论。今后还将进一步通过录制语料、进行语言活力计算等方法,得出量化的结果。

【参考文献】

［1］曹云华.印尼山口洋的客家人——海外客家人的社会变迁之一［J］.八桂侨刊,2014（1）.

［2］蔡丽.印尼西加里曼丹省发展华文教育的经验［J］.暨南大学华文学院学报,2009（2）.

［3］张小倩.印尼西加里曼丹省华人族群文化认同初探——以坤甸和山口洋为例［J］.八桂侨刊,2016（4）.

［4］长冈新治郎.西加里曼丹华侨社会的沿革与变迁［J］.倪文荣译,东南亚研究资料,1962（3）.

附录一

朱愫萍访谈记录

问：尊姓大名？

答：朱愫萍。

问：这个姓氏在那边人多不多？

答：不算很多，刘姓比较多。

问：愫萍是哪一年出生的？

答：1995年。

问：你们一家是住在山口洋吗？

答：离山口洋有一段距离，也不是太远。坐车20分钟左右。

问：有没有准确的地点？

答：文岛宜。

问：你小学和中学都是在山口洋读的吗？

答：我小学是在离家比较近的文岛宜附近，然后中学是在邦加那边，离智多的家乡不远。山口洋往下一点就是邦加，不是邦加岛，是我们西加里曼丹的邦加。

问：邦加离山口洋有多远？

答：坐车一个小时。

问：邦加是个比较大的城市吗？

答：比较大的是山口洋。

问：你的小学和中学是在政府的学校还是华校？

答：小学的时候是政府学校，然后中学的时候是私立学校。

问：这个中文是怎么学习的？小学有没有？

答：没有。

问：小学都是讲什么？

答：方言，客家话。小学大部分都这样。如果学校里面的话，华人还是很多，我们跟同样的华人在一起玩，然后交流时候我会用方言。然后跟（同学）私下交谈，我们会说马来语。

问：那老师上课是用什么语言呢？

答：印尼语。

问：同学之间是友族多还是华人多？

答：小学的时候比较平均，华人没有特别多。我们班的话，华人比较多。

问：那么跟这个友族的孩子说什么语言呢？

答：马来语。

问：到了中学呢？

答：中学基本上说客家话。因为那边是私立学校，里面基本上全部是华人。

问：那老师上课呢？

答：他上课说印尼语。

问：下课了就是客家话的天下？

答：对。

问：那和友族的孩子交流呢？

答：没有，三年的中学同学基本上都是华人。

问：除了上课之外的时间都是讲客家话。那这个标准中文你是什么时候开始接触的？小学有没有？

答：小学没有，完全没有。

问：就是读小学期间你会不会？

答：会，看电视。

问：那边有什么电视节目？

答：中国的。就看中国香港的电视剧，然后中国内地的节目。

问：香港电视剧讲广东话的？

答：以前看的那个是中文。

问：中文，是说的中文，是吧？

答：是。

问：还能看到中国内地的电视台，中央电视台？国际频道？

答：就像湖南卫视啊。

问：这个都能看到？

答：对，就是看到这个慢慢学会的。

问：因为电视很好看，所以学会了。那你的同学是不是都是这样的？他们会讲华语的话都是通过这种方式吗？有没有一些补习学校？

答：我们文岛宜市没有补习学校，如果像他们住在山口洋啊，或者是邦加那边，是从以前开始就有补习学校的。他们都是上过补习班的。

问：你是属于自学成才。到了中学有没有继续学习？

答：初中的时候在学校里上过中文课，可以选修。

问：一个星期要上多少次？

答：一个星期上两节课。

问：才两节课。那么上这个中文课的时候，你是不是感觉很容易？你觉得小菜一碟？就是你的水平已经比老师高了。老师是哪里的？当地的吗？

答：不是，也是华人。他年纪比较大，发音不是很准，口音是挺重的，有时候他（在）上面讲课的时候我们基本上听起来很费力，要认真听才能听清楚他说什么。

问：你除了会讲客家话，还会讲什么话？当地有没有福建人？

答：坤甸那一带有，我们文岛宜只有客家人。

问：你感觉你们的客家话和周围一样吗？

答：一样的。

问：有没有在当地听过不一样的客家话？

答：坤甸那一带说的比较不一样。坤甸以外，从山口洋到文岛宜，包括邦加，都一样。

问：还会什么语言？英语？

答：学过英语，但是不大会。

问：你家现在的长辈们，爷爷奶奶、外公外婆，都跟你们一起住吗？都住在同一个地方吗？

答：没有，他们是在邦加那边。以前我奶奶跟着一起。

问：那你的客家话是跟你父母学的，还是跟更长一辈的人学的？

答：父母在家里讲，都是客家人。

问：你兄弟姐妹几个？

答：包括我一共九个。

问：哈哈，人多力量大，你上面有姐姐哥哥们，下面呢？

答：我是最小的。

问：家里的语言使用情况呢？

答：他们也是说客家话的。我爸爸的印尼语还好一点，我妈妈就只是会说一些印尼语。

问：印尼语和马来语的差别呢？

答：我觉得基本上词跟马来语是一样的，但是说出来的口音有差异。

问：要做印尼和马来语的比较本体的对比，就会知道，可以多了解。你爷爷奶奶会讲印尼语吗？

答：爷爷奶奶肯定不会讲。

问：除了会讲客家话，会讲普通话吗？

答：我也不知道，因为从小就不在了。从我记事开始我奶奶就年纪很大了，然后也有老人痴呆。

问：爷爷奶奶是做什么的？

答：爷爷奶奶种田。爸爸也是从事同样的工作，然后妈妈在家里会自己做一些糕点，拿出去卖。

问：外公外婆也是务农吗？

答：对，然后外公以前他是从事那个，什么胶。我们那一带很多，现在还上电视。我忘了怎么说。

问：就是平时我们说的割橡胶，对吗？

答：不是。橡胶是橡胶。以前有过割橡胶，他们自己的地里面就有，所以他就是种叶子，还有上山采购，像我们平时这边可能没有那边很流行的那个原料，然后就采购出来卖给别人。

问：叫经济作物，比如说种烟叶这种香料。

答：嗯嗯，很地道的农民。

问：你将来准备干什么？

答：自己将来还没想好，可能会暂时先回去。

问：家里有兄弟姐妹，你是最小的？

答：嗯嗯，哥哥姐姐都工作了，或者做生意，当教师。

问：还有没有干别的？

答：有的是家庭主妇，姐姐在家里就是照顾孩子，照顾家庭。

问：你哥哥姐姐都是和当地人结婚吗？

答：一般都是华人，不会和当地人通婚。

问：为什么？不喜欢吗？

答：不是不喜欢，像我们那边的话，基本上不会找本地人结婚。

问：觉得会是什么原因？

答：我觉得是相互的吧，他们也不会找华人。

问：跟友族在当地相处得怎么样？

答：我那个地区还好，大家都不会有什么矛盾。我们那边一共有4个族，我们华人、马来族、达雅族、马都拉族。马来族不敢闹事。如果马来人他想有什么动作的话，基本上我们华人这边不需要说，那边的达雅人会出面。其实无论是政治上还是什么，华人一般是不参与的。但我们那边就比较特殊，像市长的话，一般都是我们华人来担任的，马来族他们那边也不是很在意这些。

问：他们都生活在什么地方？

答：他们不在城市待着，而是到了一个比较偏僻的地方，所以基本上市中心都是华人。因为以前那边发生过冲突，他们都自愿地退出城市，到了偏僻的地方。

问：所以无论是从山口洋还是到坤甸，基本上他们是不敢闹什么的。

答：对，这个也不是很了解，因为我们基本上很少会遇到他们，他们很少会集体外出，除非去到比较偏僻的地方。他们如果要采购，会一次性地买很多东西，所以一般很少会遇到他们。他们有一些比较开放的吧才会进城。一般其他的都是不出来的。我们一般会把店开到他们的地方。

问：你去过他们居住的地方吗？

答：我没有去过。

问：所以你们一般都说客家话？

答：我一个姐姐说普通话，她嫁去了马来西亚新山。她的普通话掺杂了马来语、英语。其他的就说客家话。我跟几个姐姐也会说一些普通话。但是和他们的孩子、邻居还是会说客家话。

问：我们来把客家话、印尼语、马来语、英语、华语排一个序。

答：我自己本身和家里的话，客家话、普通话、马来语、印尼语。

问：那你在学校也就是华文学院，用什么语言？

答：这一届很多学生是印尼本地的。如果他同样会说客家话，平时我们会说客家话，但是要看他跟我是不是同一个城市，他如果是另一个地方的话，我们就用印尼语和普通话沟通。

问：以印尼语还是普通话为主？

答：这个比例一样吧。

问：是掺杂着两种语言还是以某一种语言为主？

答：这个要看情况，如果普通话没问题的话会说普通话。就算是说印尼语的话，也会说着说着忘了哪个词，然后换成普通话。

问：是为了提高自己的普通话能力而刻意说吗？

答：因为我的语速比较快，所以有时候说着说着忘了印尼语怎么说，他们就说让我用汉语说。

问：也就是说你们沟通还是以汉语为主？

答：他们以印尼语为主。但是因为我语速太快，他们基本上听得很茫然。我说中文的时候语速较慢，他们可以听清楚我表达了什么，也会很快地理解。

问：这些人是印尼人还是华人？

答：华人。

问：那是因为他们说印尼语不熟练？

答：不，这可能是个人思维方式不一样吧。因为我现在基本上都是中文的思维方式，所以用华语表达得更清楚一些。

问：你见了刘智多讲什么话？

答：客家话和普通话。

问：如果是其他人呢？

答：印尼语或者普通话。会看人，根据交流情况来决定什么语言，如果用普通话交流没有障碍就说普通话。

问：研究生刘智多你熟悉吗？

答：熟悉。

问：陈丽琴你认识吗？

答：不认识。

问：马小艺妮呢？她是爪哇人。

答：不认识。

问：碰到这种爪哇人你会跟他讲？

答：印尼语。

问：来到暨南大学，遇到很多印尼同学，你们第一反应会采用什么语言交流？

答：印尼语。

问：如果是华人？

答：印尼语。

问：如果对方用普通话？

答：那我就说普通话。

问：如果对方说客家话？

答：我就说客家话。

问：如果对方是个福建人，说福建话呢？比如他要试探你。

答：我大概能听得懂，但是不会讲。

问：这时候就要重新来调整什么语言最合适？

答：印尼语。

问：如果对方会讲汉语，会不会把汉语放在第一选择？

答：私下会。

问：是因为觉得我们都是从印尼来的，讲印尼语是本能的选择？

答：是有这种情况。

问：就像我们中国人去海外，和中国人还是不会讲英语。比如说有一个新来的同学，一直跟你讲汉语。

答：我会愿意跟他讲。

问：会不会出现这种心理，如果他汉语不是很好，还坚持跟你讲汉语，会不会觉得都是印尼人干嘛还讲汉语？

答：如果他交流不太好，我还是会坚持说汉语，但是过程中肯定会有不顺畅。

问：你的心理上会不会觉得这么麻烦，说得又不好，为什么还要说呢？

答：这个倒不会。

问：这就属于语言评价、语言态度、语言心理的反映。你知道加里曼丹岛的历史吗？

答：也不是很清楚。

问：这个语言状况是什么情况？马来语和印尼语分家后在各自的政治体系中是怎么样发展的？加里曼丹岛的语言是怎么传过去的？是过去马来语就在那里，还是印尼成立后印尼语覆盖过去的？

答：这个不太了解。

问：去过加里曼丹岛北部吧？沙捞越、沙巴？

答：去过。

问：那里也有很多华人。你讲的马来语和他们讲的一样吗？

答：不大一样。

问：你们什么年代去的呢？

答：我是当地出生的，爸爸妈妈也在当地出生，爷爷奶奶也在那边出生的。

问：也就是起码有三代了。你们大概是什么年代去到那里的？有没有给你交待过？

答：没有说过。其实以前我爸爸那边有家族自己的历史和家庭情况。

问：族谱？

答：不是，是记载的书，我们自己家庭有，然后分散，我爸爸那边的兄弟姐妹分得太散了，然后也没有人再去写，就基本不见了。

问：这个任务落在你的肩膀上，将来要把它续下去。

答：其实像这些故事的话，如果我们没有开口问，连我们的祖籍在什么地方都不是很清楚。

问：你是海丰的是吧？这个又是听谁说的？

答：我上大一的时候还没来这里之前问我爸爸，他才说，然后他说得也不是很清楚。他就知道自己的祖先是从海丰来的，模模糊糊的，不是非常的清晰。

问：但这样的书籍有人写过，对吧？你没有看过？

答：我上次找了一个伯伯，去看了一下，但是它里面记载的是一些已经去世的人，另一本书不见了，然后这本呢写的是我们上上祖辈已经死亡的情况。

问：可以再去了解一下来龙去脉。祖上是从哪里来的？大概是什么情况，第几代了——像我们现在看，最起码是三代。就比如说爷爷这一辈都是在当地出生的，爷爷估计也是一九二几年或三几年？

答：三几年。

问：差不多一百年了。那更老一辈的都不知道是吧？

答：上次有听我妈妈说过，以前不知道爷爷还是爷爷的小孩子，因为他子女很多，其实有回来这边的，但因为很久了，所以就断了联系。

问：你的汉语跟中国人沟通没问题，比如跟我们沟通，没有什么问题。那你的客家话跟客家人沟通肯定没有问题。你的印尼语跟印尼人沟通没有问题。马来语跟马来人沟通，也没什么问题。

答：没有问题。

问：嗯，一种就是一种，他不像有的人呢前不着村后不着店，这个所谓的语言沟通障碍，估计指的就是这个问题。从这出发，又没有到达目的地。完全是一种混合的中介的状态，跟谁沟通都有问题。上次那个王志军老师讲，二语学习就有可能发生这种情况。他在美国见到有些人英语也没学好，汉语呢也退步得很厉害。就是说你在学习二语的过程当中，母语的能力下降了。愫萍这个情况，每种语言习得都比较完整。客家话是母语，那么印尼语也是从小接触，马来语也是从小就接触，这个普通话呢应该也算是耳濡目染，所以她的习得比较完整，因此使用这些语言进行交流的时候，就很顺畅。你所在的西加里曼丹省，就说你那个所在的省的语言/方言分布情况，你这个可能搞不大清楚。我们就说几个点吧。山口洋，印尼语肯定是讲的。对吧？华人少还是多？

答：华人多。

问：那么华人就讲客家话。马来语是谁讲的？

答：马来人。

问：就是马来族吧？他们人口多肯定没有华人多？

答：没有华人多。

问：那最多的还是华人，其次是印尼的马都拉族？

答：这个没有具体的数据，因为他们基本上不在城市，都是在乡村。

问：还有什么？

答：达雅族。

问：他们用什么语言？

答：他们人很少，很少接触到，也是在乡村里。

问：汉语方言就是讲客家话的，还有潮州话，比如坤甸。

答：对，坤甸是讲潮州话的。

问：像那个陈慧珍老师你认识吗？

答：坤甸那个陈老师是吗？

问：是的，她不是建了一个共同希望语言学院吗？陈慧珍老师是潮州人，不是客家人，一听她讲话就知道了，一顿一顿的就是潮州话的味道。达雅族的语言，具体什么面貌？还有马都拉族。

答：马都拉语小时候好像听过，但是自己不会讲。

问：很少会遇到吗？他们不上学？

答：他们都住在很偏僻的地方。

问：那他们的孩子不上学嘛？上学肯定要到学校里来，你们就有机会接触啊？

答：像我们这边小学的话相对比较偏，就像我以前所在的那个小学基本上都是马来人。

问：所以他们可能在当地会有一个小学，对吧？

答：嗯。

问：客家人在当地主要从事的是什么工作？做生意？

答：务农。现在我们比较少了，以前比较多。

问：土地是你们自己的吗？

答：有的是自己的，有的是租的。

问：你们家那个土地是？

答：我们家自己的。

问：你们是自己向当地人买的？

答：对。

问：可以买？

答：可以。

问：你所在的市或者县，语言的分布情况及使用情况。比如说这个山口洋吧，山口洋的这个语言就是刚才讲的，有说印尼语的，像印尼也是比较流通的一种语言，见到谁都可以说。你见到这个讲客家话的人，也可以跟他讲吧。你爸爸妈妈印尼语不怎么样是吧？

答：不怎么样。

问：比如碰到一个比较年长的华人，你跟他讲印尼语，他讲客家话，所以印尼语的使用在当地来讲有限制。客观上像你这一辈的人，像你这个年龄的，是只要上了学的印尼语就没问题，这个马来语应该也没问题的，还是就你没问题？你的小学中学同学怎么样？你是怎么学马来语的？

答：我家附近就有马来人。

问：有没有印尼人或马来人来学习客家话？

答：他们也是因为交流多了就会一些。

问：那种说着玩的？

答：他们也是只会说平常简单的。

问：比如说完全是为了跟他做生意，或者是住在一起啊，一条街道啊之类的，因为打交道时间长了多少会一点。政府的工作人员，肯定是讲印尼语的。华人会不会在政府里任职？

答：有，也有。

问：那他肯定也是讲印尼语？他只有碰到华人，比如说你们去政府办事情的时候，如果正好看到政府的这个官员是华人的话，你如果讲客家话，他会不会理你们？

答：会，他们会的话也会跟你讲。

问：如果在政府里面讲马来语呢？

答：还是会说。

问：那政府官员他不一定会说吧？

答：我听过马来西亚那边的马来语，和我们这边的马来语差别很大。像我们这边的马来语呢就跟印尼语差别很小，如果你没有真的去注意听的话，他就感觉可能是印尼语。

问：你们的印尼语跟雅加达的印尼语感觉怎么样？有差异吗？

答：雅加达年轻人说话太流行了。他们很少会说规范的。

问：他们比较时髦，对吧？

答：很多词儿一样，会把它改变。

问：也可能他们的印尼语和原来的马来语比较接近，根子、底层的东西和基础，是相同的，但是后来呢就是各自在发展之后一定会有一些不一样的东西。因为现代社会的这种无国界无障碍，有可能会在上面有一些变化，对吧？当然如果马来西亚跟印尼之间还有一种情况，所以也会有很多个流行的东西进来，尤其被年轻人接受的东西。所以在这上面漂的这一层，将来你要做这个比较的时候，视野要开阔，像今天我们了解它，因为它偏安一隅，他那个地方相对不是在印尼的政治经济中心。在另外一个岛，那岛上的情况跟雅加达不一样，是吧？它的印尼语和雅加达的印尼语闻着味儿可能都不一样。就感觉它质朴，对吧，雅加达的肯定比较花哨。

答：其实他一开口基本上我们都可以知道他是从哪里来的，特别是雅加达的话，他一开口说话，那个口味和我们就不一样。

问：在中国，北京人说的普通话跟别的地方讲的味道是不一样的。那你们跟那个沙捞越沙巴的马来语差别大吗？

答：我前段时间有接触过一个沙巴的人，他过来这边，我们之间的差别大也不大，小也不小。

问：那这样，你们的马来语跟他们的马来语接近，还是跟你们的印尼语接近？

答：跟印尼语。

问：也就是说你们的马来语实际上更接近你们的印尼语。

答：嗯。

问：你们的马来语和印尼语接近，还是你们的印尼语跟雅加达的印尼语接近？

答：可以说不分上下，差不多。

问：你们的印尼语和你们的马来语，和沙捞越沙巴的马来语比起来呢？

答：和马来语更接近。

问：那你们的马来语和那个西马的马来语比？

答：那边的是那种比较踏实的，我不是很听得懂，我们就是说的比较委婉的。

问：那你的意思是不是你们的马来语相对于那个沙捞越沙巴的马来语，与西马的马来语差异就更大了？

答：对的。

问：好的，大概知道一个情况了。那文岛宜在这几十年有没有什么变化？包括客家话、印尼语、马来语还有华语的一些变化。不是说语言的变化，就是各个语言之间的变化，比如说像广州以前常说的是粤语，对吧？现在开始常说普通话了。

答：基本上变化不会很大，因为像我这边，基本上是华人地区，基本上还是会以客家话为主。

问：那整个地方的语言政策呢，比如说政府要求你们必须学什么，不能学什么？

答：没有，就是说必须要学什么，就是必须学的，其他不会限制。

问：那学校这个印尼语是标准语，就是跟你们的印尼语是有差别的吗？

答：我们那边所有学校学的都是标准印尼语。

问：你们说的呢？

答：我们说的是会比较口语化的那种。

问：跟标准印尼语有差异是吧？是标准印尼语跟雅加达的差别大还是和你们的印尼语差别大？

答：雅加达的印尼语，如果不是太偏的词的话，他说的还是会比较标准。

问：好，那有没有说以前禁止说华语或者禁止说客家话？

答：客家话以前没有禁止过。

问：但是以前的话一些学校禁止说普通话是吧？

答：学校禁止，但是客家话就不会限制，只是禁止普通话。

问：那文字呢？华文呢？

答：也不让，那段时间完全不让学习华文，不能说也不能写了。

问：用客家话学习华文呢？

答：因为反正不能用华文嘛，所以客家话也只能说不能写。

问：那有没有鼓励你们尽量用印尼语？

答：学校会很想支持你说印尼语，老师一定要说，对学生也没有强制。课堂上的话，老师肯定会说，也必须要说印尼语。

问：你们的祖辈，就是你的爷爷奶奶爸爸妈妈基本上不会说印尼语，会说一点点马来语？

答：对。

问：然后到了你们这一代人，就都会说了？

答：这个哥哥姐姐们都会说。

问：然后你会讲普通话，你的父母还有爷爷奶奶应该也都不会说？

答：会，就是简单的。

问：那也就是说你不知道你的爷爷奶奶什么情况，而爸爸妈妈都是会说普通话的。然后到了你们这一代普通话能力更强一点，那你觉得会不会是中国的影响力变强了，导致大家基本上都会说普通话呢，还是你们自发去学？

答：如果整体来看的话，也是跟中国现在的发展有很大的关系。我们那边其实从以前一直都在学。不管再怎么限制，补习班都照开。

问：那补习班都是华语,还是也有客家话?

答：纯粹学中文。

问：那你们之所以学普通话,是因为中国国力强了,有很多人做生意,所以要跟他们打交道,还是因为我是华人,必须要学?

答：每个人的情况不一样,有一些呢就是真的是想让他学。因为随着现在中国国力的增长,现在父母也有这样一个意思,说学好中文以后你无论是找工作还是什么都比较吃香。

问：对,那从你自己的感觉来说,会不会因为我是华人,然后对中国也有兴趣,所以我应该学?

答：我自己这种意识不是很强。

问：那你觉得华文和客家话差别大吗?

答：如果像我的话,直接音译到客家话,基本上逐字翻过去就行。主要还是文字难,华语本身不难。

问：也就是说你的同学们基本上都会华语,但是可能华文不行。

答：有一部分的同学说这方面已经都没问题。还有一些部分真的就是临近零基础开始学的。

问：所以你们还是觉得华文要结合着华语一起,而不是说我会华语就行?你们还是比较强调还会写?

答：还是会强调写。

问：也就是说你们会认为只有会写了才算真正懂中文,而不仅仅是我会说就行?

答：因为现在大公司啊招聘的要求也是这样,不仅是会说,而且还要会写。

问：那你们当地有没有客家话的华文教学?就是用客家话来教汉字。

答：没有,纯粹用华语教。正规的学校根据政府的学校的课程来教,再有就是个人对华语比较感兴趣。

问：那除了客家话之外,印尼国内有没有其他方言?比如说像潮州话、闽南话、广府话?

答：以前我哥哥基本上都会广府话,因为他们以前经常接触,有时候听收音机,然后感兴趣。

问：为什么他们会那么多？

答：因为我们那边基本上接触不到这些语言，然后也是没有真的很深入去想。

问：有没有广府话的TVB剧？

答：以前有，但是到了后来就不知道为什么开不了。

问：还是以华语为主，普通话为主？

答：嗯。

问：那对于印尼其他的方言，除了汉语以外，比如说是马来语或者英语的方言，接触过吗？

答：其他的也很少，就是这马都拉话，包括那个达雅族，也是很少的。在泗水、棉兰接触那些语言。

问：其实你们当地的马来语和印尼语的差别主要是一些口音和词汇是吧，差别不大？

答：应该是能互相沟通。实际上就把它也可以算是一种方言。

问：你们怎么会认为它跟那个东马的马来语和他们标准的马来语都有差别？它还更接近你们说的印尼语，为什么你会认为它是马来语而不是你们当地的一种印尼语方言？

答：因为有个很标准的印尼语，词汇啊语法之类，像我们平时说的马来语基本上还是达不到。跟马来西亚那边的马来语比，我们所用的词汇比较优雅，像他们用的其实很多是很粗的那种。

问：你们认为比较粗俗的就是马来语，比较雅的就是印尼语。

答：因为他们马来语有很多词语的话，我们一听基本上就是其他的意思，有可能他们说的是一个不是贬义的，但是到我们这边就是贬义的。

问：他们的更通俗一点，接地气，然后你们的就比较文雅一些？

答：嗯。

问：文雅的就是印尼语，不文雅的就是马来语，反正就这意思是吧？

答：对。

问：让你去排序，你觉得英语、普通话、汉语方言、印尼语，还有什么马都拉语啊达雅语啊包括马来语，未来会是什么样的一个发展态势，会不会华语慢慢地向上，还是英语占优势？

答：其他的话重要性就会往下降，但是目前的话，英语是很吃香的，因为基本上所有的小学生都会被父母送去补习，特别是英语，当地华人也会英语，因为英语是必须学的，所以他们很注重英语这方面。然后英语是我们的必修课嘛，所以他们基本上也是必须要会的。现在华语也开始多了起来。我看到有一部分学生从幼儿园开始，对华语已经很熟很精通了。他虽然不会写，但是简单的交流还是会的。我觉得英语和汉语，往后的发展趋势是会很好的。

问：**那你觉得客家话未来怎么样？**

答：客家话我觉得现在地位下降了吧，因为现在的年轻人，就是我下面那一代的话，像我是95年出生的，然后从96、97开始再往下的话不行了，基本上我回去跟他们交流的话，我说了一句话，他们不怎么听得懂。

问：**那他们用什么？印尼语？**

答：他们还是会说客家话，但是说一句完整的客家话里面会有很多印尼语的词汇。

问：**也就是说他们印尼语和华语的水平都上去了，客家话的水平下降了。**

答：对，因为我平时跟老一辈的接触比较多，然后平时也跟他们说客家话，有时候也会用一些比较深的客家话词汇，然后有时候有可能也是习惯性直接把汉语的词汇夹杂在客家话里，所以有时候跟这些比较年轻的人交流的话，他们也说听不懂，然后我们就会跟他用这些使用华语的词汇，他们说也听不懂，所以现在你跟他们说基本上很基础简单的客家话，他们可以听得懂，但是你说得深一点他就听不懂了。

问：**是用客家话的读音来读华语词汇呢，还是彻底就用华语读，再夹杂在客家话中？**

答：客家话。

问：**就比如说粤语的话，一般来说不会说"东西"这个词，会用"嘢"对吧？但是广府人使用华语词的时候，会用粤语读"东塞"而不是华语的读音。是前面还是后面那个？他在说华语的时候，是说那个"东西"还是后面那个"东塞"？因为他不会汉字，所以他要彻底用华语去读，于是客家话夹杂了华语词，而这个华语词并不是用客家话读的，而是彻底用华语的语音？**

答：有一些是这样，还有一些是把华语的读音转成了客家话。

问：那他会有一定的文字基础吧？

答：有一些如果接触过华语的话，基本上会，但是有一些不会。

问：**不会的，他能知道这个对应规律吗？**

答：可以。比如说我们说客家话说得很深的话，那些词汇说得很少，他们听不懂。所以现在那边的情形是，下一代人真的不怎么会说，而且现在父母也不怎么跟自己的孩子说客家话。

问：**父母跟他们说什么？**

答：如果父母跟我同一辈的话，他们会说普通话。

问：**会说印尼语吗？他们会跟孩子用英语和普通话交流，因为他们想让孩子从小就有这样的一个语言环境，让他们可以会普通话，然后也会英语。**

答：我明白了。也就是说华语和英语会占上风，然后其次是印尼语，然后比较堪忧的是客家话、马都拉语和达雅语。好，我们的采访到此结束。

附录二

刘智多访谈记录

问：**请问您尊姓大名？**

答：免贵姓刘，名智多。

问：**好，如果不介意的话，请问你是哪年出生的？**

答：1994年。

问：**那么家里现在居住在哪里？**

答：山口洋，西加里曼丹省山口洋市。

问：**哪个山？哪个口？**

答："山"是大山的"山"，"口"是山口的"口"，然后那个"洋"就是三点水的"洋"。

问：**那么能稍微介绍一下你们山口洋那边语言的情况？**

答：这个其实我也不太了解。

问：**那你这个语言是你的母语是吧？**

答：对。

问：**客家话是你的母语，就是你出生就讲这个话，那你父母呢？**

答：我父母也是，我爷爷也是。

问：就是你父母也是在印尼土生土长的?

答：对。

问：虽然他们来自不同的地方，语言是不是一样的?

答：啊一样，一模一样，都是客家人，都讲客家话，只不过就是说他们，怎么说呢就他们现在讲课教的是一样的，上上一辈可能是那个音不太一样，爸爸和妈妈说的不太一样。

问：嗯那么现在你说的是你爸爸那边还是妈妈那边的?

答：爸爸那边的吧，因为我们那边现在也同化了。

问：都一样都同化成你爸爸那边，也就是你妈妈那边是少数，已经不说了，并不是因为你爸妈结婚导致的?

答：因为山口洋都是客家人，然后这边比较多的是梅县那边搬过去的，所以跟梅县话很像。

问：朱愫萍是汕尾的，口音就不太像汕尾的对吧？但是一般搬到山口洋的可能就一样了，对吧?

答：对，你可能就是说隔了一个村，她讲的口音就不一样了。

问：但是你们山口洋用的是哪种客家话?

答：硬的，就像海陆丰那种，比梅县要硬。

问：我想那你的爷爷奶奶外公外婆也都是说客家话的，那你家里几兄弟?

答：有一个姐姐三个妹妹，她们也是从小说客家话，我们什么都一样。

问：好，那你的邻居也是客家人？你是在山口洋市里面住吧?

答：对对对对，都是客家人，然后呢你到哪去，去买东西啊什么都讲客家话，然后我们去上课，同学基本都是客家人，上课的时候呢就讲印尼语，老师不允许我们讲客家话，上课那段时间就没有讲，课间嘛就开始用。

问：那上课用什么语言?

答：上课用印尼语。

问：马来语呢?

答：噢，马来语啊只有跟那些本地人交流的时候才会用。

问：本地人说马来语，上课用印尼语。这个印尼语跟雅加达的印尼语一样吗?

答：这里的印尼语跟雅加达的印尼语是一样的。

问：你们上课说的印尼语和雅加达一样？

答：对对对对对对，是标准的印尼语。

问：然后那你们的印尼语跟那个马来语差别大吗？

答：很大，还是挺大的，因为有些词是不一样的。

问：能互通吗？

答：可以，基本上能听得懂，但是怎么说，如果说快的话，他们可能因为……毕竟带有口音嘛。

问：那你们的印尼语有没有自己的方言？

答：有啊，应该有方言，印尼语在每个地方都不一样，比如说泗水的印尼语，带有口音，就像汉语，陕西和山西的话可能不一样。

问：你们山口洋的印尼语有没有口音？

答：我们讲的印尼语他们都能听出来，很有特色。

问：那就还是跟雅加达不一样啊？

答：不一样，一听就听得出来。他们讲的印尼语比较标准。

问：那你们的印尼语跟雅加达的印尼语差别大，还是你们的印尼语跟马来语的差别大？

答：怎么说呢，我平时讲马来语，然后呢我平时跟同学交流用马来语，他们有时候就听不懂。

问：也就是说你们的印尼语和马来语差别很大，那你们的印尼语跟雅加达印尼语呢？

答：一样的，其实一样的，只不过他们口音不一样，所以讲出来就感觉很奇怪，没有那个味道。

问：对，就好比南方人跟北方人讲的普通话一样，对吧？

答：有些就很奇怪。

问：好，那么你们周边除了印尼语和马来语以外，还有没有其他的语言？

答：噢，有，潮州话，因为有潮州人。

问：比较多吗？

答：比较多，对，山口洋不多，坤甸很多，那儿讲潮州话。

问：那潮州人是不是也会讲客家话？

答：对对，那边是这样的情况，有的客家人像我姑姑她也会潮州话。反正就是说，潮州话我会讲一点点吧，能应付日常生活，因为很少用。像我姑姑基本没问题。

问：为什么你姑姑会讲潮州话？

答：因为她嫁给一个潮州人嘛，所以会说潮州话，要交流的。

问：那也就是说实际上你们家除了她，其他人都不会讲潮州话？

答：我还有个叔叔会，我也不知道他怎么会。

问：实际上是没有这个语言环境？

答：没有呃。主要是客家话以外要学的话就得通过其他途径去学，住在这个坤甸的话，他就同时会两种语言。

问：那还有其他的原住民语言吗？不一定是方言？

答：不一定是印尼语？

问：就是在你们当地的其他语言，当地的。

答：啊噢，山口洋内部要找找，但是不多。

问：大概有多少？

答：这个没统计过，不知道。

问：跟潮州人比呢？

答：呃，应该会比较少吧。

问：那潮州人占比大概多少？

答：这个我也不太清楚，多数都是客家人。

问：那我继续问你华语的情况。

答：我觉得那边华语还是搞得比较好的，因为华人在那边还是挺多的。

问：就是现在允许教学了，都会说华语是吧？

答：对对对。

问：写字情况呢？

答：写字情况可能比较差。

问：那你们习得汉字是通过客家话还是通过华语？

答：都是通过华语，对，因为你知道我们讲客家话，也没有看汉字。

问：那你现在能够把客家话和华语对应吗？

答：可以，客家话和汉字可以对应的。

问：汉字跟客家话怎么个对应法？

答：就是看到这个字，你知道用客家话怎么说，有些就翻译不来，没有对应的词，不知道是用哪个字。

问：你父母那边一共是几口人？

答：我家里头七个。

问：你父母都从事什么工作？

答：我爸以前是搞推销的，然后现在就自己卖菜了。

问：你妈呢？

答：家庭主妇。

问：那你爷爷奶奶？

答：我爷爷就是种田。

问：自己买的地吗？

答：是自己买的地，有自己的产权。

问：那你的外公外婆？

答：外公现在没做什么，上了年纪嘛，以前的他应该是打金的吧。

问：那你的姐妹？

答：我妹妹是华文老师，在雅加达。

问：然后你姐姐呢？

答：家庭主妇。

问：那你的三个妹妹呢？

答：一个在爪哇岛，两个还在上学，高中。然后她们的华语能力也都可以，我们那边都有上中文课的。另一个去补习班。对。那刚才问到了她好像现在水平应该是五级吧，哦那还挺不错的，那来了也是上升，如果能来暨大的话也是上那个中级班了，也就是C班了，另一个那个当华文老师就更不用说了。

问：华文老师跟你比呢，水平怎么样？

答：我因为来过这边上学肯定不一样了。

问：你是怎么学的华语？

答：我觉得很大程度就是因为看电视，这个我小学就开始看，从小开始看武侠剧呗。

问：在来暨大上学之前你已经会华语了？

答：嗯会听，但不会说，就是不敢说，因为怕错。

问：那什么时候开始学的？

答：上小学六年级，不是在山口洋，之前在邦加，也在西加里曼丹。

问：那你们一般看的是哪些电视台？华语的。

答：噢都有，啊这边能收到，湖南卫视，TVB啊，对，你能收到我就能收到。总之有你们能收到的我们都能看到，用卫星。

问：广东话呢？

答：广东话看得比较少。

问：翡翠台？

答：翡翠台没有。

问：你爸爸华语怎么样？

答：爸爸也会。

问：水平怎么样？

答：还可以吧，我觉得还挺不错。

问：那你妈妈呢？

答：我妈妈不会，因为没学嘛，只会客家话。

问：那他们两个还会其他什么？

答：唉你说的是其他的语言吧？

问：其他语言，包括语言和方言在内。

答：我爸爸会一点潮州话。

问：证明潮州人还是有一定比例的？

答：可以这么说，可能我还不太了解，因为我接触的都是客家人，也很难说，因为客家人跟潮州人长的是一样的，对吧？他会讲客家话，也不代表说他是客家人，有可能他是潮州人，也有这种情况。

问：然后那再往上呢，爷爷奶奶外公外婆这一代？

答：嗯，我爷爷奶奶再往上是吧？

问：不是，就你爷爷奶奶外公外婆他们的情况。

答：他们的客家话就非常纯正，啊就不像我们，因为我们讲的客家话有时候还会混一些印尼语，有时候就找不到词。

问：他们讲印尼语呢？

答：他们不会。

问：那他们是在印尼土生土长的，还是从中国移民过去的？

答：我想我是第五代，我爷爷应该是印尼出生的。我爷爷的爸爸是印尼出生的。我们客家人不会跟当地的印尼人通婚，就土生土长，跟潮州人可以，跟其他华人可以，华人以外是不可以的，但也有通婚的现象，我们就很少了，比较少。

问：其实你们的客家话水平在退步？

答：对，确实一代不如一代，现在讲得稍微难一点的词他们就听不懂。我们来中国这边会对照啊，有华语跟这个客家话，华语越好你客家话说得越好，是这样的一个一个对应关系。有一次我回去嘛就跟他们讲了，他们说感觉你讲的客家话怎么像个老人似的，他们觉得我讲得就那种特别地道，都觉得很奇怪，因为年轻人都很少这样讲了，这就是用到了华语的意思。

问：华语会对客家话有促进作用？

答：对对对，所以现在一代不如一代，用词很深，一代不如一代。

问：主要还是印尼语介入？

答：对对。

问：还跟那个印尼语的教育有关？

答：对对对对。

问：那爷爷奶奶他们会不会除了客家话以外的，比如潮州话，或者比如英语、马来语等其他的？

答：马来语他会，潮州话我就不知道，没听他们讲过。他们是会一些马来语的，肯定不像年轻人。

问：也就是说你的客家话实际上是邦加客家话，不是山口洋客家话？

答：一样的，一模一样的，你们听不出来区别。

问：那你们家主要交际的语言就是客家话，然后除了你的姐姐对姑姑、姑父都讲客家话，然后他几个女儿也会讲潮州话。你姑姑、姑父讲潮州话，你姑父也会客家话？

答：肯定会啊，但是他讲的客家话就跟我们讲的不一样，软软的带潮州味。

问：那他的孩子也是会讲客家话的？

答：两种都会。

问：我们把视角从山口洋换到广州。在大学里你常用的是什么语言？

答：你跟我们交谈肯定是普通话。

问：那你遇到一个印尼的同学，选择什么语言？

答：如果遇到一个印尼的同学，比如说我不认识的，比如我师妹，那我就跟她讲印尼话，这个比如说我认识了，当然会用印尼语，偶尔也会讲普通话，更多还是印尼语。

问：为什么你遇到不认识的印尼人，开口会讲普通话？

答：因为他们先开口，说的都是普通话。

问：那如果他们开口是印尼语，你就会说印尼语了？

答：是的，但实际上基本开头首先是普通话，因为他们不知道我是外国人，一般大多数是这样的，大多数情况下他们一见到我，不知道我是不是印尼的。印尼华人多，看不出来。

问：你还跟泰国不一样。不知道为什么，泰国华人跟中国人不太像，但是印尼华人跟中国人没什么区别。

答：对，唉主要是族群差异大，所以见到他们那边长得特别像中国人的，我也不敢一开口用印尼语，他听不懂怎么办。

问：所以如果你遇到一个山口洋的呢？

答：客家话，就比如说遇到客家人肯定讲客家话，遇到印尼人呢肯定讲印尼语。典型印尼人肯定讲印尼语。比如戴思佳。

问：那有没有过他是印尼人还讲普通话的情况？多不多？

答：比较少。

问：那你怎么确定一个人会讲客家话？

答：啊我先听他们讲话。我听他开口，我知道他这种水平到哪个程度，就知道他是哪国的。

问：那你怎么会知道他会讲客家话？

答：嗯因为客家人在用词方面有客家特色。

问：除了印尼语、华语、客家话，你还会其他语言吗？英语？

答：英语会一点，但是也讲不好，还有其他，潮州话也会一点点。

问：你们的马来语跟马来西亚的马来语不一样？

答：不一样。

问：那为什么你们把它叫马来语？

答：跟那个婆罗洲的，比如说沙捞越、沙巴、文莱的，可以交流。就我之前认识的那个马来西亚同学，也可以交流。

问：那你们的马来语跟印尼语也能交流？

答：可以，但是有些词他们听不懂。

问：那你们的马来语跟马来西亚不同的地方不能互通？

答：有一些吧。

问：那为什么你们还要叫它马来语？你们的马来语跟马来西亚的马来语近，还是你们的马来语跟你们当地的印尼方言近？

答：当地的印尼语。

问：你们的马来语跟印尼语近？

答：对对对，我觉得是这样。我们那边人讲的马来语跟印尼语有很多词已经混了。

问：那为什么你们还要叫它马来语？

答：因为他们是马来人，马来人讲的就是马来语。

问：那怎么区分它是马来语或者印尼语？因为他从北部到了你们南部？

答：对。

问：看用词，比较粗的就是印尼语？

答：也不见得，但是有这种情况。

问：好，排个序。

答：要真排序的话，那客家话肯定排第一了，然后马来语排第二吧。第三印尼语，第四普通话。我觉得普通话跟我的印尼语水平也差不多。

问：然后最差是潮州话？英语呢？

答：英语肯定最后啊。

问：现在我来排序，客家话遥遥领先，然后是马来语，你的马来语和印尼语差别大吗？

答：大，很多专业术语我都不知道。

问：然后是印尼语、普通话是一个水平，再差一点是英语。

答：再差一点是粤语，最差的就是潮州话吧。

问：为什么你会说粤语？

答：因为我经常去香港嘛，然后我阿姨是香港人。

问：是来了广东才学的吗？

答：对。听多了，我是那种比较爱面子的人，就像我讲普通话一样，我一开始不会说，我就不说！我只听，不敢说。

问：再排个序，客家话第一，第二位是马来语，然后第三位是印尼语和华语，然后第五位是粤语，第六位是英语，最后一位是潮州话，七种语言，还有其他的吗？

答：差不多了吧。

问：你不太清楚其他的原住民的语言是吧？

答：我没听过不代表没有。

问：爪哇语都是从爪哇岛来的人讲的吧？跟印尼语能互通吗？

答：爪哇语跟印尼语不一样。

问：那你们省除了山口洋以外，其他的语言的分布情况，包括汉语方言。

答：除了我那个城市啊还有其他民族，比如说这个达雅族与马都拉族，还有这个巽他族，我觉得其他族群还有，反正不止这些。

问：那你们有没有其他的华裔？就是分布在不同地区的华裔的一个语言使用情况？如西加里曼丹省。

答：这个我不太清楚，因为我们毕竟没去了解。

问：那你们山口洋主要就是客家话了。你们所在这个地方最通行的也是客家话？

答：对，客家话。第二就是马来语。第三印尼语，印尼语马来语差不多。第四？没有了，在街上很少见到听到他们用普通话。老一辈人也不会，就会讲客家话，华语都是在课堂上才会用，我没来中国之前也不会讲普通话，在家里肯定不会讲，在学校会讲。

问：语言在这几十年中此消彼长，比如说哪种语言变好了，哪种语言变差了？

答：嗯客家话肯定变差。然后呢有这样一种情况，就是说他们呆久了，然后就自己造新词。

问：华语引进到客家话的词是用华语读还是用客家话读？

答：客家话。他用客家话的音，但还是华语的那个词，用了客家话就是那两个字，用了客家话，比如说这个微信支付，就用客家话读出来，它这个词还是照样不变，但是用客家话的音去读。

问：那跟国内一样。可是他们不识汉字，怎么会知道这个转化关系呢？

答：不知道。

问：那跟国内一样，汉字就知道它这个对应关系，就知道华语跟所有方言之间一对一的关系，一个字一个字。然后那你们是客家话退步了，退步得多吗？

答：我觉得也很严重，现在年轻人有些甚至不会说。有的完全不会说，完全不会听。

问：不说雅加达只说山口洋。

答：山口洋有些混着比较严重，很严重。说两三句然后就开始用印尼语代替了。

问：有没有用客家话授课的，像华文学校有没有？

答：目前没有，全部都是华语。其他汉语方言也没有。

问：那你觉得是什么原因？

答：嗯你说是让这个客家话退步的原因是吧？因为那边不止是客家人，也有马来人，可能他们交流多了，然后可能因为方便，就开始用印尼语。

问：有没有国家政策的原因？

答：我也不知道要怎么说。

问：这种语言地位下降，其他语言地位上升。

答：当地的印尼人有些也会讲客家话，比如他们搞合作，比如当司机，有人会讲客家话。

问：那我继续问你，比如客家话地位下降了，那肯定有其他的语言上升，哪些语言上升？

答：你说对比几十年那种是吧？

问：对，比如说对比印尼语。

答：这个我不清楚。对印尼语的使用情况看不出来。要对比几十年对吧？

问：华语使用人数有没有上升？

答：肯定有上升啊，因为怎么说华语办得好嘛，这个学校每年招生越来越多。

问：在你们山口洋大概占比多少，或者你们周围有多少人会说华语？

答：我之前回去学习，在那个山口洋补习所，每一个班差不多有20来个人。

问：总共多少人啊？

答：总共？

问：有没有一千？

答：我上次统计都几百了。

问：那山口洋总共多少人？

答：这你们可以搜一下。

问：那你对于华语、汉语方言和其他你们当地的语言感兴趣吗？

答：当然感兴趣啊，会学，比如爪哇语。

问：那对其他汉语方言，潮州话或粤语感兴趣吗？

答：肯定感兴趣。

问：那你感兴趣的原因是什么？

答：越多的话你就可以了解很多词，明白很多词是怎么来的。

问：你觉得现在客家话地位下降了，有没有觉得有必要去保护？怎么样去保护？

答：其实是有必要去保护，因为没有办法，没有办那种专门用方言授课的，我觉得这个也很难。我觉得如果要保护的话，首先得学中文，通过华语来保护。因为有了华语就能够对客家话有一个全面的认识。

问：也就是说你觉得华语会促进客家话的传承，而不是说影响。

答：对，会促进这事，一定会促进，我觉得是这样。

问：你对于汉语的方言分化有什么看法？你知道汉语有很多的方言，实际上就有几百种。我们把它归了七大类，但这七大类内部也不能互通，广州话和四邑话虽然都归为粤语，但差别很大，只是它的有一些比较相似的特点或者一些族群的认同，因为它是根据特点归纳的。那么你觉得，汉语的这么多方言的分化是什么样的原因造成的？

答：这个是地方的问题，我觉得。地方问题是一致的。比如说现在我讲客家话，对吧？我还有我的孩子也讲客家话，然后孩子搬到另一个地方，然后那个地方就讲另一种语言，然后他在那边生存，对吧？然后他们开始讲那边的客家话，对吧？讲一段时间，可能他们的客家话跟我讲的这个话就不一样了，然后慢慢越来越像另外一种。下一代就是他们的后代可能将来又不一样了，就慢慢形成了这种分化。

问：你觉得英语在当地怎么样？

答：我们那边算是比较好的，我见过我几个同学英语特别特好。

问：你觉得英语、普通话、客家话，再加印尼语、马来语，这五种语言的前途如何。

答：我觉得普通话会越来越好，然后呢客家话肯定不会被替代。英语也会越来越好，华语补习班、英语补习班越来越多。

问：你觉得哪个最占上风？

答：第一印尼语，第二华语。

附录三
李旺宗访谈记录

问：现在山口洋还是客家话占多数？

答：是。

问：那有没有其他的汉语方言？潮州话？

答：在山口洋市里是吧？如果居住在山口洋的话，哪怕他是潮州人，也会讲客家话。

问：然后客家人到了坤甸，就会学潮州话，因为它是城市里面通行的？

答：对。

问：包括马来人什么的也都讲客家话？

答：会一点啦，一般买菜什么生活用语都会。也不是全部。

问：那学校会说客家话吗？

答：华人多的学校就会。

问：华人多的学校的教学语言是？

答：教学语言还是印尼语。华校没有客家话，也不准我们讲方言，华校讲的是华语。

问：我看好像老一代的人会用客家话来念华文报纸，但是现在年轻的是不是不会，基本上不会用客家话认字？

答：有这么一个现象。年轻人基本上会客家话，但是不会写汉字。基本上是学了华语，才会学华文。

问：就是说光看到汉字的话，并不知道它对应客家话的读音？

答：可以这么说。有些比如说在雅加达长大的客家人，就不懂客家话，只会华语。

问：如果是一个学过华语的客家人，也会客家话，比如说您这样的，能不能把客家话和汉字对应起来？

答：基本上可以。如果能够把它对应起来的话，他学白话就会简单些。我觉得我学白话就很简单，声调会有些问题，但是过关。

问：哪怕学潮州话都能简单很多？

答：没有看过那个潮州话的文字材料、学习材料，所以就不知道。

问：像山口洋所有的客家人使用的语言都差不多，就没有什么差别，都说的海陆腔是吧？

答：对。

问：除了山口洋，周边还有没有客家人的地区，在西加里曼丹。

答：西加里曼丹，其实坤甸也有了，说比较少，还有百富院。

问：但口音也是山口洋的口音，是吧？

答：主要是我们把自己的叫硬话，然后百富院的叫柔话。

问：你们口音比他们重一些是吧？除了百富院还有什么区别？

答：有的话就在别的岛了，邦加、勿里洞，那边也有很多客家人。

问：西加里曼丹这边就没有什么差别了？百富院话听起来比较软，能听懂是吧？

答：能听懂，就是语调上不太一样。

问：他们跟海陆腔像吗？他们接近还是你们接近一点？

答：还不好说。

问：反正你们其实相差都很小是吧？

答：对，不妨碍沟通。

问：跟大陆和台湾的普通话比起来？

答：大陆和台湾的普通话差别还会更大些。

意大利普拉托温州籍华侨华人语言使用情况调查[①]

王 莉

温州大学图书馆　浙江温州　325035

【摘　要】 意大利普拉托是温州籍华侨华人在欧洲的最大聚集地。我们以普拉托中文学校的温州籍学生及其家长（即温州各区县市的瓯语使用者）为调查对象，通过随机问卷，调查并分析普拉托华人社区温州籍华侨华人的语言使用基本情况——温州话的核心使用范围是他们的家庭生活，当地目前最普及的语言是普通话，意大利语和英语日益重要，越来越多的华侨华人拥有多语能力。

【关键词】 意大利普拉托；温州籍华侨华人；语言使用情况

一、普拉托温州籍华侨华人的由来与现状简介

意大利普拉托（Prato）位于意大利中北部，人口18万（2006年）；位于托斯卡纳大区，亚平宁山脉西北麓，临比森齐奥河，东南距佛罗伦萨16千米。它是意大利重要的毛纺织中心，还有水泥、纺织机械与化学等工业。

普拉托是欧洲温州籍华侨华人最集中的地区，人口将近3万（据2016年9月5日"360百科"词条"普拉托省"）。他们绝大部分是20世纪80年代的华人新移民。温州方言是普拉托华人的常用语言。"普拉托的最早一批温州籍移民是在20世纪80年代中期从法国'二度移民'而来的，但人数极少。截至1982年，全意大利的中国人也仅有2000人左右，而普拉托仅有38人（1989年），到90年代开始增多，达到400多人，进入21世纪特别是2003年以来，急剧增长。"（据徐华炳《意大利普拉托的中国移民社会调查》，《八桂侨刊》2009年第2期）

[①] 特别感谢游汝杰老师对本项目的调查和报告的悉心指正，文中疏谬概由作者负责。

普拉托的华人聚居在市中心古城墙外，Via Pistoiese 和 Via Fabio Flizi 两条街道遍布中国餐馆、中国货行和超市。

普拉托目前有4个华人社团：普拉托华侨华人联谊会、普拉托华商会、旅意福建华侨华人总会和意大利华侨华人佛教总会。这些侨团在稳定华人社会、资助弱者、救济贫困、协调与当地政府之间的关系等方面都发挥了积极的作用。

二、调查方法与问卷基本情况

本文的调查方法是问卷调查，问卷设计是根据暨南大学海外汉语方言与文化研究课题总编组提供的关于"美国华人语言调查问卷"模板调整修订而成。

调查对象是普拉托中文学校的温州籍学生及其家长（即温州各区县市的瓯语使用者）。

调查渠道是普拉托华侨华人联谊会中文学校，我们委托校方分发并采集该校温州籍学生及家长语言使用情况调查问卷。

我们收回有效问卷共计90份，其中20岁（含）以下少儿组样本48份，21岁（含）以上成人组样本42份。

普拉托华侨华人联谊会中文学校是目前全欧洲办学规模最大的华文学校，在校学生超过一千人，很受当地政府和侨界的重视。本次随机调查少儿组样本接近该校总人数的5%。这些学生及其家长总计90份样本大致能够反映普拉托华人社区温州籍华侨华人的语言使用基本情况。

三、调查问卷的数据统计与分析

（一）样本的基本情况

表1 按年龄段分析样本

年龄		≤10岁	11—20岁	21—30岁	31—40岁	41—50岁	51—60岁	总计	比例
人数		14	34	6	21	13	2	90	100%
性别	男	4	12	3	6	8	1	34	38%
	女	10	22	3	15	5	1	56	62%

(续表)

学过中文，会写汉字	14	34	6	21	13	2	90	100%
有外文名字	14	29	3	11	4	0	61	68%
侨居国出生	14	31	1	0	0	0	46	51%
祖籍地生活一年以上	2	17	6	21	13	2	61	68%
文化程度	小学	14	4	1	1	1	0	21	23%
	初中	0	13	2	11	9	0	35	39%
	高中	0	17	3	7	3	2	32	36%
	大专	0	0	0	2	0	0	2	2%
原生家庭的第几代侨民	侨一代	0	0	2	18	12	2	34	38%
	侨二代	13	28	4	3	1	0	49	54%
	侨三代	1	6	0	0	0	0	7	8%

90个调查样本都是温州籍侨胞，每个样本都有中文姓名，即使起了外国名字的，都还保留中国姓氏。他们都学习过中文，会书写汉字；文化程度以中等学历者居多，占样本总数的75%。样本的年龄分布，从10岁以下到60岁的都有，其中男性34人，女性56人。各自原生家庭的侨一代在侨居国已经繁衍到侨二代或侨三代，侨二代占样本总数的54%，侨三代占样本总数的8%；有51%的样本出生于侨居国，68%的样本有一年以上在中国祖籍地的生活经历。总体而言，样本显示出普拉托聚集的温州籍侨民是较为年轻的中等文化程度群体，是中国和意大利文化渐进交融的复合体。

表1显示，以21岁为分水岭，样本呈现自然而显著的代际分化情况。就此，我们把90个样本分成两个类别：21—60岁的成人组和21岁以下的少儿组。下文将样本按这两个类别进行观察比较，有利于更充分地分析报告客观数据反映出的动态演化趋势。

表2 按成人组和少儿组分析样本

样本类别		成人组（42人）		少儿组（48人）	
		人数	比例	人数	比例
性别	男	18	43%	16	33%
	女	24	57%	32	67%

(续表)

学过中文，会写汉字		42	100%	48	100%
有外文名字		19	45%	43	90%
侨居国出生		1	2%	45	94%
祖籍地生活一年以上		42	100%	19	40%
文化程度	小学	3	7%	18	38%
	初中	22	52%	13	27%
	高中	15	36%	17	35%
	大专	2	5%	0	0%
原生家庭的第几代侨民	侨一代	34	81%	0	0%
	侨二代	8	19%	41	85%
	侨三代	0	0	7	15%

成人组样本的社会身份都是家长，少儿组样本的社会身份都是学生。成人组样本的81%是各自原生家庭的侨一代，19%是侨二代，没有侨三代；100%的样本有过一年以上的中国祖籍地连续生活经历；只有45%拥有外国名字；仅有2%的样本出生于侨居国。少儿组样本85%是各自原生家庭的侨二代，15%是侨三代；只有40%的样本有过一年以上的中国祖籍地连续生活经历；多达90%的样本拥有外国名字，94%的样本出生于侨居国。从成人组到少儿组呈现了普拉托温州籍侨民一代到侨民三代的自然代际分化与衔接；从一定程度上反映了他们对中国祖籍地的依存度逐代降低，与侨居国的融合度则逐代提升。

（二）样本的个人语言习得与应用及其交际用语情况

1. 个人语言习得与应用情况

（1）母语习得情况

总体来看，样本习得的母语主要是普通话、温州话和意大利语三种，个别样本还以英语为母语；其中单母语者占样本总数的54%，多母语者占样本总数的46%。少儿组比对成人组，有明显的母语多语种趋势，以普通话为母语的比例大幅度上升，以温州话为母语的比例则大幅度下降，以意大利语为母语的比例有明显上升。

表3　各种母语习得情况

习得母语	样本类别	成人组（42人）		少儿组（48人）	
		人数	比例	人数	比例
单语母语	普通话	0	0	17	36%
	温州话	23	55%	8	17%
	意大利语	0	0	1	2%
多语母语	普通话+温州话	18	43%	14	29%
	普通话+意大利语	0	0	4	8%
	普通话+其他（英语）	0	0	1	2%
	普通话+温州话+意大利语	1	2%	3	6%

我们把各组样本所关联的母语语种人数比例制图表对比如下：

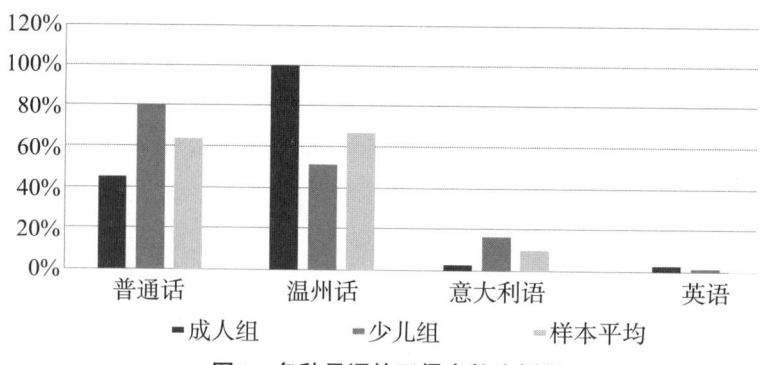

图1　各种母语的习得人数比例图

表4　各种母语习得人数①

母语	样本类别	成人组（42人）		少儿组（48人）		样本总计（90人）	
		人数	比例	人数	比例	人数	比例
普通话		19	45%	39	81%	58	64%
温州话		42	100%	25	52%	67	74%
意大利语		1	2%	8	17%	9	10%
英语		0	0	1	2%	1	1%

①因为是多项选择题，所以各类别的比例总计超出100%。

（2）母语以外习得的语言

母语之外没有习得其他语言的样本，其实都是多母语习得者，可见，所有样本都具备多语能力。成人组样本在母语之外各自还会普通话、意大利语和英语；少儿组样本在母语之外习得的语言多达7种，包括普通话、温州话、意大利语、英语、西班牙语、法语和德语。

表5 母语之外习得的语言类别

母语之外习得的语言		样本类别	成人组（42人）		少儿组（48人）	
			人数	比例	人数	比例
无			7	17%	2	4%
单语		普通话	14	33%	2	4%
		温州话	0	0	4	9%
		意大利语	10	24%	9	19%
		英语	0	0	2	4%
多语		普通话+温州话	0	0	1	2%
		普通话+意大利语	3	7%	5	10%
		普通话+英语	1	2%	0	0
		温州话+意大利语	0	0	5	10%
		温州话+英语	0	0	1	2%
		意大利语+英语	2	5%	4	9%
		西班牙语+英语	0	0	1	2%
		普通话+意大利语+英语	5	12%	3	6%
		温州话+意大利语+英语	0	0	4	9%
		意大利语+英语+德语+法语	0	0	1	2%
		普通话+意大利语+英语+法语	0	0	2	4%
		普通话+温州话+西班牙语+英语	0	0	1	2%
		温州话+意大利语+西班牙语+英语	0	0	1	2%

样本习得各种语言的使用人数与比例分类统计比较（见表6）——所有样本都会使用普通话；温州话的使用占样本总数的97%，有少数的少儿组样本不会温州话；意大利语的使用人数位列第三，占样本总数的69%，其中少儿组占比远高于成人组；英语的使用人数位列第四，占样本总数的32%，其中以少儿组样本居

多；少儿组有少数样本还会西班牙语、法语和德语。少儿组样本具有比成人组样本更强的多语能力，温州话的习得与使用受到很多语言的挑战。温州话的影响力在侨二代与侨三代中有减弱的迹象。

表6　习得的语言

习得的语言 \ 样本类别	成人组（42人）		少儿组（48人）		样本总计（90）	
	人数	比例	人数	比例	人数	比例
普通话	42	100%	48	100%	90	100%
温州话	42	100%	45	94%	87	97%
意大利语	21	50%	41	85%	62	69%
英语	8	19%	21	44%	29	32%
西班牙语	0	0	3	6%	3	3%
法语	0	0	3	6%	3	3%
德语	0	0	1	2%	1	1%

（3）多语能力的习得途径

样本习得多语的途径是多样的，主要有家庭和学校教育，还兼以朋友的口耳相传等。成人组样本大多数是其移民家庭的侨一代，是劳务输出类型的移民，因此将近40%的成人样本还兼以工作为语言习得途径，个别样本还通过自学获得多语能力。

表7　多语习得途径[①]

多语习得途径 \ 样本类别	成人组（42人）		少儿组（48人）		样本总计（90）	
	人数	比例	人数	比例	人数	比例
家庭	22	52%	32	67%	54	60%
学校	26	62%	32	67%	58	64%
朋友	5	12%	5	11%	10	11%
工作	16	38%	0	0	16	18%
其他（自学）	1	2%	0	0	1	1%

（4）最流利的语言

样本最流利使用的语言有普通话、温州话和意大利语三种，样本总量的60%

---

① 因为是多项选择题，所以各类别的比例总计超出100%。

流利使用多语。少儿组比对成人组，普通话和意大利语作为最流利使用语言的样本都有明显攀升，温州话的最流利使用人数则大幅下降。

表8 最流利的语言

最流利的语言 \ 样本类别	成人组（42人）		少儿组（48人）		样本总计（90人）	
	人数	比例	人数	比例	人数	比例
普通话	7	17%	17	35%	24	27%
温州话	13	31%	0	0	13	14%
普通话+温州话	20	48%	17	35%	37	41%
普通话+意大利语	0	0	12	25%	12	13%
温州话+意大利语	1	2%	0	0	1	1%
普通话+温州话+意大利语	1	2%	2	5%	3	4%

我们把各组样本所关联的三种最流利语言使用人数比例制图表对比如下：

	普通话	温州话	意大利语
成人组	67%	83%	5%
少儿组	100%	40%	29%
样本平均	84%	60%	18%

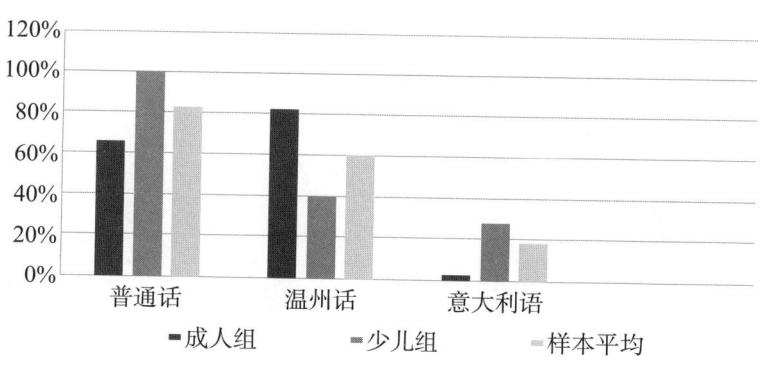

图2 最流利语言的使用人数比例图

表9 最流利的语言

最流利的语言 \ 样本类别	成人组（42人）		少儿组（48人）		样本总计（90人）	
	人数	比例	人数	比例	人数	比例
普通话	28	67%	48	100%	76	84%
温州话	35	83%	19	40%	54	60%
意大利语	2	5%	14	29%	16	18%

（5）最常用的语言

样本最常用的语言有普通话、温州话和意大利语三种，最常多语并用的样本将近总量的40%；其中，少儿组最常多语并用的比例高于成人组。少儿组比对成人组，最常用普通话和意大利语的样本都有明显攀升；最常用温州话的使用人数则大幅下降，甚至低于意大利语的使用人数。

表10　最常用的语言

最常用的语言 \ 样本类别	成人组（42人）		少儿组（48人）		样本总计（90人）	
	人数	比例	人数	比例	人数	比例
普通话	12	29%	22	46%	34	38%
温州话	18	43%	1	2%	19	21%
意大利语	0	0	2	4%	2	2%
普通话+温州话	9	21%	7	15%	16	18%
普通话+意大利语	0	0	10	21%	10	11%
普通话+温州话+意大利语	3	7%	6	12%	9	10%

我们把各组样本所关联的三种最常用语言使用人数比例制图表对比如下：

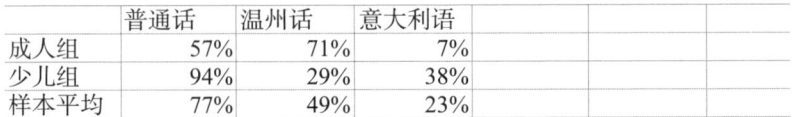

	普通话	温州话	意大利语
成人组	57%	71%	7%
少儿组	94%	29%	38%
样本平均	77%	49%	23%

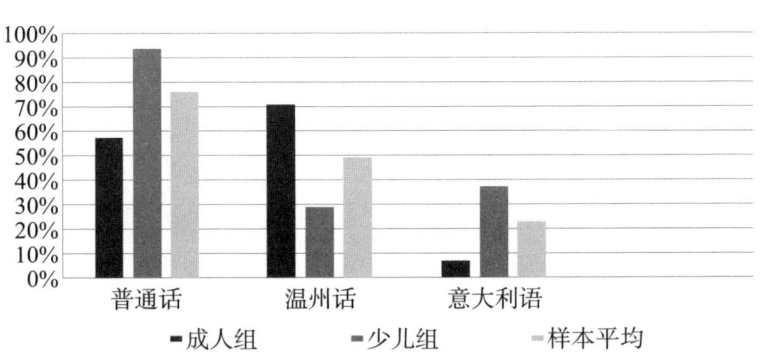

图3　最常用语言使用人数比例图

表11　最常用的语言

最常用语言 \ 样本类别	成人组（42人）		少儿组（48人）		样本总计（90人）	
	人数	比例	人数	比例	人数	比例
普通话	24	57%	45	94%	69	77%
温州话	30	71%	14	29%	44	49%
意大利语	3	7%	18	38%	21	23%

（6）思维语言

样本思维语言主要有普通话、温州话和意大利语三种，个别样本还并用英语思维；并用多语思维的占样本总量的30%；其中，少儿组多语思维的比例高于成人组。少儿组比对成人组，使用普通话和意大利语为思维语言的样本都有明显攀升；以温州话为思维语言的样本人数则大幅下降，甚至低于意大利语的使用人数。

表12 思维语言

思维语言 \ 样本类别	成人组（42人）		少儿组（48人）		样本总计（90人）	
	人数	比例	人数	比例	人数	比例
普通话	11	26%	28	58%	39	43%
温州话	22	53%	1	2%	23	26%
意大利语	0	0	1	2%	1	1%
普通话+温州话	7	17%	3	6%	10	11%
普通话+意大利语	1	2%	7	15%	8	9%
温州话+意大利语	1	2%	0	0	1	1%
普通话+温州话+意大利语	0	0	7	15%	7	8%
普通话+温州话+意大利语+英语	0	0	1	2%	1	1%

我们把各组样本所关联的思维语言使用人数与比例制图表对比如下：

	普通话	温州话	意大利语	英语
成人组	45%	71%	5%	0
少儿组	96%	25%	33%	2%
样本平均	72%	47%	20%	1%

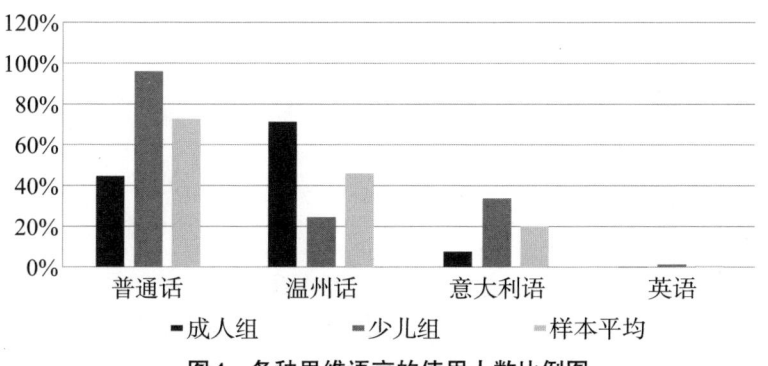

图4 各种思维语言的使用人数比例图

表13 思维语言

思维语言 \ 样本类别	成人组（42人）		少儿组（48人）		样本总计（90人）	
	人数	比例	人数	比例	人数	比例
普通话	19	45%	46	96%	65	72%
温州话	30	71%	12	25%	42	47%
意大利语	2	5%	16	33%	18	20%
英语	0	0	1	2%	1	1%

（7）最常用文字

所有样本最常用文字主要是汉字、意大利文和英文。最常并用多语种文字的达到样本总量的34%；其中少儿组样本多语种文字并用的比例高于成人组样本；少儿组常用汉字的样本比例明显下降，意大利文的样本比例大幅提升，常用英文的样本只见于少儿组。

表14 最常用文字

最常用文字 \ 样本类别	成人组（42人）		少儿组（48人）		样本总计（90人）	
	人数	比例	人数	比例	人数	比例
汉字	35	83%	16	33%	51	57%
意大利文	0	0	8	17%	8	9%
汉字+意大利文	7	17%	17	35%	24	27%
英语+意大利文	0	0	5	11%	5	6%
汉字+意大利文+英语	0	0	2	4%	2	1%

我们把各组样本所关联的最常用文字使用人数与比例制图表对比如下：

	汉字	意大利文	英文
成人组	100%	17%	0
少儿组	73%	67%	15%
样本平均	86%	43%	8%

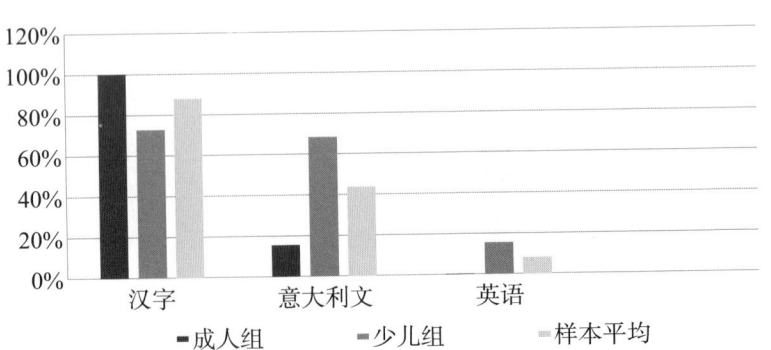

图5 最常用文字的使用人数比例图

表15　最常用文字

最常用文字	样本类别	成人组（42人）		少儿组（48人）		样本总计（90人）	
		人数	比例	人数	比例	人数	比例
汉字		42	100%	35	73%	77	86%
意大利文		7	17%	32	67%	39	43%
英文		0	0%	7	15%	7	8%

2. 家庭生活语言使用情况

（1）与直系祖辈交流最常用语言

总体而言，样本与直系祖辈交流的最常用语言是温州话和普通话，温州话的使用比普通话要多；样本总量的27%是普通话和温州话并用。少儿组比对成人组，更倾向于最常用单一普通话或者并用普通话和温州话与直系祖辈交流，而单一最常用温州话与直系祖辈交流的样本比例则远低于成人组。

表16　与祖辈最常用语言

与祖辈最常用语言	样本类别	成人组（42人）		少儿组（48人）		样本总计（90人）	
		人数	比例	人数	比例	人数	比例
普通话		2	5%	9	19%	11	12%
温州话		35	83%	20	42%	55	61%
普通话+温州话		5	12%	19	39%	24	27%

我们把各组样本所关联的与直系祖辈最常用语言使用人数与比例制图表对比如下：

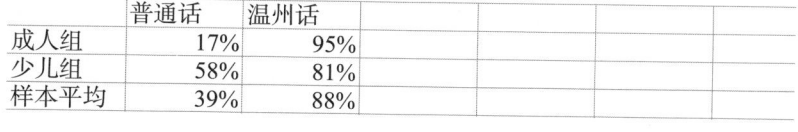

	普通话	温州话
成人组	17%	95%
少儿组	58%	81%
样本平均	39%	88%

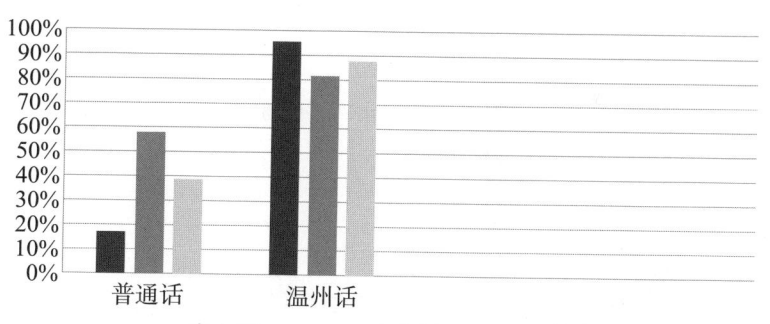

图6　与直系祖辈交流最常用语言使用人数比例图

表17　与祖辈最常用语言

样本类别 与祖辈最常用语言	成人组（42人）		少儿组（48人）		样本总计（90人）	
	人数	比例	人数	比例	人数	比例
普通话	7	17%	28	58%	35	39%
温州话	40	95%	39	81%	79	88%

（2）与父母交流最常用语言

①与父亲交流最常用语言

总体而言，样本与父亲交流的最常用语言是温州话和普通话，温州话的使用比普通话要多；样本总量的14%是普通话和温州话并用，个别样本同时并用意大利语。少儿组比对成人组，更倾向于最常用单一普通话或者并用普通话和温州话与父亲交流，而单一最常用温州话与父亲交流的样本比例则远低于成人组。

表18　与父亲最常用语言

样本类别 与父亲最常用语言	成人组（42人）		少儿组（48人）		样本总计（90人）	
	人数	比例	人数	比例	人数	比例
普通话	1	2%	26	54%	27	30%
温州话	37	88%	13	27%	50	56%
普通话+温州话	4	10%	8	17%	12	13%
普通话+温州话+意大利语	0	0	1	2%	1	1%

我们把各组样本所关联的与父亲最常用语言使用人数与比例制图表对比如下：

	普通话	温州话	意大利语
成人组	12%	98%	0
少儿组	73%	46%	2%
样本平均	44%	70%	1%

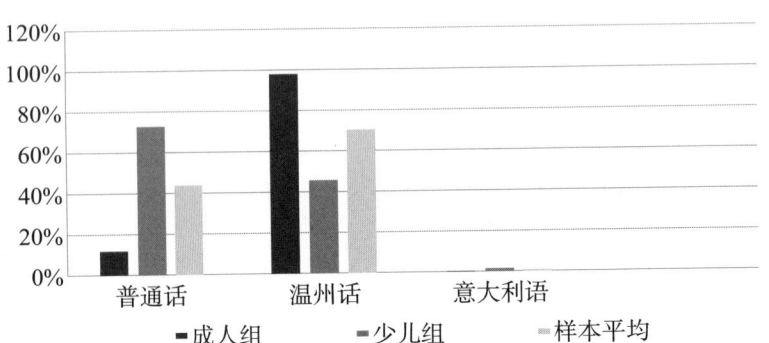

图7　与父亲交流常用语言使用人数比例图

表19　与父亲最常用语言

样本类别 与父亲最常用语言	成人组（42人）		少儿组（48人）		样本总计（90人）	
	人数	比例	人数	比例	人数	比例
普通话	5	12%	35	73%	40	44%
温州话	41	98%	22	46%	63	70%
意大利语	0	0	1	2%	1	1%

②与母亲交流最常用语言

总体而言，样本与母亲交流的最常用语言是温州话和普通话，温州话的使用比普通话要多；样本总量的18%是普通话和温州话并用，个别样本同时并用普通话和意大利语。少儿组比对成人组，更倾向于最常用单一普通话；并用普通话和温州话与母亲交流的样本比例高于成人组，而单一最常用温州话与母亲交流的样本比例则远低于成人组。

表20　与母亲最常用语言

样本类别 与母亲最常用语言	成人组（42人）		少儿组（48人）		样本总计（90人）	
	人数	比例	人数	比例	人数	比例
普通话	1	2%	25	52%	26	29%
温州话	36	86%	11	23%	47	52%
普通话+温州话	5	12%	11	23%	16	18%
普通话+意大利语	0	0	1	2%	1	1%

我们把各组样本所关联的与母亲最常用语言使用人数与比例制图表对比如下：

	普通话	温州话	意大利语			
成人组	14%	98%	0			
少儿组	77%	46%	2%			
样本平均	48%	70%	1%			

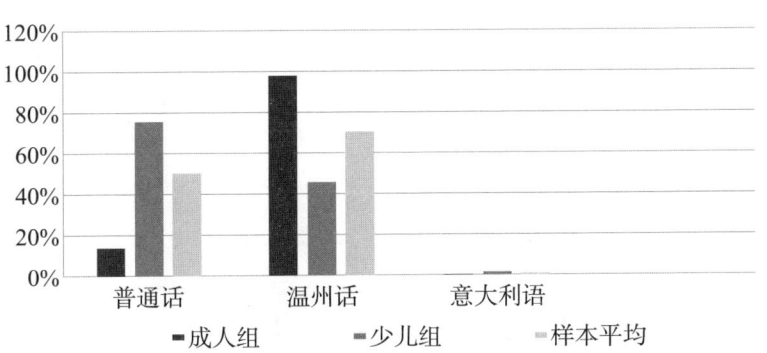

图8　与母亲交流常用语言使用人数比例图

表21　与母亲最常用语言

与母亲最常用语言＼样本类别	成人组（42人）		少儿组（48人）		样本总计（90人）	
	人数	比例	人数	比例	人数	比例
普通话	6	14%	37	77%	43	48%
温州话	41	98%	22	46%	63	70%
意大利语	0	0	1	2%	1	1%

（3）与兄弟姐妹交流最常用语言

总体而言，样本与兄弟姐妹交流的最常用语言是温州话、普通话，以及意大利语、英语；样本总量的24%是多语并用，少儿组多语并用的样本比例大大高于成人组；成人组样本最常用温州话交流；少儿组样本最常用普通话交流；少儿组单一最常用温州话与兄弟姐妹交流的样本比例则远低于成人组。

表22　与兄弟姐妹最常用语言

与兄弟姐妹最常用语言＼样本类别	成人组（42人）		少儿组（48人）		样本总计（90人）	
	人数	比例	人数	比例	人数	比例
普通话	2	5%	29	61%	31	35%
温州话	34	81%	1	2%	35	39%
意大利语	0	0	2	4%	2	2%
普通话+温州话	5	12%	5	10%	10	11%
普通话+意大利语	0	0	7	15%	7	8%
温州话+意大利语	0	0	1	2%	1	1%
普通话+温州话+意大利语	1	2%	2	4%	3	3%
普通话+意大利语+英语	0	0	1	2%	1	1%

我们把各组样本所关联的与兄弟姐妹交流最常用语言使用人数与比例制图表对比如下：

	普通话	温州话	意大利语	英语
成人组	19%	95%	2%	0
少儿组	92%	19%	27%	2%
样本平均	57%	54%	16%	1%

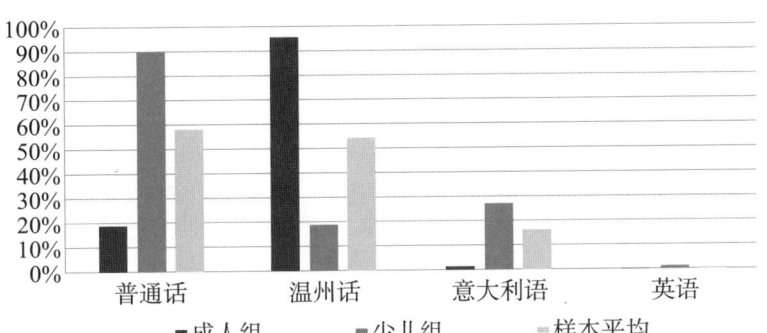

图9　与兄弟姐妹交流常用语言使用人数比例图

表23　兄弟姐妹最常用语言

样本类别 兄弟姐妹最常用语言	成人组（42人）		少儿组（48人）		样本总计（90人）	
	人数	比例	人数	比例	人数	比例
普通话	8	19%	44	92%	52	57%
温州话	40	95%	9	19%	49	54%
意大利语	1	2%	13	27%	14	16%
英语	0	0	1	2%	1	1%

（4）全家用餐时最常用语言

总体而言，样本在全家用餐时的最常用语言是温州话和普通话，个别样本经常并用意大利语；样本总量的21%是普通话和温州话并用，少儿组并用的样本比例高于成人组；成人组样本最常用温州话交流；少儿组样本最常用普通话；少儿组用餐时单纯最常用温州话交流的样本比例则远低于成人组。

表24　用餐最常用语言

样本类别 用餐最常用语言	成人组（42人）		少儿组（48人）		样本总计（90人）	
	人数	比例	人数	比例	人数	比例
普通话	3	7%	24	50%	27	30%
温州话	32	76%	12	25%	44	49%
普通话+温州话	6	15%	12	25%	18	20%
普通话+温州话+意大利语	1	2%	0	0	1	1%

我们把各组样本所关联的全家用餐时最常用语言使用人数与比例制图表对比如下:

	普通话	温州话	意大利语
成人组	24%	93%	2%
少儿组	75%	50%	0
样本平均	51%	70%	1%

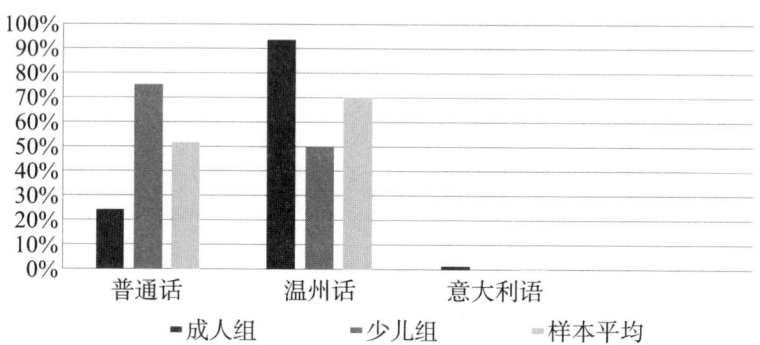

图10　全家用餐时最常用语言使用人数比例图

表25　用餐最常用语言

用餐最常用语言 \ 样本类别	成人组（42人）		少儿组（48人）		样本总计（90人）	
	人数	比例	人数	比例	人数	比例
普通话	10	24%	36	75%	46	51%
温州话	39	93%	24	50%	63	70%
意大利语	1	2%	0	0	1	1%

（5）与亲戚交流最常用语言

总体而言，样本与亲戚交流的最常用语言是温州话和普通话以及意大利语。温州话的使用要多于普通话，只有3%的样本最常用语言关联意大利语；样本总量的13%是多语并用。少儿组比对成人组更倾向于最常单纯使用普通话与亲戚交流，而单纯最常用温州话与亲戚交流的样本比例则远低于成人组；成人组则更倾向于单纯使用温州话与亲戚交流。

表26　与亲戚最常用语言

与亲戚最常用语言 \ 样本类别	成人组（42人）		少儿组（48人）		样本总计（90人）	
	人数	比例	人数	比例	人数	比例
普通话	2	5%	30	63%	32	36%
温州话	35	83%	11	23%	46	51%
普通话+温州话	4	10%	5	10%	9	10%
普通话+温州话+意大利语	1	2%	2	4%	3	3%

我们把各组样本所关联的与亲戚最常用语言使用人数与比例制图表对比如下：

	普通话	温州话	意大利语
成人组	17%	95%	2%
少儿组	77%	37%	4%
样本平均	49%	64%	3%

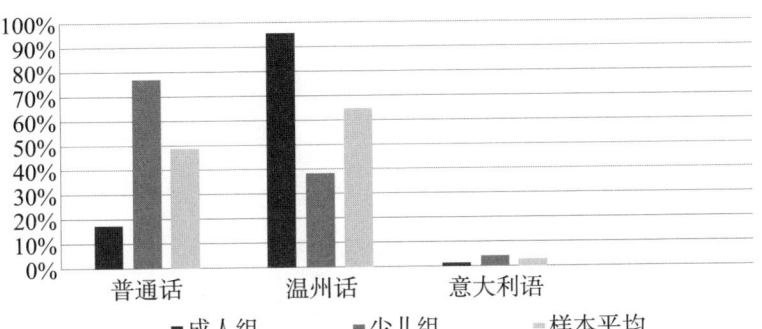

图11　与亲戚最常用语言使用人数比例

表27　亲戚最常用语言①

样本类别 与亲戚最常用语言	成人组（42人）		少儿组（48人）		样本总计（90人）	
	人数	比例	人数	比例	人数	比例
普通话	7	17%	37	77%	44	49%
温州话	40	95%	18	37%	58	64%
意大利语	1	2%	2	4%	3	3%

（6）父母最流利使用的语言或方言

①父亲最流利使用的语言或方言

样本父亲使用最流利的语言或方言有普通话、温州话和意大利语以及英语；流利多语并用的样本占总量的47%，主要是普通话和温州话兼用；而5%同时流利兼用意大利语和英语的样本均来自少儿组的父亲。其中，少儿组样本的父亲流利多语并用的比例高于成人组。父亲流利并用普通话和温州话是少儿组样本的主流现象，单纯最流利使用温州话是成人组样本的主流现象；少儿组比对成人组，其父亲单纯流利使用温州话的人数明显下降；而成人组的父亲没有人能流利使用意大利语和英语。

---

① 因为是多项选择题，所以各类别的比例总计超出100%。

表28　父亲最流利语言

父亲最流利语言 \ 样本类别	成人组（42人）		少儿组（48人）		样本总计（90人）	
	人数	比例	人数	比例	人数	比例
普通话	3	7%	6	13%	9	10%
温州话	24	57%	14	29%	38	42%
普通话+温州话	15	36%	24	50%	39	43%
普通话+温州话+意大利语	0	0	3	6%	3	4%
普通话+温州话+意大利语+英语	0	0	1	2%	1	1%

我们把各组样本所关联的父亲流利使用语言之人数对比制图表如下：

	普通话	温州话	意大利语	英语
成人组	43%	93%	0	0
少儿组	71%	88%	8%	2%
样本平均	58%	90%	4%	1%

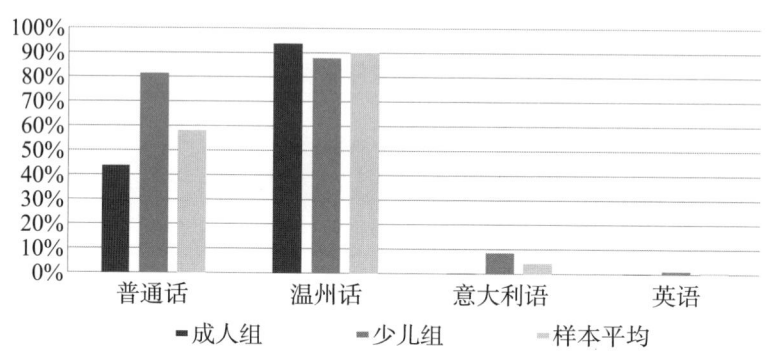

图12　父亲最流利语言使用人数比例

表29　父亲最流利语言

父亲最流利语言 \ 样本类别	成人组（42人）		少儿组（48人）		样本总计（90人）	
	人数	比例	人数	比例	人数	比例
普通话	18	43%	34	71%	52	58%
温州话	39	93%	42	88%	81	90%
意大利语	0	0	4	8%	4	4%
英语	0	0	1	2%	1	1%

②母亲最流利使用的语言或方言

样本母亲使用最流利的语言或方言有普通话、温州话和意大利语三种。流利多语并用的样本占总量的43%，主要是普通话和温州话兼用；其中，少儿组的母亲流利多语并用的比例高于成人组，4%同时流利兼用意大利语的样本均来自少儿组。母亲流利并用普通话和温州话是少儿组样本的主流现象，单纯最流利使用温州话是成人组样本的主流现象；少儿组比对成人组，其母亲单纯流利使用温州话的人数明显下降。成人组的母亲没有人能流利使用意大利语。

表30　母亲最流利语言

母亲最流利语言 \ 样本类别	成人组（42人）		少儿组（48人）		样本总计（90人）	
	人数	比例	人数	比例	人数	比例
普通话	3	7%	6	13%	9	10%
温州话	31	74%	11	23%	42	47%
普通话+温州话	8	19%	27	56%	35	39%
普通话+温州话+意大利语	0	0	4	8%	4	4%

我们把各组样本所关联的母亲流利使用语言之人数比例制图表对比如下：

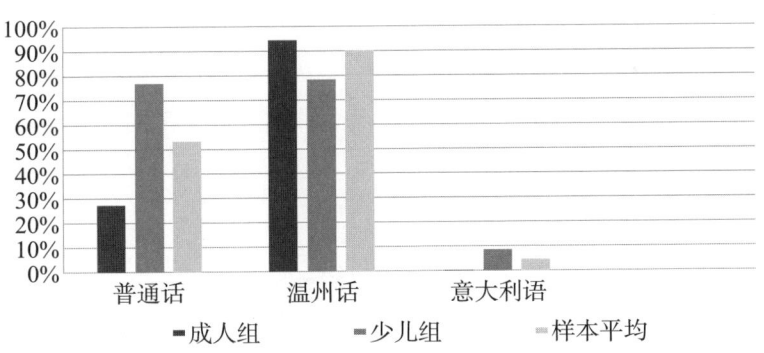

图13　母亲最流利语言使用人数比例

表31　母亲最流利语言

母亲最流利语言 \ 样本类别	成人组（42人）		少儿组（48人）		样本总计（90人）	
	人数	比例	人数	比例	人数	比例
普通话	11	26%	37	77%	48	53%
温州话	39	93%	42	88%	81	90%
意大利语	0	0	4	8%	4	4%

（7）最常接触哪种语言的传媒文化

总体而言，样本最常接触的传媒语种主要是汉语、英语和意大利语，个别样本兼及日语、韩语和闽粤方言；最常接触多语种传媒文化高达样本总量的49%，其中少儿组的比例远高于成人组。最常接触多语种传媒文化是少儿组样本的主流现象，而仅仅最常接触单语种汉语传媒文化是成人组样本的主流现象。

表32　最常接触的传媒语种

最常接触的传媒语种＼样本类别	成人组（42人）		少儿组（48人）		样本总计（90人）	
	人数	比例	人数	比例	人数	比例
汉语	30	72%	15	31%	45	50%
英语	0	0	1	2%	1	1%
汉语+英语	5	12%	7	15%	12	13%
汉语+意大利语	3	7%	8	17%	11	12%
汉语+其他（闽语）	2	5%	0	0	2	2%
英语+意大利语	0	0	4	8%	4	5%
汉语+英语+意大利语	1	2%	11	23%	12	13%
汉语+英语+其他（日韩闽粤）	1	2%	2	4%	3	4%

我们把各组样本所关联的最常接触传媒语种之人数比例制图表对比如下：

	汉语	意大利语	英语	其他
成人组	100%	10%	14%	7%
少儿组	90%	48%	48%	4%
样本平均	94%	30%	32%	6%

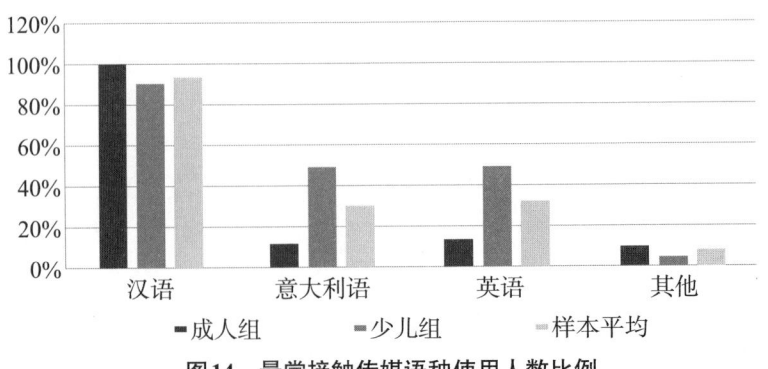

图14　最常接触传媒语种使用人数比例

表33　最常接触传媒语种

最常接触传媒语种 \ 样本类别	成人组（42人）		少儿组（48人）		样本总计（90人）	
	人数	比例	人数	比例	人数	比例
汉语	42	100%	43	90%	85	94%
意大利语	4	10%	23	48%	27	30%
英语	6	14%	23	48%	29	32%
其他（日韩闽粤）	3	7%	2	4%	5	6%

3. 社区交际语言使用情况

（1）少儿组校园生活最常用语言

少儿组样本校园生活通行度最高的是普通话，其次是意大利语，少数样本兼用温州话、西班牙语、英语。54%的样本在校园里倾向于多语并用，其中，普通话和意大利语并用是主流现象，占样本的44%。

表34　少儿组校园生活最常用语言

少儿组 \ 校园最常用语言	普	意	普+温	普+意	普+温+意+西+英
人数	20	2	3	21	2
比例	42%	4%	6%	44%	4%

我们把样本校园生活所关联的最常用语言人数比例制表如下①：

表35　少儿组校园生活最常用语言人数比例

少儿组 \ 校园最常用语言	普通话	温州话	意大利语	西班牙语	英语
人数	46	5	25	2	2
比例	96%	10%	52%	4%	4%

（2）成人组最常用工作语言

成人组样本最常用工作语言是普通话，其次是温州话，再次是意大利语，少数样本兼用英语。30%的样本在工作中倾向于多语并用。

---

①因为是多项选择题，所以各类别的比例总计超出100%。

表36　成人组最常用工作语言

成人组　　最常用工作语言	普	温	意	普+温	温+意	意+英	普+温+意	普+意+英	普+温+意+英
人数	15	11	3	5	3	1	2	1	1
比例	36%	27%	7%	12%	7%	2%	5%	2%	2%

我们把样本所关联的最常用工作语言人数比例制表如下①：

表37　成人组最常用工作语言人数比例

成人组　　最常用工作语言	普通话	温州话	意大利语	英语
人数	24	22	11	3
比例	57%	52%	26%	7%

（3）商店购物最常用语言

总体而言，样本商店购物最常用语言是普通话、温州话和意大利语；样本总量的23%倾向于多语并用进行商店购物，其中，少儿组的多语比例高于成人组。少儿组样本使用意大利语的比例高于成人组，而成人组样本使用温州话的比例高于少儿组。

表38　商店购物最常用语言

样本类别 商店购物最常用语言	成人组（42人）		少儿组（48人）		样本总计（90人）	
	人数	比例	人数	比例	人数	比例
普通话	19	46%	21	44%	40	45%
温州话	16	38%	0	0	16	18%
意大利语	3	7%	10	21%	13	14%
普通话+温州话	1	2%	1	2%	2	2%
普通话+意大利语	0	0	15	31%	15	17%
温州话+意大利语	1	2%	0	0	1	1%
普通话+温州话+意大利语	2	5%	1	2%	3	3%

我们把各组样本所关联的商店购物最常用语言之人数比例制图表对比如下：

---

① 因为是多项选择题，所以各类别的比例总计超出100%。

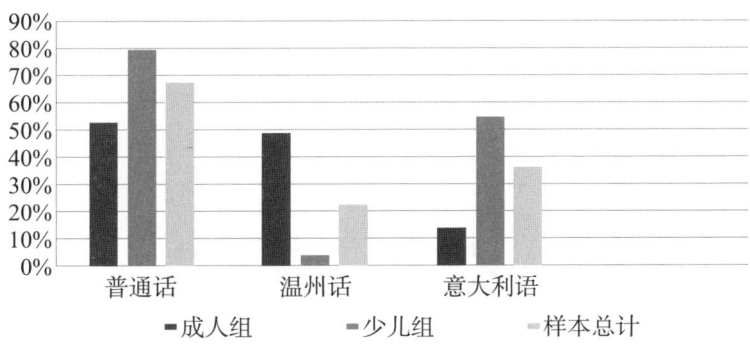

图15　商店购物最常用语言使用人数比例

表39　商店购物最常用语言

样本类别 商店购物最常用语言	成人组（42人）		少儿组（48人）		样本总计（90人）	
	人数	比例	人数	比例	人数	比例
普通话	22	53%	38	79%	60	67%
温州话	20	48%	2	4%	22	25%
意大利语	6	14%	26	54%	32	36%

（4）邻居交往最常用语言

样本与邻居交往最常用语言是普通话、温州话和意大利语，个别样本并用英语；样本总量的17%倾向于多语并用和邻居交往，其中，少儿组的多语比例和语种都多于成人组。少儿组样本使用普通话和意大利语的比例高于成人组，而成人组样本使用温州话的比例远高于少儿组。

表40　邻居交往最常用语言

样本类别 邻居交往最常用语言	成人组（42人）		少儿组（48人）		样本总计（90人）	
	人数	比例	人数	比例	人数	比例
普通话	7	17%	15	31%	22	25%
温州话	22	53%	4	8%	26	29%
意大利语	8	19%	18	38%	26	29%
普通话+温州话	3	7%	1	2%	4	4%
普通话+意大利语	1	2%	8	17%	9	10%
温州话+意大利语	1	2%	0	0	1	1%
意大利语+英语	0	0	1	2%	1	1%
普通话+温州话+意大利语	0	0	1	2%	1	1%

我们把各组样本所关联的与邻居交往最常用语言之人数比例制图表对比如下：

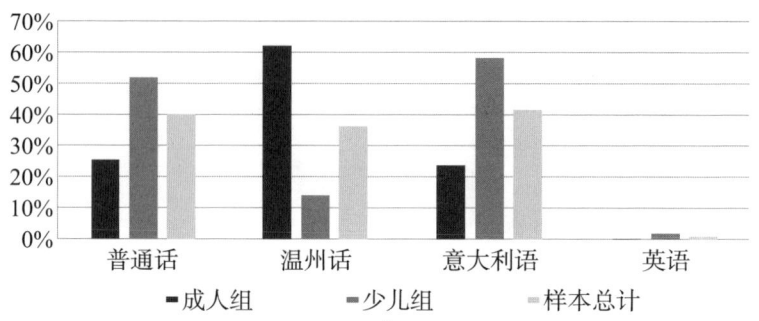

图16　邻居交往最常用语言使用人数比例

表41　邻居交往最常用语言

样本类别 邻居交往最常用语言	成人组（42人）		少儿组（48人）		样本总计（90人）	
	人数	比例	人数	比例	人数	比例
普通话	11	26%	25	52%	36	40%
温州话	26	62%	6	13%	32	36%
意大利语	10	24%	28	58%	38	42%
英语	0	0	1	2%	1	1%

（5）中文名字用哪种语言或方言称呼

样本的中文名字普遍用普通话或温州话来称呼，29%的样本兼用普通话和温州话来称呼。少儿组样本用普通话称呼中文名字的比例大大高于成人组，而成人组用温州话称呼中文名字的比例高于少儿组。

表42　称呼中文名字的语言

样本类别 称呼中文名字的语言	成人组（42人）		少儿组（48人）		样本总计（90人）	
	人数	比例	人数	比例	人数	比例
普通话	9	21%	33	69%	42	47%
温州话	18	43%	4	8%	22	24%
普通话+温州话	15	36%	11	23%	26	29%

（6）中文名字使用场合

样本中文名字主要使用于中文学校、家庭、工作、探亲等场合；38%的样本在上述多个场合使用中文名字。

表43 中文名字使用场合

样本类别 中文名字使用场合	成人组（42人）		少儿组（48人）		样本总计（90人）	
	人数	比例	人数	比例	人数	比例
中文学校	1	2%	24	50%	25	28%
工作	10	24%	0	0	10	11%
家庭	8	19%	3	6%	11	13%
回国探亲	8	19%	1	2%	9	10%
中文学校+家庭	1	2%	3	6%	4	4%
中文学校+回国探亲	0	0	6	13%	6	7%
家庭+回国探亲	4	10%	0	0	4	4%
中文学校+家庭+回国探亲	1	2%	10	21%	11	12%
工作+家庭+回国探亲	4	10%	0	0	4	4%
中文学校+工作+家庭+回国探亲	5	12%	1	2%	6	7%

总体而言，家庭生活与回国探亲是使用中文名字比例相对较高的场合；少儿组样本是在校学生，使用中文名字比例最高的场合是中文学校；成人组样本大多数是侨一代，很多人没有在侨居国中文学校求学经历，所以在工作场合较高比例使用中文名字。我们把各组样本所关联的中文名字使用场合比例制图表对比如下：

	中文学校	工作	家庭	回国探亲
成人组	19%	45%	55%	52%
少儿组	92%	2%	35%	38%
样本平均	58%	22%	44%	44%

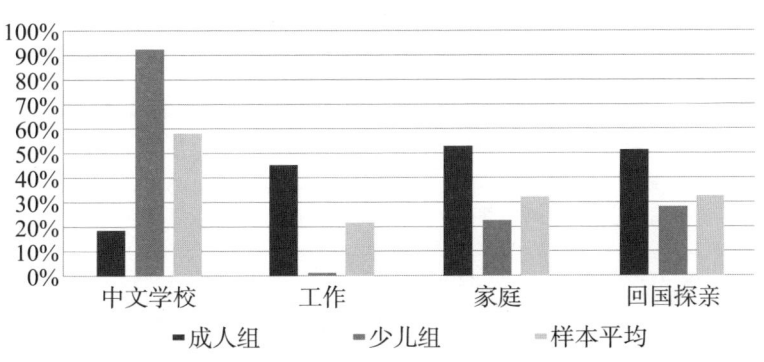

图17 中文名字使用场合比例

表44　中文名字使用场合

中文名字使用场合＼样本类别	成人组（42人）		少儿组（48人）		样本总计（90人）	
	人数	比例	人数	比例	人数	比例
中文学校	8	19%	44	92%	52	58%
工作	19	45%	1	2%	20	22%
家庭	23	55%	17	35%	40	44%
回国探亲	22	52%	18	38%	40	44%

（三）语言态度

1. 各大汉语方言以及英语的认知亲和度之比较

为使各组数据的差异度形成更加鲜明的对比，我们将调查项"非常亲切"与"比较亲切"两项数据合并统计为"亲切"进行报告，与"没听过"选项数据进行对比，而中间过渡调查项则不作列举报告。总体而言，普通话是样本认知亲和度最高的语言，达到90%；其次是温州话，达到82/%。粤语、闽语和客家三大方言的认知亲和度很低，都不足样本总量的10%，甚至低于对英语的认知亲和度。

表45　语言或方言认知亲和度

语言或方言认知亲和度＼样本类别		成人组（42人）		少儿组（48人）		样本总计（90人）	
		人数	比例	人数	比例	人数	比例
普通话	亲切	35	83%	46	96%	81	90%
	没听过	0	0	0	0	0	0
温州话	亲切	39	93%	35	73%	74	82%
	没听过	0	0	0	0	0	0
粤语	亲切	4	10%	2	4%	6	7%
	没听过	8	19%	25	52%	33	37%
闽语	亲切	1	2%	3	6%	4	4%
	没听过	16	38%	28	58%	44	49%
客家话	亲切	4	10%	3	6%	7	8%
	没听过	22	52%	31	65%	53	59%
英语	亲切	6	14%	21	44%	27	30%
	没听过	1	2%	5	10%	6	7%

2. 对于几种语言或方言的学习重要程度的比较

为使各组数据的差异度形成更加鲜明的对比,我们将调查项"非常重要"与"比较重要"两项数据合并统计为"重要"进行报告,与"不重要"选项数据进行对比,而中间过渡调查项则不作列举报告。总体而言,样本认为学习普通话重要的比例最高,英语次之,温州话第三,粤语的学习则最不重要。

表46 语言或方言重要与否

语言或方言重要与否	样本类别	成人组(42人)		少儿组(48人)		样本总计(90人)	
		人数	比例	人数	比例	人数	比例
普通话	重要	30	71%	41	85%	71	79%
	不重要	0	0	0	0	0	0
温州话	重要	19	45%	21	44%	40	44%
	不重要	9	21%	3	6%	12	13%
粤语	重要	1	2%	1	2%	2	2%
	不重要	36	86%	28	58%	64	71%
英语	重要	22	52%	38	79%	60	67%
	不重要	10	24%	1	2%	11	12%

3. 父母是否要求使用方言

总体而言,样本父母对子女使用方言的要求是比较开放包容的,43%的父母不要求子女讲方言,28%的父母对子女使用方言的要求没有明确倾向。少儿组比成人组的父母对方言的使用要求更为宽松,只有25%的样本比例要求子女使用方言。

表47 父母是否要求使用方言

父母是否要求使用方言	样本类别	成人组(42人)		少儿组(48人)		样本总计(90人)	
		人数	比例	人数	比例	人数	比例
	是	14	33%	12	25%	26	29%
	否	18	43%	21	44%	39	43%
	看情况	10	24%	15	31%	25	28%

4.（将来）是否要求子女使用方言

总体而言，样本（将来）对子女使用方言的要求比他们的父母更为开放包容，47%的样本不明确要求子女必须使用方言。少儿组比成人组的样本对（将来）子女使用方言的要求更为宽松，只有17%的样本比例要求子女使用方言。

表48 （将来）是否要求子女使用方言

样本类别 （将来）是 否要求子女使用方言	成人组（42人）		少儿组（48人）		样本总计（90人）	
	人数	比例	人数	比例	人数	比例
是	18	43%	8	17%	26	29%
否	8	19%	14	29%	22	24%
看情况	16	38%	26	54%	42	47%

5. 掌握方言在学习工作中的重要程度

总体而言，29%的样本认为方言在学习工作中的重要程度是"一般"，13%的样本认为"不太重要"，13%的样本认为"不重要"；21%的样本认为"非常重要"，24%的样本认为"比较重要"；少儿组和成人组对方言在学习工作中的重要程度的主观倾向比较一致。

表49 方言重要程度

样本类别 方言重要程度	成人组（42人）		少儿组（48人）		样本总计（90人）	
	人数	比例	人数	比例	人数	比例
非常重要	9	21%	10	21%	19	21%
比较重要	10	24%	11	23%	21	24%
一般	11	26%	15	31%	26	29%
不太重要	3	8%	9	19%	12	13%
不重要	9	21%	3	6%	12	13%

6. 最希望掌握的方言

总体而言，少儿组和成人组对此项调查的主观倾向比较一致。63%的样本最想掌握的是祖籍地方言——温州话，16%的样本分别对粤语、上海话或闽语表现出学习意愿；值得关注的是，21%的样本没有学习掌握方言的意愿——对于这部分成人组样本来说，可能是因为方言已经熟练掌握，所以不需要学习；而对于这部分少儿组样本来说，可能是因为方言的交际功能的局限性，所以不想学。

表50　最想掌握的方言

最想掌握的方言＼样本类别	成人组（42人）		少儿组（48人）		样本总计（90人）	
	人数	比例	人数	比例	人数	比例
粤语	5	12%	3	6%	8	9%
客家话	0	0	0	0	0	0
闽语	1	2%	0	0	1	1%
温州话	25	60%	32	67%	57	63%
上海话	1	2%	4	8%	5	6%
其他（无意愿）	10	24%	9	19%	19	21%

7. 对未来最重要的语言

总的来说，样本认为对未来最重要的语言依次是意大利语、英语、温州话和普通话；21%的样本认为对未来最重要的语言是多语种的，少儿组的多语种倾向比成人组强。

表51　对未来最重要语言

对未来最重要语言＼样本类别	成人组（42人）		少儿组（48人）		样本总计（90人）	
	人数	比例	人数	比例	人数	比例
普通话	0	0	1	2%	1	1%
温州话	8	19%	2	4%	10	11%
意大利语	22	53%	20	42%	42	47%
英语	4	9%	14	29%	18	20%
普通话+英语	0	0	1	2%	1	1%
温州话+英语	0	0	1	2%	1	1%
意大利语+英语	1	2%	0	0	1	1%
温州话+意大利语	2	5%	6	13%	8	90%
普通话+意大利语+英语	0	0	1	2%	1	1%
温州话+意大利语+英语	1	2%	1	2%	2	2%
普通话+温州话+意大利	0	0	1	2%	1	1%
其他（无意愿）	4	10%	0	0	4	5%

8. 对祖籍地方言俗语俚语的认知亲和度与传承

总体而言，有过半的样本懂得祖籍地方言俗语俚语，39%的样本会说方言俗语和俚语，10%的样本表示想学却没人教；成人组对祖籍地方言俗语俚语觉得亲切的比例高于少儿组，少儿组对此不懂也不想学的比例高于成人组。少儿组有8%的样本没有勾选任一选项。我们认为这部分样本不懂得什么是"方言俗语和俚语"。

表52 认知亲和与传承

认知亲和与传承 \ 样本类别	成人组（42人）		少儿组（48人）		样本总计（90人）	
	人数	比例	人数	比例	人数	比例
感觉亲切还会说	26	62%	9	19%	35	39%
懂但说得少	10	24%	20	42%	30	33%
不大懂想学没人教	2	5%	7	15%	9	10%
不懂也不想学	4	9%	8	16%	12	13%
其他（未选）	0	0	4	8%	4	5%

9. 对祖籍地方言民间故事的认知亲和度与传承

总体而言，有过半的样本听过祖籍地方言民间故事，16%的样本会说方言民间故事，12%的样本表示想学却没人教；成人组对祖籍地方言民间故事觉得亲切的比例高于少儿组，少儿组对此不懂也不想学的比例高于成人组。少儿组有11%的样本没有勾选任一选项。我们认为这部分样本不懂得什么是"方言民间故事"。

表53 认知亲和度与传承

认知亲和与传承 \ 样本类别	成人组（42人）		少儿组（48人）		样本总计（90人）	
	人数	比例	人数	比例	人数	比例
感觉亲切还会说	10	24%	5	10%	15	16%
听过但不大会说	27	64%	26	54%	53	59%
不大懂想学没人教	3	7%	8	17%	11	12%
不懂也不想学	2	5%	4	8%	6	7%
其他（未选）	0	0	5	11%	5	6%

10. 对祖籍地方言童谣的认知亲和度与传承

总体而言，有过半的样本听过祖籍地方言童谣，26%的样本会说方言童谣，15%的样本表示想学却没人教；成人组对祖籍地方言童谣觉得亲切的比例高于少儿组，少儿组对此不懂也不想学的比例高于成人组。少儿组有6%的样本没有勾选任一选项。我们认为这部分样本不懂得什么是"方言童谣"。

表54 认知亲和度与传承

认知亲和与传承＼样本类别	成人组（42人）		少儿组（48人）		样本总计（90人）	
	人数	比例	人数	比例	人数	比例
感觉亲切还会说	17	41%	7	15%	24	27%
听过但不大会说	21	50%	23	48%	44	49%
不大懂想学没人教	3	7%	11	23%	14	15%
不懂也不想学	1	2%	4	8%	5	6%
其他（未选）	0	0	3	6%	3	3%

（四）对祖籍地传统文化习俗的认知与传承

1. 过哪些华人传统节日

关于华人传统节日，样本对于春节的认同度最高，达到94%；然后依次是中秋节、端午节、元宵节和清明节。不过，即便是春节，也有6%的样本不会过。少儿组和成人组对此项调查的主观倾向比较一致。

表55 华人传统节日①

华人传统节日＼样本类别	成人组（42人）		少儿组（48人）		样本总计（90人）	
	人数	比例	人数	比例	人数	比例
春节	40	95%	45	94%	85	94%
中秋节	37	88%	41	85%	78	87%
端午节	34	81%	35	73%	69	77%
元宵节	26	62%	34	71%	60	67%
清明节	14	33%	16	33%	30	33%
其他（国庆节）	0	0	1	2%	1	1%

---

①因为是多项选择题，所以各类别的比例总计超出100%。

2. 吃哪些中国食物

关于中国食物，样本对于米饭的认同度最高，达到97%；其后依次是饺子、粥、汤圆、粽子、馒头、月饼。少儿组和成人组对此项调查的主观喜好比较一致。

表56　中国食物[①]

中国食物 \ 样本类别	成人组（42人）		少儿组（48人）		样本总计（90人）	
	人数	比例	人数	比例	人数	比例
米饭	40	95%	47	98%	87	97%
饺子	37	88%	40	83%	77	86%
汤圆	27	64%	37	77%	64	71%
月饼	25	60%	34	71%	59	66%
粽子	26	62%	35	73%	61	68%
粥	31	74%	35	73%	66	73%
馒头	27	64%	33	69%	60	67%

3. 对修立族谱的认同与传承

总体而言，49%的样本赞成修族谱，其中，少儿组的样本比例低于成人组；43%的样本不修族谱，成人组与少儿组的样本比例相当接近。值得关注的是，少儿组有15%的样本没有勾选任一选项。我们认为这部分样本不理解什么是"族谱"。从一系列数据的比较来看，少儿组对"修立族谱"的观念呈现淡化趋势。

表57　是否修族谱

是否修族谱 \ 样本类别	成人组（42人）		少儿组（48人）		样本总计（90人）	
	人数	比例	人数	比例	人数	比例
是	23	55%	21	44%	44	49%
否	19	45%	20	42%	39	43%
其他（未选）	0	0	7	14%	7	8%

4. 对坐月子习俗的认同

总体而言，60%的样本赞成遵循坐月子的中国习俗，其中，少儿组的样本比例低于成人组；34%的样本则认为不必遵循，少儿组的样本比例高于成人组。少

[①] 因为是多项选择题，所以各类别的比例总计超出100%。

儿组有10%的样本对"坐月子习俗"表示"无所谓"。从一系列数据的比较来看，少儿组对"坐月子"的观念呈现淡化趋势。

表58 坐月子遵循与否

样本类别 坐月子遵循与否	成人组（42人）		少儿组（48人）		样本总计（90人）	
	人数	比例	人数	比例	人数	比例
应该遵循	31	74%	23	48%	54	60%
不必遵循	11	26%	20	42%	31	34%
无所谓	0	0	5	10%	5	6%

5. 对办红白喜事挑选黄道吉日习俗的认同

总体而言，59%的样本赞成办红白喜事应该遵循挑选黄道吉日的传统习俗，其中，少儿组的样本比例低于成人组；仅仅2%的样本认为不必遵循挑黄道吉日的习俗，少儿组的样本比例和成人组相同；值得关注的是，31%的样本对"挑黄道吉日"表示"无所谓"。少儿组有15%的样本没有勾选任一选项。我们认为这部分样本不懂得什么是"黄道吉日"。从一系列数据的比较来看，少儿组对"选黄道吉日办喜事"的观念呈现淡化趋势。

表59 挑黄道吉日办喜事

样本类别 挑黄道吉日办喜事	成人组（42人）		少儿组（48人）		样本总计（90人）	
	人数	比例	人数	比例	人数	比例
应该遵循	32	76%	21	43%	53	59%
不必遵循	1	2%	1	2%	2	2%
无所谓	9	22%	19	40%	28	31%
其他（未选）	0	0	7	15%	7	8%

6. 对族际通婚的认同

总体而言，16%的样本赞成族际通婚，32%的样本不赞成族际通婚，其中，少儿组的样本比例都低于成人组。值得关注的是，47%的样本对"族际通婚"表示"无所谓"，其中少儿组的样本比例高于成人组。少儿组有5%的样本没有勾选任一选项。我们认为他们不懂得什么是"族际通婚"。从一系列数据的比较来看，成人组和少儿组都对"族际通婚"的观念表现出开明包容的趋势。

表60 族际通婚认同与否

样本类别 族际通婚认同与否	成人组（42人）		少儿组（48人）		样本总计（90人）	
	人数	比例	人数	比例	人数	比例
赞成	10	24%	4	8%	14	16%
不赞成	15	36%	14	29%	29	32%
无所谓	17	40%	25	52%	42	47%
其他（未选）	0	0	5	11%	5	5%

四、结语

关于意大利普拉托温州籍华侨华人语言使用情况的调查样本显示，他们的个人语言习得与应用总体表现出多语种倾向，尤其是少儿组样本代表的侨二代和侨三代的多语能力更为显著。100%的样本都会使用普通话，97%的样本会使用温州话，69%的样本会使用意大利语，32%的样本会使用英语，7%的样本会使用西班牙语或法语或德语；少儿组样本会使用意大利语、英语、西班牙语、法语、德语的比例都高于成人组。

3%不会使用温州话的样本都出自少儿组。可见，温州话的影响力在普拉托侨二代与侨三代中有减弱的迹象。温州话在普拉托的交际功能已经受到了很多语言的挑战。竞争力最强的语言是普通话，其次是意大利语，第三是英语——样本的最常用语言、最流利语言、思维语言、最常接触传媒文化的语种、社区交际常用语言，以及最常用文字的相关统计数据都能充分有力地佐证；再比如，样本的中文名字最常用的语言是普通话，而不是温州话，也能佐证普通话相对于温州话的强大竞争力。

目前，普拉托温州籍华侨华人样本以家庭生活为温州话的核心使用范围，比如在直系亲属交流、全家用餐交流、与亲戚交往等方面，使用温州话的样本比例都是最高的。即便如此，比较家庭交际对象由直系祖辈到父母再到兄弟姐妹，样本温州话的使用率随之呈现逐代递减的趋势。其中，主要是使用温州话的少儿组样本比例呈现断崖式逐代锐减，而成人组则没有明显代际递减现象。样本父母最流利使用的语言与这种现象正相关。少儿组样本在家庭生活的各方面使用普通话的比例大幅度上升,还有少量样本使用意大利语。不难预见,假以时日,随着代际更替,温州话作为家庭生活核心用语的地位将会逐渐被普通话甚至意大利语取代。

普拉托温州籍华侨华人样本使用普通话、意大利语和英语对温州话的强有力竞争,可以从几个方面来解释。首先,意大利语是侨居国通用语,而英语是国际社会通用度最高的语言,两者都具有地理文化的天然优势。第二,根据样本的语言态度调查统计,普通话是当前样本认知亲和度最高的语言;虽然有较多比例(63%)表示最希望掌握的汉语方言是温州话,但是他们认为对于自身未来的学习工作最重要的是意大利语、普通话和英语,温州话的重要性一般,甚至有21%的样本没有学习温州话的意愿;样本的父母对子女说温州话的要求比较开明宽松,样本(将来)对子女说温州话的要求也比较开明宽松,明确要求说温州话的样本比例都只有29%。第三,从习得语言的途径来看,中文学校是普通话强势抢滩普拉托温州籍华侨华人样本语言生活的主要阵地,尤其对少儿组样本来说更是如此。第四,除了对主要的华人传统节日以及饮食方面有较高认同之外,在很多方面的传统文化观念上有一定程度的淡化趋势。温州地方特色的民间文学以及温州方言俗语俚语在普拉托温州籍侨民中的传承正走向式微。同时,对于族际通婚的观念表现出开明包容的趋势,并且对于中华传统习俗——比如坐月子、办喜事挑选黄道吉日、修族谱等,在观念上表现出一定程度的淡化与疏离,少儿组的疏离程度高于成人组。

综上所述,普拉托作为温州籍华侨华人在欧洲的最大聚集地,当前最普及的语言是普通话。因此,不难理解为什么普拉托市中心古城墙外华人聚居地被普拉托人称为"圣北京"。目前,温州话的使用主要局限于温州籍华侨华人的家庭生活。在他们的观念和工作生活实际应用中,意大利语和英语都日益重要,越来越多的人拥有多语能力,尤其是生长在当地的侨二代与侨三代。也许,在不久的将来,曾经让温州人骄傲自诩的"学会温州话,走遍天下都不怕"的现象将会成为传说。

【参考文献】

[1] 徐华炳. 意大利普拉托的中国移民社会调查 [J]. 八桂侨刊, 2009(2).